松阪大学地域社会研究所叢書4

和泉書院

地域政治社会形成史の諸問題

上野利三［著］

序文

本書はこれまでに、勤務校である松阪大学の紀要やその附置研究所の所報などに掲載した論文を基として、それに三重県史や明和町の町制四〇周年記念誌などの自治体史に載せた短編を集めて一書と成した私の第七論文集である。平成十年以降の最近五年間に成稿した九編の論説と附章の二点及び小論五つで構成した。ただし、このうちの一点（附章二の書評）だけは一三年前に公表したものである。適宜、全体を六部に分かちこれらを編成した。その内容はほとんどが三重県域の政治史的社会史的あるいは経済史的な歴史的事象の形成に関わる諸問題を取りあげたので、標題を『地域政治社会形成史の諸問題』と名づけた。それらはどれもが未定稿といってもよいほどの拙いものではあるが、私が近年最も興味と関心を抱いて取り組んできた研究テーマの一つひとつであって、これらの各問題点はいずれはさらに総合的にまとめ、集成したいと意図しており、今後の方向性を示す意味で自身の一区切りにしたいと考え公刊する次第である。なお、第五部の「司法機関の整備」だけは石川県の明治初期裁判機構の変遷に関わる小論を収めた。本来は三重県に係る当該問題を取り扱う予定であったが、これは資料収集が未だ半ばにあるために成稿を終えていた石川県のものをもってこれに充てた。目指すところの論点は、どの府県のそれを追究する場合でもそれ程変わらない。明治初期の三重県における裁判機構の変遷は果たして石川県とどのように異なっていたのか。却って比較の幅が広がり、関心の度が増す。なお、裁判史関係の拙論については『近代日本騒擾裁判史の研究』（多賀出版、平成十年）に収めた伊勢暴動事件裁判に関する三点の論文があるので参照されたい。

本書所載論考中、将来的課題を特に述べておきたいのは、第一章「松坂町の成立」に関してである。四一〇年余り前の戦国期に都市形成の原点が求められる松阪市の中心部分、松坂町の成り立ちについては成稿後に思い至ったことがある。ここは町が蒲生氏郷により造られる以前は人も踏み込めない原野と湿地帯が主であったと思われるが、そこを取り囲む外縁部の東・西・南・北にはそれぞれ旧勢力の北畠氏の支城があった。即ち東には沢氏の居館跡と推測される田原神社（本論に土居遺構の写真掲載。校正中に中世の遺物が出土）、西には本多氏の船江城（現浄泉寺。門前の字名大門）、南には中津（中頭）氏の大黒田城（現法寿寺。周辺の字名は城ノ前・宮堀）、北には岸江氏の岸江城（茶臼山）がそれぞれ存在した。各支城周辺にはわずかながらも町屋があり小城下町が形成されていたと思う。松坂城下の町は、これら前代の勢力基盤を意図して利用せず敢えてその間に広がる不毛の地を選んで造築された。また松坂町に特徴的にみられる「隅違い」などの軍事的街路遺構は、城がここに移転される前の松ケ島の城下町にもより古い形で残存している。殊に松崎浦は重要な漁業の港があったから、ここは松坂へは移されず残されたために蒲生氏以前の織田信雄か北畠かの時代に造作された城下町の形態が少なからず見られ、「隅違い」や袋小路が至るところに存在する。城下町とするにはやや難があるが、松ケ島城と近接する漁師町や町平尾もこれと同様の造りになっている。さらにその北方、雲出川河岸の木造城下（現久居市木造町）にも叙上の街路があり今も使用されている。

第二章以下にも将来に残した課題と展望は尽きないが、諸賢諸彦のご鞭撻とご助言をあおぎながら、今後とも研究の道にいっそう邁進すべく精進を重ねたいと思う。

平成十四年三月

上野利三識

目　次

序　文 …… 1

第一部　都市の形成

第一章　松坂町の成立 …… 三

一　はじめに …… 三

二　松坂成立前史 …… 四

三　町中にみる軍事的工夫 …… 一三

四　むすびにかえて …… 四三

第二章　紀勢町崎の原型 …… 四五

一　はじめに …… 四五

二　山崎家館、通称「権太夫屋敷」 …… 四七

三　「崎城」下の屋敷街 …… 六〇

四　近辺の戦国期城館跡 …… 六四

第二部　港湾・陸上交通—交易拠点の形成—

第三章　明治初年の星合港……七三
一　はじめに……七三
二　星合港の位置、及び伊勢湾からの出入り水路……七四
三　星合港の地位……七六
四　星合港の規模……七九
五　むすび……八〇
第四章　大正三年創業北勢鉄道（現近鉄北勢線）とその存続……八三
一　はじめに……八三
二　北勢鉄道の開業とその後の経過……八四
三　非現実的なバス路線転換論……八七
四　人材往来のパイプとして、文化遺産として、観光資源開発の一助としての路線整備……八九
五　改善策、及び新たな施策の必要……九一
六　むすび……九五

第三部　国政選挙の開始

第五章　伊賀地方（第六選挙区）における第一回衆議院議員選挙……一〇一
一　はじめに……一〇一
二　選挙前年までの政治的潮流……一〇三
三　選挙直前の情勢……一〇七
四　選挙会及び開票結果……一一三
附　当選者立入奇一略伝……一一八
五　むすびにかえて……一二三
第六章　鈴亀地方（第二選挙区）における第一回衆議院議員選挙と当選者伊東祐賢……一三〇
一　はじめに……一三〇
二　選挙前年までの潮流……一三一
三　選挙直前の模様と選挙会……一三七
四　選挙の勝因……一三九
五　当選者伊東祐賢……一四一
六　その後の伊東祐賢……一四四
附章一　明和町の自由民権運動と衆議院議員選挙……一五〇

附章二　松島博著『三重県議会史』第三巻・第四巻（書評）……一五四

第四部　人物の登場―社会を陰で支えた偉人たち―

第七章　天保年間における山田地図の作者高山孝重……一七七
一　はじめに……一七七
二　高山孝重とその家系……一七八
三　天保二年正月刻「両宮摂末社順拝絵図」……一八〇
四　「天保年間分色山田之図」とその他の絵図……一八三
五　岡井家所蔵「山田地図」の成立と孝重・重助父子……一九四
六　むすび……二〇一

第八章　幕末・維新期亀山藩黒田孝富小伝―その出自を中心に―……二〇八
一　はじめに……二〇八
二　本論―黒田氏の系譜―……二一三
（一）曾祖父孝好以前
（二）曾祖父黒田孝好
（三）祖父孝明・父孝豊と川村家
三　むすび……二二三

第五部　司法機関の整備
第九章　明治初期・石川県における裁判機構の変遷―石川県聴訟課、石川県裁判所、金沢裁判所―……二三一
一　はじめに……二三一
二　全国の裁判所設置構想とその実情……二三二
三　石川県聴訟課……二三四
四　石川県裁判所……二三六
五　金沢裁判所の成立……二四〇
六　むすびにかえて……二四五
第六部　小　論
一　明和の廃仏毀釈……二五三
二　明和の地租改正反対一揆……二五四
三　金剛坂の報徳社……二五六
四　明和の神社合祀……二五八
五　維新期の陸上交通……二五九
初出一覧……二六八

第一部　都市の形成

第一章　松坂町の成立

一　はじめに

　本章は、現代の松阪市中心街の至るところに見られる屈曲した街路が、松阪の町が城下町として開かれたときから今日までの約四〇〇年間にわたり大部分がその形状を保ち続けて来たことに着目して、そうした街路が何故どのようにして松阪の町中に造られたのかという原因・由来をたずね、また、その間江戸時代の諸絵図にはどのように描かれ、現代ではどういった姿で伝存しているのか、等々について考えてみるものである。なお松阪の名称は明治になって改められたもので、それ以前は松坂と表記されていたので、本章でもそれに従う。

　松坂は、天正十六年（一五八八）に蒲生氏郷が豊臣秀吉の命により、南伊勢の押さえとして松ケ島から城を移して開いた町である。当時は秀吉が天下統一に向けて着々と布石を打っていた戦国の最末期の時代であった。秀吉は天正十一年大坂に大都市の建設をはじめ、その後近畿の各地に盛んに城郭と城下町を新設したが、かれに新封土を与えられた諸将はこぞってその手法を模倣した。この時代、大名の領国統一と兵農分離が急速に進行し、それにともない家臣団や商工業者たちをすべて城下に聚住し、かれらの居住地を計画的に定め住まわせるようにしたために、城にともないかならず城下町が造築されるようになったのである。したがって、城郭の位置選定に際しては、城のみか城下町のことも考慮されなければならず、築城と並行して新しい城下町の建設が実施されたのである。(1)そして個々の築城と城下町の建設には、地理的な環境と設計者の経験および思想・哲学が大きく影響したことはいうまでもない。

したがって氏郷が計画した松坂城と城下町建設においても、戦国の世にふさわしく、領主である氏郷自身の都市設計にたいする経験的な思索と現実的要請とがかみ合わさり、町には軍事計画都市としての様々な工夫が凝らされ、機能が備えられていた。

この当時、全国で数多く建設された城下町のほとんどは今日も発展して大きな都市となっている。しかしこのように城下町に起因する都市の多くは、第二次世界大戦中に戦災を被ったために、戦災復興や都市再開発の大規模な工事により、かつての姿をとどめることが大変に困難な状況になっている。だが、松阪においては、戦災を受けなかったことが幸して、現今の商店街活性化事業や街路拡幅工事などで都市の景観は少しは変わってきているが、城址ばかりでなく、往時の城下町としての姿を町並のそこここに偲ぶことができるのである。(2) 松阪の都市空間で戦国の名残りをとどめるのは言うまでもなく全国でも屈指の石垣をもつ城郭であるが、ここでは敢えてこれには触れず、あくまでも城下町であった市街地に目を向けて見たいと思う。

何分にも浅学菲才、史料不足も否めず、試案的な素描をこころみるに過ぎないが、諸賢諸彦のご教示ご批判が得られれば幸である。

二　松坂成立前史

松坂が軍事計画都市として蒲生氏郷によって開創される以前、この地一帯の政治的中心はそこから北方約四キロのところにある松ケ島であった。ここは領主織田信雄（当時は北畠氏当主）によってそのように命名される以前は、細頸と呼ばれて城砦が築かれ、南伊勢の玄関口として軍事面交通面の両方から要衝の地であった。そしてこの地方は室町・戦国時代の長きにわたり、伊勢国司北畠氏の統治下にあった。北畠氏の家臣である潮田長助は、元亀元年（一五七〇）に、のちに松坂城が築かれる四五百の森（宵の森）の地の利に着眼してここに初めて砦を築いたとされるが、本格的な築城にはいたらず、それには氏郷の登場を待たなければならなかった。しかして松坂成立の源流をさかのぼっていくとするならば、城下町松坂の建設は城下町松ケ島の移転に負うところが多く、松ケ島の形成はまた従前の城下町細頸の存立に基礎を置いていたといっても決して見当違いではないといえる。そこで松坂が成立する少し以前のこの地の状況から簡単に見ておくことにしたい。

1　政治情勢

『伊勢国司記略』によれば、永禄十年（一五六七）ごろ、北畠具教は織田信長軍の伊勢進攻に備えて、細頸に家臣の日置大膳亮を配しここを守らせていた。同十二年（一五六九）の織田軍の来襲に際して日置氏は、主君北畠氏が籠城する大河内城に移るとき、この居館を焼き払ったといわれる。その後、大河内城における織田・北畠両軍の全面対決が膠着状態になった後、両者の和議が成立し、約により織田信長の次男信雄が北畠家の家督を継ぐが、かれは天正三年（一五七五）に度会郡田丸に城を新築して大河内城からここに移り住み、南伊勢統治の拠点とした。しかし天正八年（一五八〇）、田丸城が焼失したのを機に、海陸交通の要地である細頸に天守を備えた城郭を平地に築いて移り住み、そこを松ケ島城と改称した。

天正十年（一五八二）に信長が本能寺で明智光秀に討たれると、信雄は織田姓に復して尾張清洲城に移り、松ケ島城には腹心の津川玄蕃允を配した。

清洲城に移った信雄は神戸家を継いだ弟の信孝と争い、信雄方についた羽柴秀吉が岐阜城に拠っていた信孝を降し、信孝は知多に落ち延びて自害して果てた。

天正十二年（一五八四）には信雄と秀吉が対立し、徳川家康が信雄を支援して小牧・長久手の役にいたった。松ケ島城の津川玄蕃はそむいて秀吉側に通じたとの理由で信雄により呼び出された長島で誅殺され、代わって滝川三郎兵衛雄利が松ケ島城に配された。同年三月十四日城は羽柴秀吉軍の羽柴秀長、筒井定次、織田信兼、九鬼嘉隆、田丸具直（直昌）、岡本宗憲らの猛攻にさらされ町中焼き払われたが、雄利は籠城してよく耐えた。このとき伊豆蔵鈴木甚右衛門（雲出出身）は町人を引き連れて籠城に加わったという。結局調停により雄利は開城して尾張に退いたので、松ケ島城は岡本宗憲があずかることになった。

そしてこの年の六月十三日、秀吉は近江日野の城主蒲生氏郷を松ケ島城一二万石の城主とした。日野から移封を命じられた氏郷は、新城下を繁栄させるために旧城下の町民を引き連れてきた。これにともなって日野の町が急速に寂れることをおそれた秀吉は、町人の離散を禁じたが（「町人之儀者如前々可居住、自然他所江令退散者可為曲事」）、「但し、松賀島に相越すにおいては沙汰に及ばざること」として、住民が氏郷に随従することだけはこれを認めざるをえなかった。

岡本宗憲から城を受け取って松ケ島城に入った氏郷は、ここが海岸沿いにあり狭小なために、さらに規模の広大な要害の城郭と城下町が必要と考えて、かつて潮田長助が砦を築いていた四五百森の立地の有利な点に着目し、この自然の丘陵地を利用した新たな城造りと城下の建設に取り掛かったのである。

築城の当時は、まさに秀吉の全国平定の仕上げの途上にあり（十三年三月紀州根来征伐、七月四国征伐、八月越中佐々征伐、十五年三月島津征伐、五月全九州平定、十八年四～七月小田原攻め、仙台伊達氏服従、十九年九月全奥州帰順等々）、いまだ緊迫した情勢が続き、何時大波乱が勃発しても決しておかしくない様相を呈していた。したがって、豊臣政権の重要な一翼を担って南伊勢の押さえをまかせられた蒲生氏郷としては、松坂城の新築を急ぐとともに、兵站基地としての城下の構えには万全を期す取り組みが必須であった。

2 北畠氏・細頸時代

先述したように、松坂城下町の成立は松ケ島からの町の移転によるところが大であり、また松ケ島自体も細頸時代を基盤に出来た町である。この細頸時代、即ち織田信雄がこの地に拠点を移してくる以前の時代にここには一体どのような町が存在したのかを知ることは困難である。しかしこの地には古くから参宮街道に沿う町並みがあったことは確かである。

『松坂権輿雑集』に引く寺伝・社伝によれば、およそ以下の神社仏閣が松坂に移される以前から細頸に存在したごとくである。

同書巻六の来迎寺の項目に、「教主山来迎寺ハ……永正年中勢州之刺史北畠権大納言材親卿之建立也。其基址者丹後入道俊継トイフ者……細頸ノ城ニ入リ材親ニ見ユ」とあり、また『来迎寺開基縁起』にも来迎寺は永正八年（一五一一）に北畠材親の創建にかかり元細頸の城南口に教主山真盛堂来迎精舎と名づく一寺を建立したのに始まることが記されている。これが確かであれば、細頸城は永正の時代には既に築かれていたことになる。しかしその年代の真偽性はともかく、早くから細頸にこの寺院が開創され、存在したことは信じてよいであろう。

樹教寺も寺伝に、建久六年（一一九五）に東大寺の重源上人が「当国細頸の郷に遊行の時……伽藍を開創……その後伊勢の国司北畠氏、石津、平生の両邑にて寺領三百斛寄付」とある。右の建久という年代も定かではないが、北畠時代に既に同寺がここに建立されていたことは考えられる。

養泉寺は寺伝に「開山実山禅真知和尚……伊勢参宮之序松ケ嶋に止宿、……主云、当郷有古寺、謂養泉寺と此年代深遠……其後蒲生飛驒守殿移城郭松坂、寺又随之」とみえ、氏郷以後のかなり以前から寺が存在したことを語っている。

御厨神社は社家の伝記に、「当社ハ飯高郡平生伊勢内宮の御厨所に奉祭神にて、……上古平生ハ参宮の駅路成しニ依て勅使参向の節、毎も此御厨ニ止館ありて旅行の幸を祈り給へり」とあるから、信雄時代以前より細頸の隣村平生にこの神社が所在したことになる。

愛宕神社の項には、「多気の御跡断絶ノ後ハ遠近皆戦場ノ砌ナレハ……松ケ嶋ノ平生村へ引退ヌ。……永禄十一年ノ比也」とみえて、これが平生に所在したことが記されている。

寺院神社は住民を呼集して城下町を形成するためには必要な存在であったから、右記の寺社が細頸とその周辺に在ったということはそこにかなりの町が構成されていたことが推定できよう。

3 織田信雄・松ケ島時代

城下町松坂の中心部分が、松ケ島から多くの町や住民を引き移して成立したことは、『松坂権輿雑集』の記述などから疑う余地はない。しかして松ケ島城下の町割がどのようになっていたかということは、城下町松坂の形成を明らかにする上で重要なことである。しかし、いったん寒村と帰した旧城下町の在り方を究明し復元するということは、至難のことといえる。

ところで織田信雄が松ケ島に築いた城郭は、五層の天守を頂く豪華なもので、安土城で使われていた瓦と同じ瓦ばかりか安土城と同じつくりの金箔瓦の使用されていたことが認められる。安土城と同じ瓦は松ケ島城と大溝城でしか確認されておらず、金箔瓦は松ケ島城と神戸城でしか見られない。故にこれらの使用が許されたのは信長の息子たちまでで、金箔は許可しないが安土と同じ瓦を使うことは一門にも許されていた、と考えられている。『松ケ島軍記』（『松阪市史　第三巻史料編古代・中世』）には天正九年八月にこの城において「信忠、信雄、信孝兄弟替々舞楽ヲ」したという逸話を記している。完成した城の豪華絢爛ぶりがしのばれる。

こうした城郭をもつ城下町の建設には信雄もいちだんと力を注いだことが推測できる。三井文庫所蔵の『伊勢松ケ嶋村図』（明治初期作成、図1）には、周囲を堀で囲まれた堀之内という地名のなかに「天主跡」と記され、ここが天守閣のそびえる本丸の地であったことをうかがわせる。いまこの地は天守山と呼ばれ、わずかに往時を偲ばせている（図2）。さらにその外に二の丸に相当すると思われる丸之内の地名があり、これと殿町を加えた外郭の周囲には、入江と流路とそれらをつなぐ掘割で防備を固めていた様子がうかがえる。いまもこの堀跡がわずかながらも蓮池として残っている所がある。同村図によると、城下には、鍛冶町、樋ノ町、本町、新町、北市場、西町、カミヤ（紙屋）町、金谷、長町、小蔵、北の堀内などの町名が見えており、また明暦三年（一六五七）の「勢州一志郡松ケ島村御検地帳写」（『松阪市史　第五巻史料編検地帳（二）』）には材木町、横町、ほうろく町、殿町、西市場、船屋敷、中屋敷、大ミそ、小ミそ、さこん町、かみや町、などの町名が見られる。かつての城下のにぎわいぶりを想い起こさせるこれらの町名のなかには信雄時代のものもあれば氏郷時代のものもあり、にわかに確定しがたいのである。樋ノ町などは私見によれば日野町であって、氏郷時代につけられた町名ではないかと考えられる。

したがってここでは、やはり『松坂権輿雑集』などからわずかながらこの点を推し量りうる部分だけを取り出して概述しておきたい。

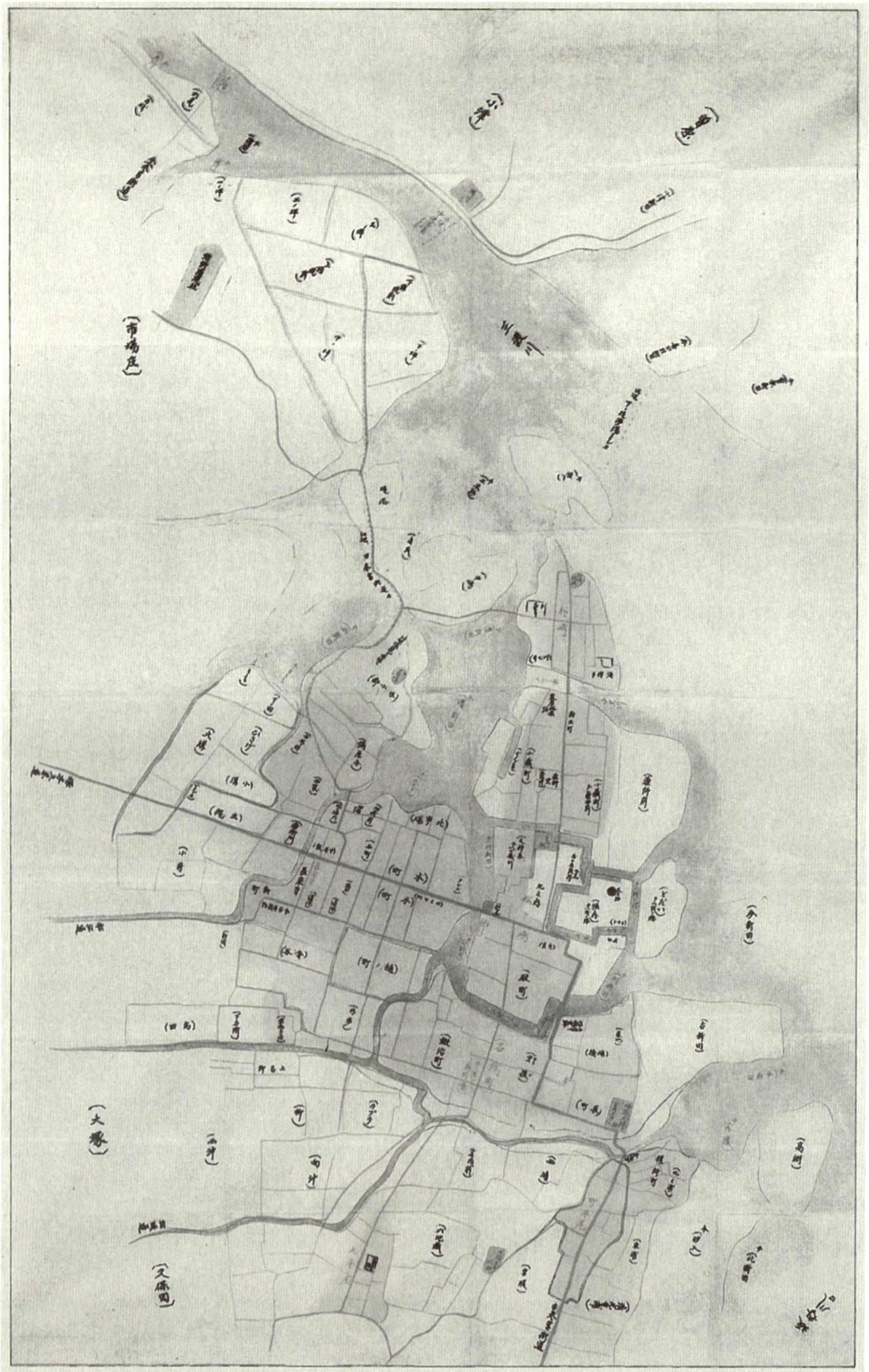

図1「伊勢松ケ嶋村図」 明治初期（三井文庫蔵、『松阪市史 別巻一』より転載）

同書には、松坂町のうち十三町（後述）が松ケ島から移され、平生町も松ケ島隣の平尾村から移された、と記されている。このなかで、信雄時代に関係するものの記述を見いだすと以下の通りである。

「本町諸家之事」に、「鈴木甚右衛門、屋称伊豆蔵、……一志郡雲出郷より細頸に来住、守護織田信雄田丸へ城替、田丸の城焼失に依りて重て細頸ニ城営、天正八年庚辰年より松ケ島と号ス。……天正拾弐甲申年三月十四日豊臣秀吉公より俄に人数を被寄町中を焼払。その時伊豆蔵甚右衛門町人ヲ召連籠城いたし候」とあって、町の支配を預かっていた伊豆蔵の織田方への忠義ぶりが描かれている。その伊豆蔵を筆頭とする下蔵、雲出蔵、射和蔵、美矢古蔵、鎌田蔵の六家は「田地商物等を質として金銀を調達する」蔵方として、信雄から以下のような口上を申渡されていたという（「町の長最初蔵方と唱事」）。

一於㆓在在所所㆒横行乱入者有㆑之則不㆑論㆓誰殿者等㆒、即搦捕可㆑被㆑出、若餘㆑手者当坐打殺、様子可㆑被㆓申出㆒事、一、人質族或出㆓下人㆒、又出㆓傭人㆒事堅停止也、各遂吟味、父子兄弟之中請取可被申事。

一諸奉行諸役人於㆔万事有㆓贔負沙汰等㆒、早速可㆑被㆓申出㆒事。

図２　松ケ島城跡

一各調㆓其下諸上用㆒、正㆓吏人邪曲㆒、済㆓窮民飢渇㆒、有㆓所㆑不㆑及者㆒速可㆑被㆓申出㆒事。

一前後申渡件〻於㆓不便之儀有㆒㆑之、各相談之上是亦可㆑被㆓申出㆒事。

また、「旧府法度之事」に、信雄の法度を伊豆蔵、下蔵、美矢古蔵が各一通所持し、そこに次のように定められていたという。

一質者五月廻五わり五文子たるへき事

一札の書違候とも不苦事

一鼠くひ候はゝ以利分内見合算用可仕事幷ぬれ質同前事

一盗物質ニ取候とも不苦、但札なくは出すへからさる事

一金物者月限日限札面可為如書付事

一上越候とも不苦事

一家焼蔵江火入候はゝ質物置主可為損事

一札うせは請人を立候て請さすへし、若本札来候とも不可叶事

一失質は元利算用をとけ(遂)蔵方へ取本一倍可出事

右之條〻不可有相違者也依如件

天正八年閏三月朔日　　信　雄在判

松ケ嶋

蔵方中

町を差配し、活発な商業活動を行っていたかれらは、その後松坂に移ってからも従来の町支配を続けることにな

るが、商都松坂の発展の起源は、むろん氏郷の楽市楽座政策を抜きには考えられないが、この松ケ島時代の信雄の政策にもその一端を負っていることを軽視できないのである。

清光寺については、織田家臣津川玄蕃の菩提所で、その後に氏郷と家士はこの寺の檀越となり、「かかるかゆへに松ケ嶋領地寺社多しといへども諸家の菩提所なるに依りて格式諸宗の第一たる者也。然るに天正十六年松ケ嶋の城を此古城ニ遷し来る」とあり、同寺が、氏郷以前から所在したことを伝えている。

また、博労町の「千田新七、屋称油屋」は尾張国から松ケ島に移住したとあるが、尾張は織田の本拠地であったから、この移住は信雄時代のこととも考えることができまいか。

三　町中にみる軍事的工夫

松坂の城下町構成の原理はいたって理解しやすい。外堀に相当する阪内川にのぞむ平山に設けられた城郭の北東と東南にL字型に町を形成し、城に近い所から侍屋敷地、町人地、寺社地の順で重層的に城を取り囲むように配置されている。水路を水量の潤沢な阪内川と愛宕川から町中に引き入れて給水と排水の便に備え、洪水時のあふれ出た水は、溝の深い内堀に流入するようにして、町を水没から免れるように設計されている。そして海岸よりを通り松ケ島城下を通過していた幹線の参宮街道は、付け替えられて、松坂城下の町人地を東西に貫通するようにし、伊勢神宮方面を往来する通行人は必ずこの城下へ向い、通り抜けるようにしむけた。こうした主要幹線道路の強引な導入は、他国者を取り締まるとともに、城下を経済的に潤すという経済効果を生じさせるためであった。そして従来の道路の通行はかたく禁止するという政策が強行されたことであろう。

さて、氏郷は城を松ケ島から松坂に移すにあたって、百姓以外はひとりたりとも松ケ島に残ることを許さないという、徹底した移住政策を敢行した。『松坂権輿雑集』所載の天正十六年の「氏郷町中掟之事」によれば、「一、於松ケ島、百姓之外町人相残り居住之儀、一切令停止事」と見えている（このため松ケ島はたちまち元の一寒村へと逆戻りしてしまったのである）。松阪市街の中心部を構成する本町、大手町、中町、工屋町、紺屋町、博労町、鍛冶屋町、白粉町、櫛町、新町、桜屋町、大工町、魚町の十三町はこのとき松ケ島から移されたものである。さらに、湊町や平生町、西町など、城下を充実させるために領内の他の集落の住民をもこの町に呼び集められた。城下に町並みを整え、人家と人口を増やすことに相当腐心したことがうかがえる。

戦国時代末期にあっては、領主は家臣郎従を城下の主要部分に集住させてこれを養わなければならなかったが、武士階級は生産にいっさい従事しないまったくの消費者階級であったから、これを賄う商工業者の来住が不可欠であった。しかもその商工業者たちの供給力は並の力量だけでは間に合わなかった。なぜならば、他領との通交は自然と円滑を欠き交易は妨げられがちであり、ときには孤立することも覚悟しなければならなかったから、各領国は政治的軍事的に自立を必要としただけでなく、「自給自足」の経済力を確立することが強く求められた。したがって、城下町は軍事力に支えられながらも領国経済の中心地として成り立たなければ、町の経営はこれを維持することがきわめて困難であった。

同業者を競わせて、上述した業種別職種別の町を手っ取り早く城下の要所要所に配置したことは、産業経済の繁昌に大いに役立ったに違いない。とくに楽市楽座の制度をこの町に導入したことが松坂を有数の商工業の都市に発展させたことは、あまりにもよく知られている。新進の商才ある業者や商売人たちは、既存の座に拒まれることなく、この新城下にはせ参じて商品の自由競争販売に打ち込めたはずであり、それが商工の振興と需要者を被益することになった。

1 食い違い

ところで、松坂の城下では、こうした町域を区画・確定するに当たり、町と町との境目を道路の屈曲であらわすという方法がとられたのではないか、ということが、残存する街路の在り方と伝来の諸絵図から推定できる。そしてこの一定の間隔をおいて町中にはりめぐらされた鉤型の屈曲は同時に、それ自体が、戦時に敵兵が城下に進攻してきたときには遠方から通路が見通されることを防ぎ、勢いよく侵入することができないよう仕組まれた防御施設の役目をもっていたと考えられる。

このように街路が真っすぐになっていないで鉤型に屈曲している道路の在り方は、一般には食い違い（筋違いまたは当て曲げともいう）といわれている。

食い違いは他の城下町（あるいは自治の要素が強い寺内町や環濠集落など）にも見られるが、松坂では他所以上に、より顕著に見られる（図3・4参照）。西町から阪内川に掛かる大橋をわたって松坂城下に引き入れられた幹線道路の参宮街道は、西から東へ松坂の市街を通過する間ストレートには造られず、本町、中町、日野町、湊町、平生町、愛宕町と続く各町の節目でやや右折する歪斜形の道路となっている（数年前に道路が拡幅されたためこの形状は見られなくなった）。本町から中町の間に斜めにかかる肘折（ひじり）橋のことに関して『松坂権輿雑集』は「この橋がヒヂオリの取初め」なのでこの名があるといい、そこに引用された江戸前期の俗謡に「伊勢の松坂毎着て見ても襞《ヒダ》の取様で襠《マチ》悪し」とうたわれているのは周知のことである。襞は氏郷が飛驒守であったから、かれの造った街路を衣服にたとえ、揶揄したのである。

またこの幹線道路と平行して北側をはしる紺屋町、工屋町、職人町、鍛冶町、油屋町などもその町境でおのおの屈曲し、さらに幹線の南側を並行する魚町一丁目から四丁目にかけてもほぼ丁ごとに屈折している。そしてこれら

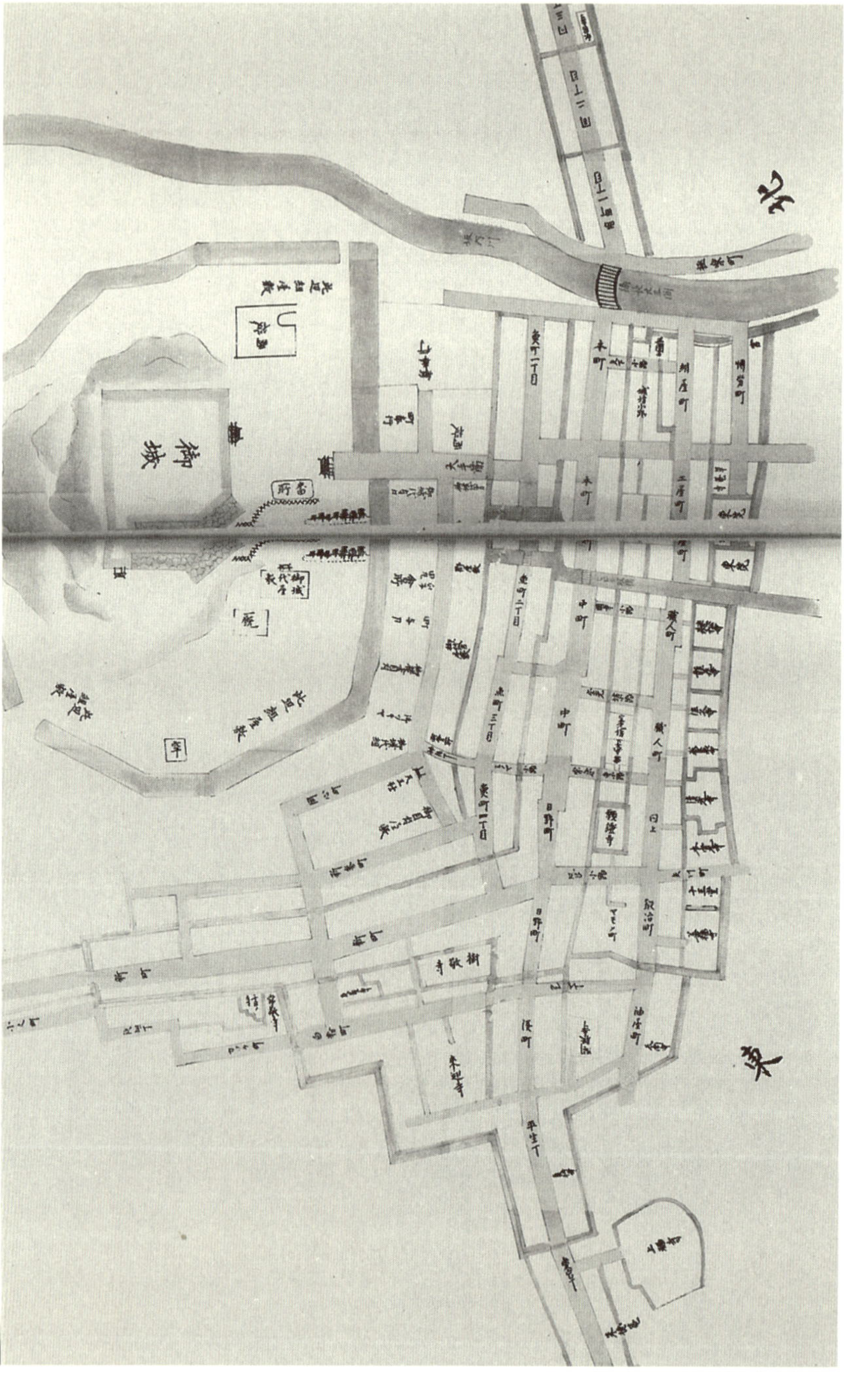

図3 「勢州松坂之図」 元禄〜元文ころ（東京大学本居文庫蔵、『松阪市史　別巻一』より転載）町割の様子がよく分かる。

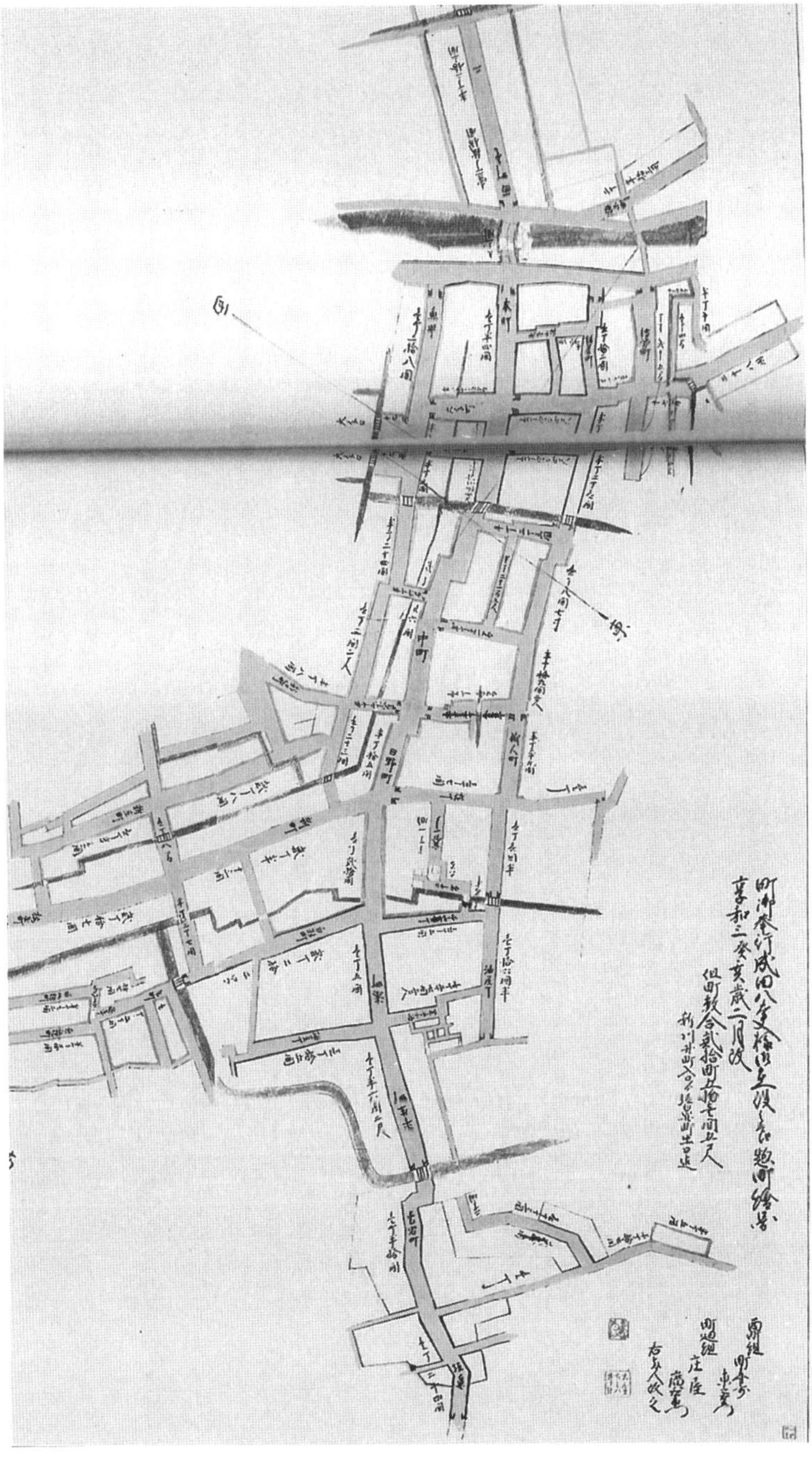

図4　「松坂町之図　町奉行成田八太夫様御在役之節惣町絵図」享和三年
（三井文庫所蔵、『松阪市史　別巻一』より転載）町内主要街路の木戸門を調べた図だが食い違いの様子が明瞭に分かる。

を南北につなぐ道も相互に真っすぐ連絡していないのが基本となっている。つまり、城下町といえばすぐに連想されがちな碁盤目状に整然と区画された町割とは似ても似つかない、乱脈を極めたものとなっているのである。このような丹念に時間と労力をかけた町造りは、やはり先程述べたように、市街戦となった際に防御がしやすいように工夫されたものと考える外ないのである。

さて、松坂町中の個々の食い違いについては、江戸時代全般を通しての城下町絵図が、『松阪市史　別巻一』に収録され、時代の流れに沿った状態で残されていて、それを見ることにより江戸時代各時期の様子をうかがうことができる。

また、明治時代の市街地図についても、最近、本居宣長記念館所蔵の写真複製版を同館から入手することができ（原本は松阪市役所所蔵）、この時代の食い違いの有様をも調べる手掛かりを得ることができた。ちなみに、上記の『松阪市史　別巻二』の解説（11頁）に収録された魚町図（桑山宗三旧蔵。現蔵者不明）も、ごく一部分ではあるが明治初期の食い違いを知るのに役立つ資料である。

大正・昭和期終戦直後の松阪町図についても、前掲『松阪市史　別巻一』に市街地図五点が収録されており、近代化のなかにあっても松阪における食い違いの様子に前代とほとんど違いがないことが判明する。

これらによって、江戸～昭和前半の全時代を通じて町中の食い違いがほとんど変更されることなく残存してきたことが明示できるものと思われる。以上に述べた各時代の絵図および地図を整理すれば、次のようなものである（なお、絵図の成立年代は、松阪市史編さん室における推定である）。

1「伊勢国松坂古城之図　正保城絵図」正保二年（一六四五）～承応三年（一六五四）　国立公文書館蔵

2「松坂古地図」元禄三年（一六九〇）以前　松阪市史編さん室蔵

3「勢州松坂之図」元禄〜元文ころ（元文元年は一七三六年）東京大学本居文庫蔵
4「伊勢松坂城下図」同上　神宮文庫蔵
5「松坂町絵図」元禄〜享和ころ（享和元年は一八〇一年）堀内悦造蔵
6「松坂図　松坂権輿雑集絵図」宝暦二年（一七五二）ころ　三井文庫蔵
7「松坂絵図　本居春庭写」安永八年（一七七九）本居宣長記念館蔵
8「松坂町絵図」享和以後　三井文庫所蔵
9「松坂町之図　町奉行成田八太夫様御在役之節惣町絵図」享和三年（一八〇三）三井文庫所蔵
10「松坂町絵図」天保〜嘉永ころ（天保元年は一八三〇年、嘉永元年は一八四八年）大西春海蔵
11「安政三年辰春全図」安政三年（一八五六）矢ヶ瀬清一蔵
12「松坂町絵図」慶応二年（一八六六）以後　大西春海蔵
13「魚町図」明治七年（一八七四）八月〜十一年三月　桑山宗三旧蔵
14「飯高郡松阪町市街地全図」明治九〜十年ごろ　松阪市蔵
15「松阪町及村落地図」大正五年九月十四日　三井文庫蔵
16「伊勢松阪町市街地図」大正九年八月一日　松阪市史編さん室蔵
17「三重県飯南郡松阪地図」昭和六年四月二十日　松阪市史編さん室蔵
18「松阪市平面図」昭和十一年七月　松阪市立図書館蔵
19「松阪市全図」昭和二十五年四月十日　松阪市史編さん室蔵

上記の絵図・地図について、『松阪市史　別巻二』の解題を参考にして若干の説明をしておこう。

1は、三代将軍家光によって提出を命じられ上呈された原図に、御用絵師の狩野一派が極彩色をほどこし仕上げたものである。幕府の指示で山川の形勢や町割を正確かつ詳細に描き出すなど官選地図としての信頼性は極めて高いといえる。またこの絵図は城下町松坂の最も古い町絵図としても珍重されるべきものである。築城および城下町建設から間もない江戸初期の松阪町の規模・概要、および道路の形状などがこれによってほぼ把握できよう。

2は、もともと松阪市殿町の村瀬家が所蔵していたが、梅川市長時代の昭和二十七年に旧松阪市史編纂所がこれを購入し、郷土史家でもあった梅川市長の指示で保存措置がほどこされた。線は細いが街路における食い違いは読み取ることができる。これの成立が元禄三年以前と推定されるのは、鍛冶町にあった清光寺が元禄三年に焼失し、翌年に職人町に再建されるが、本図では清光寺は鍛冶町に描かれているからである。

3と4はともに、元文元年（一七三六）に焼失して西へ移転した大信寺が西町通り北側に描かれていることから、それより以前の成立と考えられている。街路が大きく描かれているので、当時の食い違いの様子がはっきりと分かる（図3参照）。

5の原図は元禄ころの成立と推定されるが、一部に享和初期ごろの書き込みがあるため、全体としての成立年代は幅をもたせて考えざるをえない。食い違いを含めて町割や街路をていねいに書き表している。

6は『松坂権輿雑集』（久世兼由著）の付図であるが、原本は焼失しており、この絵図も転写本の付図である。この書は前述したとおり、城下町松ケ島や城下町松坂を論じる際にはなくてはならない貴重なものである。前代から引き続き食い違いの形状に変わりのないことが判明する。

7は、本居春庭（一七六三〜一八二八）が安永八年九月に一七歳のときにほかから転写したものである（春庭「移物覚帳」）。原図についてはどのようなものであったか定かではない。

8は町会所の大手筋への移転が享和元年（一八〇一）であったところから、それ以降の成立と推定されている。

9は図4参照。

10は大西春海蔵。市史編さん室は本図の成立年代について、天保九年（一八三八）の肱折橋西角へ銀札会所が移転した時点を上限におき、嘉永四年（一八五一）に新町に白子御仕入方出張会所が設置された時点を下限におく。町の変転にともない建物の移転・新設は頻繁におこなわれるが、食い違いなど道路の形状はほとんど影響されず、依然として前代から変わらずに存続していることが、絵図から分かる。

11は城郭の大きさに比べて、川や道路が象徴的に大きく描かれている。食い違いも明確に描かれている。

12は大西春海蔵。11とほぼ同じであるが、御城番長屋が書き込まれているほか、学問所の大手筋への移転と学習館の改称を立証する絵図といわれる。

13の魚町図はごく一部ではあるが、大手門の通りから魚町へ差しかかった当たりの食い違いが、明治に入っても依然として変わっていなかったことを明瞭に示している。こうした町の部分地図は、ほかの町においても作成されたのではないかと思われる。今後の発見がまたれる。

14は松阪市蔵の明治期の市街地全図である（図5に市街中心部の一部を掲げる）。精緻な測量にもとづいたと思われる。おそらくこれほどまで正確で詳細な明治期松阪町の地図は他に類例を見ないであろう。市内各町の食い違いもこれまでの絵図に描かれたとおりに残存していることが知られる。

15は三重毎日新聞社（西町九拾五番屋敷）発行で、九月十四日の付録。

16は著作者足立元二（岐阜県多治見町）、発行人足立福太郎（同上）

17は帝国交通社中部出張所（名古屋市中区）発行。裏面に松阪案内記を載せる。

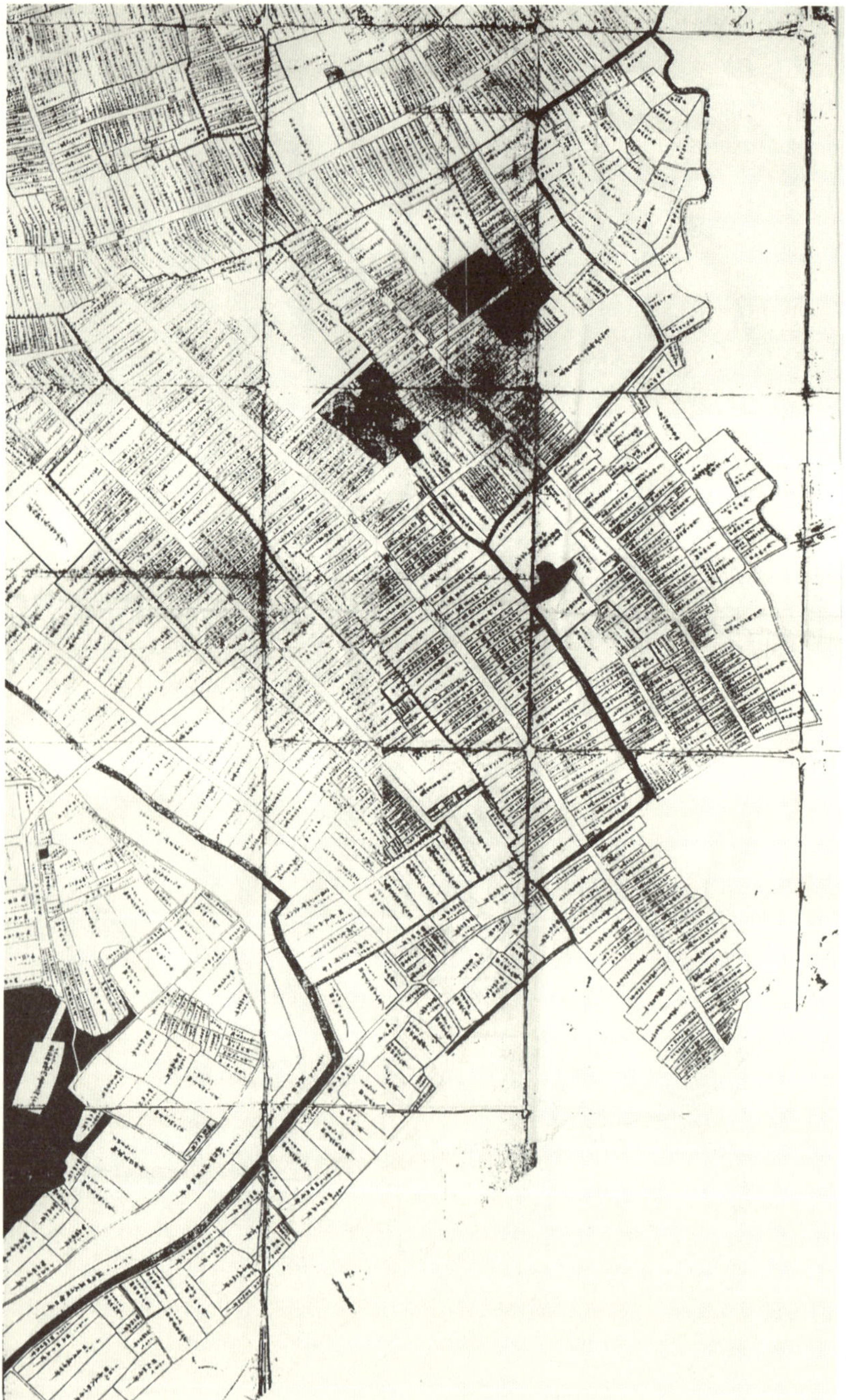

図5 「飯高郡松阪町市街地全図」 明治九〜十年ごろ（松阪市蔵）

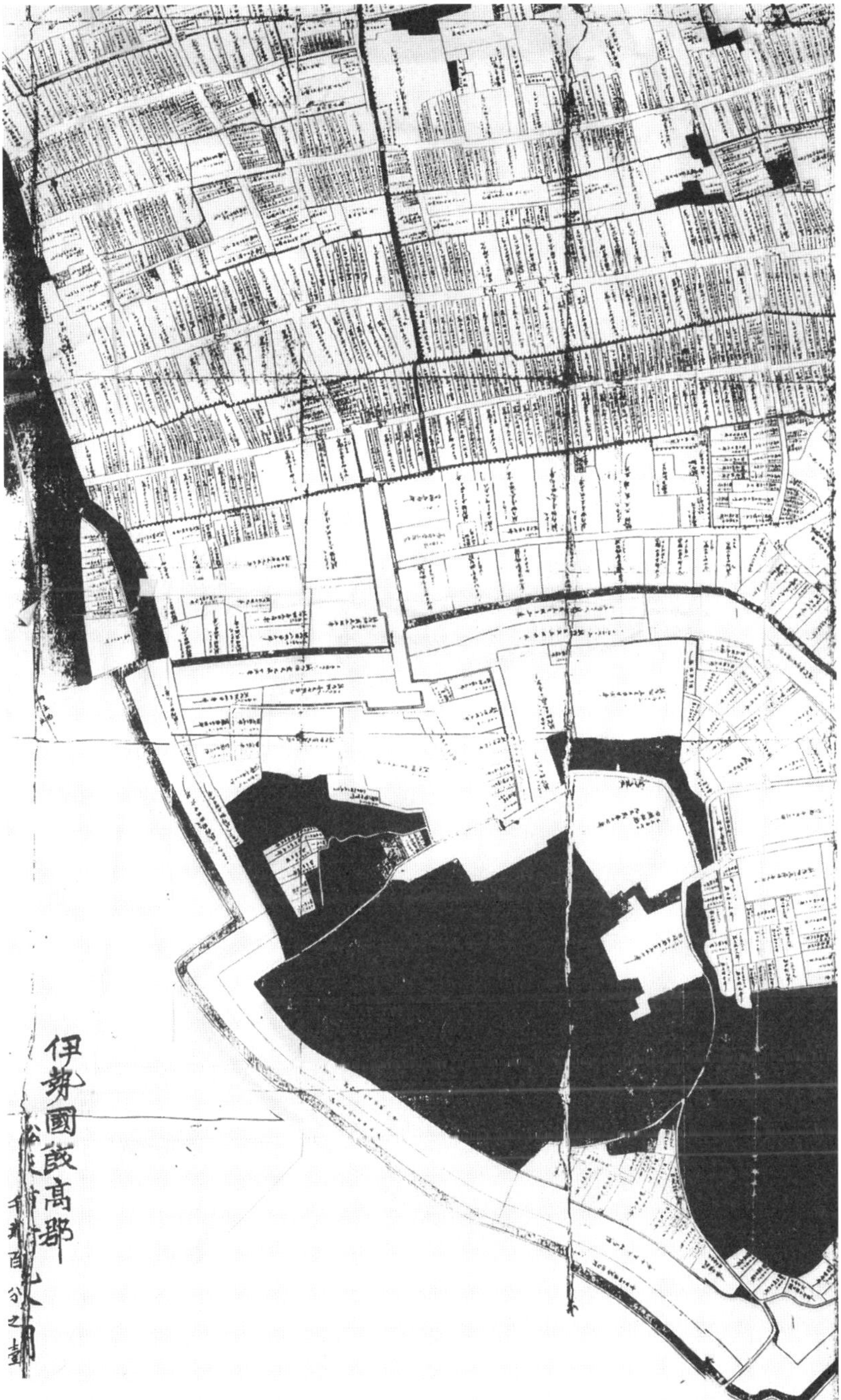
伊勢國飯高郡
千弐百分之壹

18は松阪市役所調製で、市制施行後の松阪市の行政区域と官公施設を載せる。

19も松阪市役所調製。

以上のように、江戸・明治・大正そして昭和前半にいたる松阪町の街路の形状に、大きな変更がなかったとしたならば、最近の拡幅工事によって大きく変更を余儀なくされた参宮街道筋と既に整備されていた駅前から新町通りは別として、今に残されている街路の多くは、四〇〇年余前に蒲生氏郷の戦略的布石からつくられた城下町道路であると見てよい。

さて、これまでは大まかに食い違いの存続する様を絵図・地図等をもとに見て来たが、四〇〇年余を通してそれにはあまり変更がなかったということならば、さらに個別的具体的に地点を定めてそれらを見ていくとどうであろうか。その材料としては、宝暦ごろに森壺仙（一七四三〜一八二八）が描いた『松坂並近郊細図』（以下、細図という）や『宝暦咄し』収載の「松坂町並図」（以下、町並図という）が参考になる。森は西町の商家に生まれ、庶民の目で町の形態をよく見ていると考えられる。

まず、幹線道路として町中をつらぬく参宮街道を見てみよう（図3・4参照）。

本町と中町との間にかかる肱折橋はその名が示す通り、かなり屈曲していた。一種の食い違いの状を呈していたのである。森の図はこれをあまりうまく描いていないが、前掲した11「安政三年辰春全図」はこれをよく描いている。

橋からしばらく行くと、中町の真ん中でまた大きな食い違いに当たる。

さらにその先、日野町に入る所でまたまた前と同じ程度の大きな食い違いに出くわすことになる。細図では、これらを歩行者が遠くから見るとまるで突き当たりであるかのように、森は描いている。しかし町並図では、食い違いの向こうがやや細道になるかのような錯覚を歩行者が抱く程度の食い違いに抑えて描いている。この街道では、三地点で大きな食い違いを見せている。

次に、城寄りの武家屋敷地に近い魚町の通りを見てみよう。ここでは中の丁から下の丁の境で大きな食い違いがあり、さらにその先に辻があって、それは真っすぐに渡れるようにはなっていなくて、斜めの辻になっている。一種の食い違いといってよい。したがって、食い違いは二箇所である。

参宮街道の北東側の通りはどうであろうか。紺屋町から湯屋町へ渡る辻が斜めに交わっており一種の食い違いを見せ、湯屋町から上職人町に入るところに大きな食い違いがある。下職人町から鍛冶町への辻も大きく食い違っている。食い違いの地点は三箇所と見ていい。

松坂城は阪内川を外堀として北西からの侵攻に備えることを第一に念頭に置いてつくられているから、阪内川にかかる大橋を突破した敵は、まず参宮街道をまっすぐに進み市街地に突入してくると想定される。それ故市街地に入ってからの参宮街道には大きな食い違いが三箇所にもわたって設定されたのであろう。しかし、大橋を突破した敵は真っすぐに参宮街道に進むばかりでなく、すぐに左右に進路を分け、兵力を分散して魚町の通りや、紺屋町から職人町の通りへと侵攻する場合も想定されたであろう。したがって、この二つの街路にも参宮街道程ではないにしろ、やや大きめの食い違いを造っておく必要があったのではなかろうか。

ところで、敵の侵攻は東北方面からもありうると考えられていたはずである。こちらには寺屋敷地を配置して侵攻に備えたと見られる。これが突破された場合においても、容易には城に向かってつき進めないように辻を食い違わせるように造り、その先が突き当たりであるかのように仕組んでいる。万一これらがすべて破られて敵兵が城に

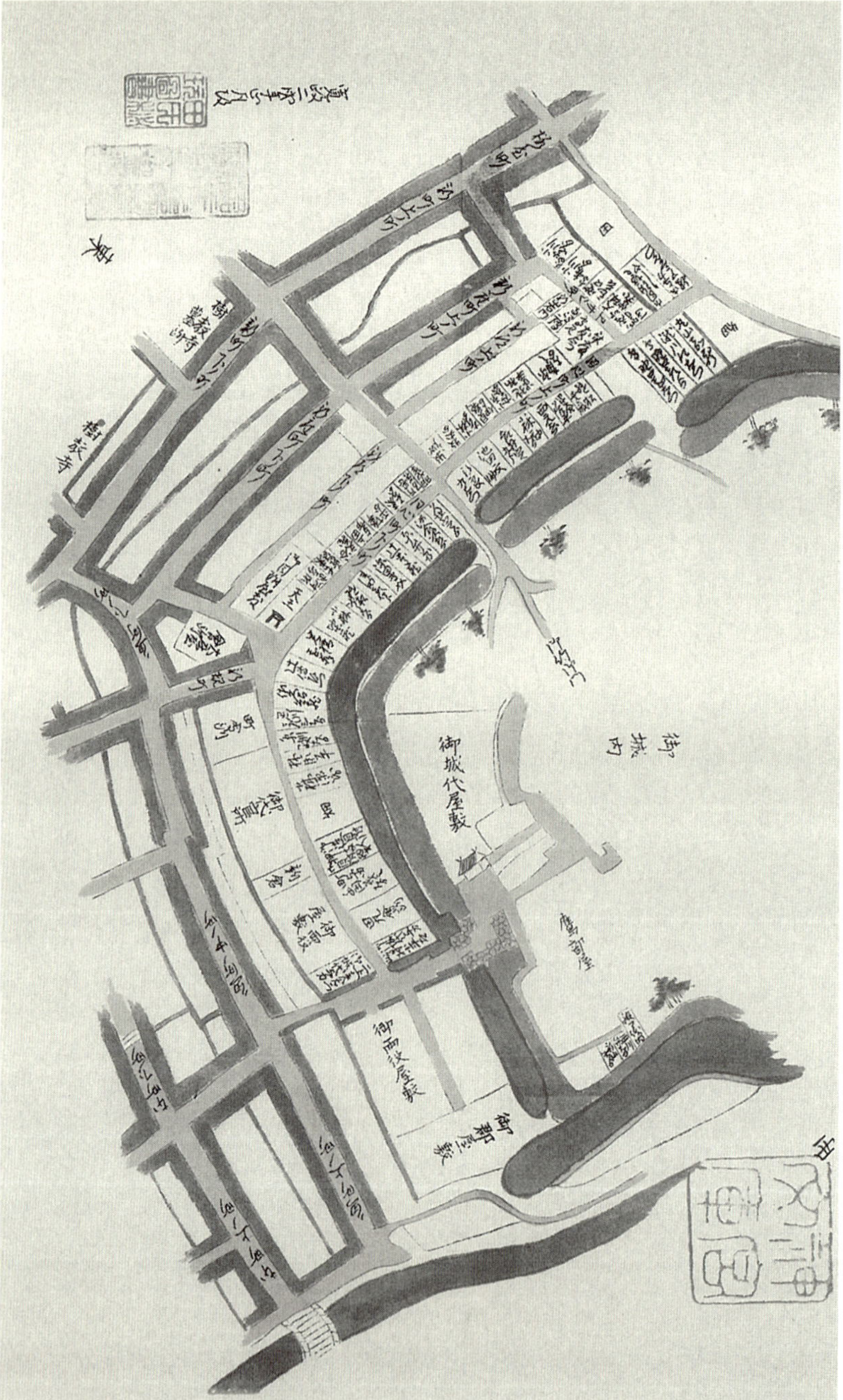

図6　「松坂城御組屋敷図」寛政二年（一七九〇）（神宮文庫蔵『松阪市史　別巻一』より転載）

接近しても武家屋敷で城郭の内外を取り巻き、厳重な備えをなしていた。武家屋敷地においても、たとえば、同心町の上ノ丁と下ノ丁の境の辻や、新道上ノ丁と同下ノ丁の境の辻は食い違いとなっていて、防御に周到さが見られる（図6参照）。

『松坂権輿雑集』にも、

松坂町割の時道路を歪斜に附て二丁先をかくす、兵伏の備成よし

と記されていて、食い違いが防御施設として使われるために造られたことは確実である。

2 隅違い

松阪市では街路が鋸状になったいわゆる隅違いがいたるところで見られる。これも食い違いと同じく、城下町づくりの際、市街戦に備えて、軍事上の見地から設計された防御施設であることは、これまで言われているとおりである。町づくりにあたって、つけ替えた新設街道をふくめて、町のほとんどの道筋は最初から巧みにジグザグに屈折させて造作させたのである。そのジグザグを利用することによって、姿を隠して敵を待ち伏せての不意打ちや奇襲などができ、また敵に追われたときに身を隠す場合にも用いられ、多くの利点があったと考えられる。

前記した絵図には、さすがにこの細かな隅違いを描いたものはないが、森壺仙が、一〇歳の宝暦初めごろから明和～文政にいたる約八〇年の間、みずから踏査して描き出した二つの図（『宝暦咄し』所載「松坂町並図」と『松坂並近郊細図』、いずれも前掲）には、町ごとの細かな隅違いを見出すことができるのである。これらは、蒲生氏郷が城下町づくりを始めた天正十二年（一五八四）以来のものをかなり忠実に描写しているであろうことは間違いない。

そしてこれらは、現在でも道路整備された所以外は、少なからず発見できるのであるが、いまの道のほとんどが

アスファルト道路となったため、往時のものからは多少変形したかたちで今日に伝えられている。隅違いの伝存箇所の確認、および現状の写真撮影での保存という意味で、以下に市内における各町の隅違いを取り上げ、壺仙の描いた上記町並図や細図、あるいは明治初期の魚町図などと比べながら、その特徴に言及しておきたい。

(1)　本町通り

本町は天正十六年（一五八八）に松ケ島より移された町で、北は阪内川、南は神道川までの参宮街道約二八〇メートルの道筋をいう。現在は、大半がよいほモールに属し、そこではすでに隅違いは消滅している。しかし、阪内川から市役所前の大手通りにいたるまでは、旧参宮街道の名残りを止めており、隅違いが確認できる、旧小津清左衛門家（現松阪「商人の館」）のあたりから当家側に隅違いが顕著になり、その大きさは約五〇センチメートルで、一人ぐらいが身を潜められる程度である。しかし小津家を過ぎたあたりからは、溝が整備されているが小さなジグザグがその後もしばらく断続的に続いている。小津家の反対側はいまは隅違いらしいものはほとんど確認できないのだが、宝暦の町並図では小津家側よりもむしろこちらの側の隅違いのほうが規模が大きいように思える。この先の三井家発祥地前には隅違いの跡は見られないが、ここを通り過ぎたあたりからふたたび見られるようになる。

さて、現在よいほモールになっているところは、「町並図」や「細図」では大規模な隅違いがあったことが読み取れる。この先の旧参宮街道でも道路の拡幅ですっかり隅違いは姿を消してしまった。拡幅以前のこの街道の写真が手元にないので、壺仙の両図でそのようすがをしのぶのみである。

(2)　矢下（おろし）小路

三井家発祥地と松阪「商人の館」・旧小津清左衛門家住宅の間に、矢下小路と呼ばれる細い道がある。この矢下小路は、参宮街道から正円寺前を通り、紺屋（こや）町筋までの道筋のことで、矢下町とも称するのである。天正

図8　本町（小津家前）

図9　同上

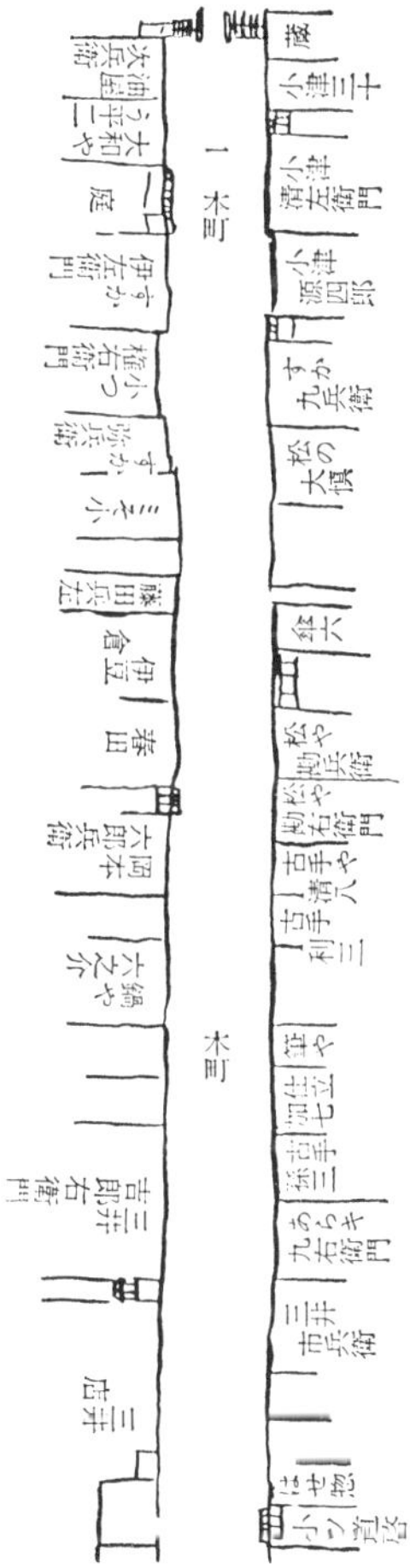

図7　「町並図」
（『宝暦咄し』所載）

図11　小津家をすぎ大手通の方向へ行った所

図10　小津家をすぎた辺り

図12　三井家発祥地をすぎた辺り

図13「細図」矢下小路は地図の真中辺りに見える

図14　矢下小路

図15　正円寺側

十六年（一五八八）に松ケ島より当地へ移った正円寺は一志郡嬉野町矢下に開いた道場が発祥であり、矢下堂とも呼ばれて、その名が町名となったのである。現在は本町に属している。

この通りの道幅は約二三三〜二三四センチメートルであり、当時の面影が残る比較的細い道である。旧参宮街道の小津家を通り過ぎて左側に曲がると、正円寺前には、左右対称に隅ちがいの跡が見られる。左側には、大きなジグザグの食い違いが三箇所ある。一箇所目は、横の長さが約七〇〜七五センチメートル、縦の長さが約三九四センチメートルの食い違いで、二箇所目は、横の長さが約一一〇〜一一五センチメートル、縦の長さが四五五センチメートルの食い違いになっており、最後の三箇所目は、横の長さが約七六センチメートルで、ここからジグザグの食い違いはなくなっている。ここの隅ちがいは、大きさから判断すると、二人から三人が隠れられる程度である。この大きさについて、特徴的なのは縦の長さが矢下小路全体の横の道幅よりも長くなっていることである。また、正円寺前の隅ちがいは、左右対称でジグザグの間隔も均等なので、当時の形がそのまま正確に残されていると考えられる。

(3)　紺屋（こや）町

本町通り（旧参宮街道）から矢下小路に曲がり、まっすぐ進んでいくと紺屋町通りにでる。紺屋町は、天正十六年（一五八八）に松ケ島より移った町で、大手通りから阪内川までの道筋を指している。江戸時代初期には紺屋（染物業者）が集まっていて、昭和の初め頃にも数軒は営業していたのである。現在は本町に属する町名として残るが、通称「こやまち」と呼ばれていたのである。

阪内川に背を向けて大手通りの方へ歩いていくと、左側に隅ちがいの跡が数多く見られる。阪内川近くには、一六五〜一七〇センチメートルもの横幅のある隅ちがいが存在していたであろう跡が残っている。この大きさならば、

図16　紺屋町

図17　同上

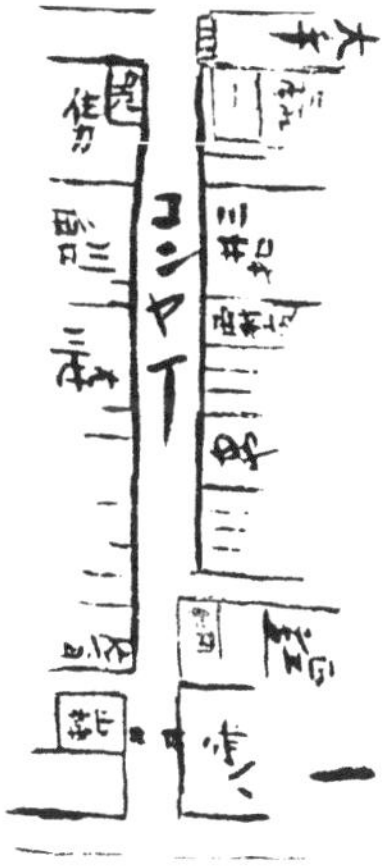

図18　「町並図」

図19　魚町（長谷川邸前）

図20　同　上

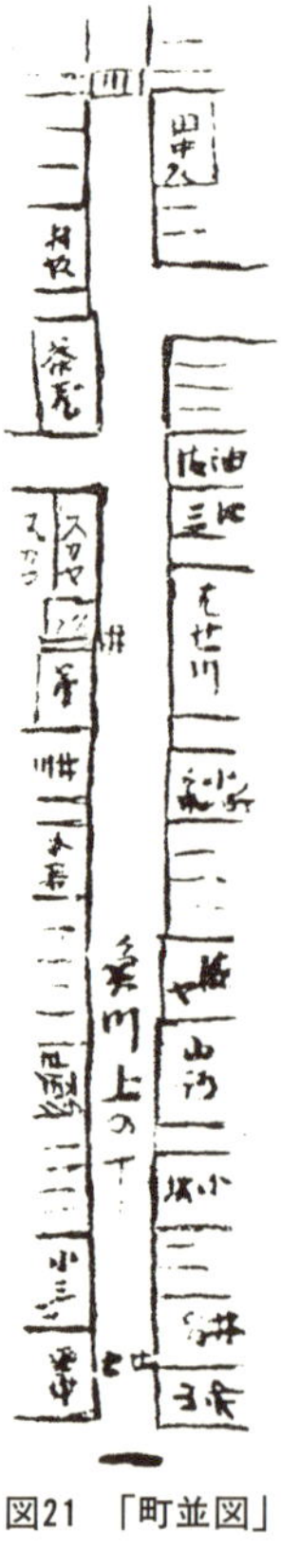
図21　「町並図」

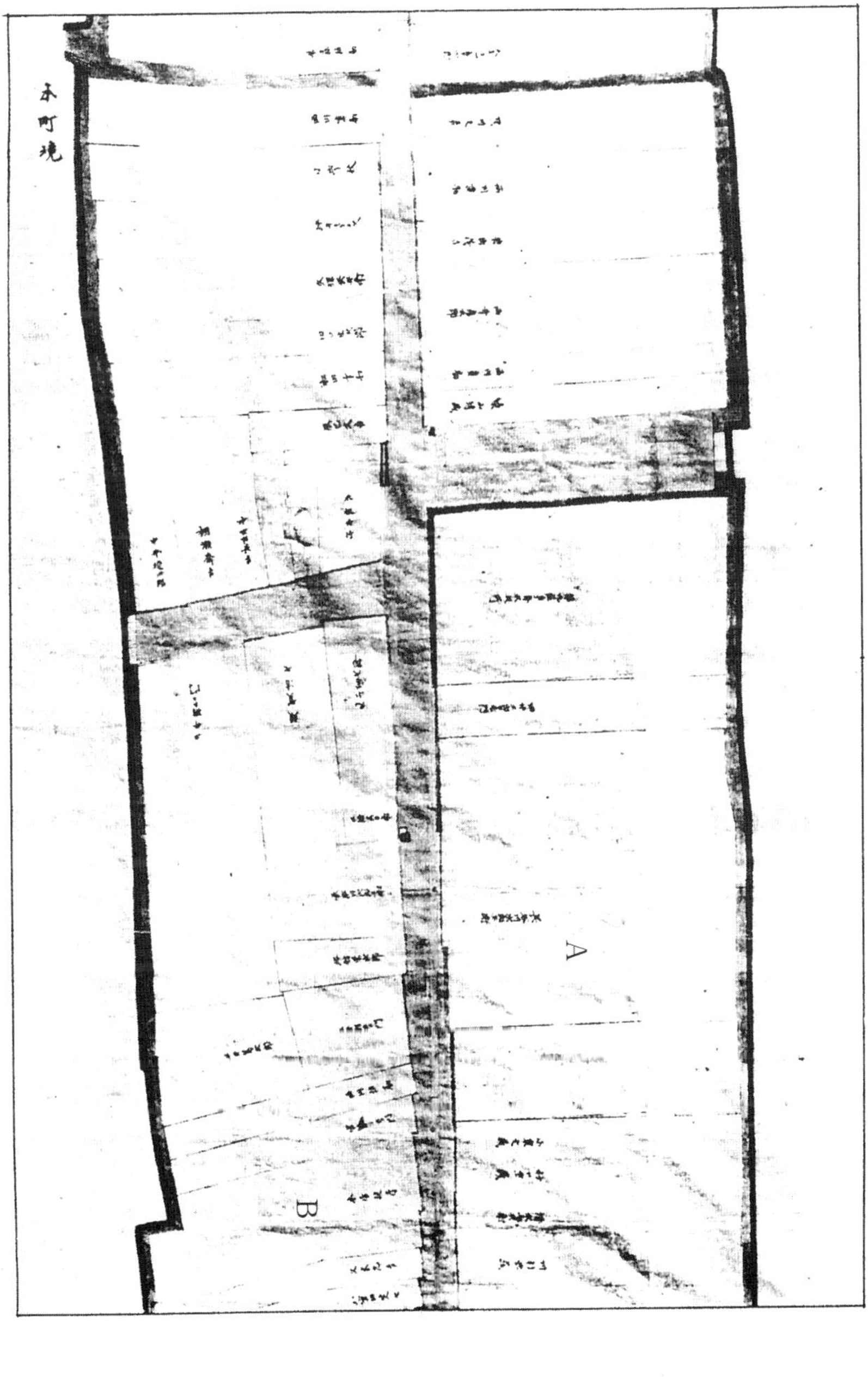

図22　魚町図（明治7年〈1874〉～11年、桑山旧蔵）
Aが長谷川次郎兵衛邸、Bが本居健亭旧宅

一度に三人から四人が隠れることができたのではないかと考えられる。左側の隅ちがいは大手通りまで続いているが、横幅は七八～八〇センチメートルなどと、ジグザグの大きさはそれぞれ異なっている。しかし、これとは対称的に右側にはかすかにではあるが隅ちがいが存在していたような跡が残っているだけである。ここで考えられることは隅ちがいの大きさは、正確に決められていたものではないということである。氏郷は隅ちがいの大きさなどに関しては逐一細かな指示は与えていなかったようなふしもあると考えられる。

(4)　魚町

魚町通りは、道路整備が行き届いており、隅ちがいらしき跡はわずかしか見られないのである。しかし、本居宣長旧宅跡や長谷川邸のある通りには、長谷川邸前付近に隅ちがいの跡が見られる。いままでの隅ちがいは角度が直角に近い形でジグザグしており、傾きの長さも短かかったが、長谷川邸前付近の隅ちがいは、約五〇センチメートルごとの長さで非常に緩やかに傾いてジグザグしているのである。そのため、身を隠すことができるのは、一人から二人であると推測できる。

明治初期の魚町図（図22）は「町並図」では表現しきれていない隅ちがいをかなり精確に描写しており、現状と比較できる。

(5)　百足（むかで）町

百足町は魚町橋たもと辺りから松阪農協松江支店までの約一三〇メートルの道筋片側を指した町名である。農協支店のある場所には毘沙門寺があり、毘沙門の使いが百足であると言われたことに町名の由来があると近世の地誌は記している。現在は西之庄に属している。

ここでの隅ちがいは、約七〇センチメートルの長さで直角に曲がっており、その後、まっすぐな道が約一八～二

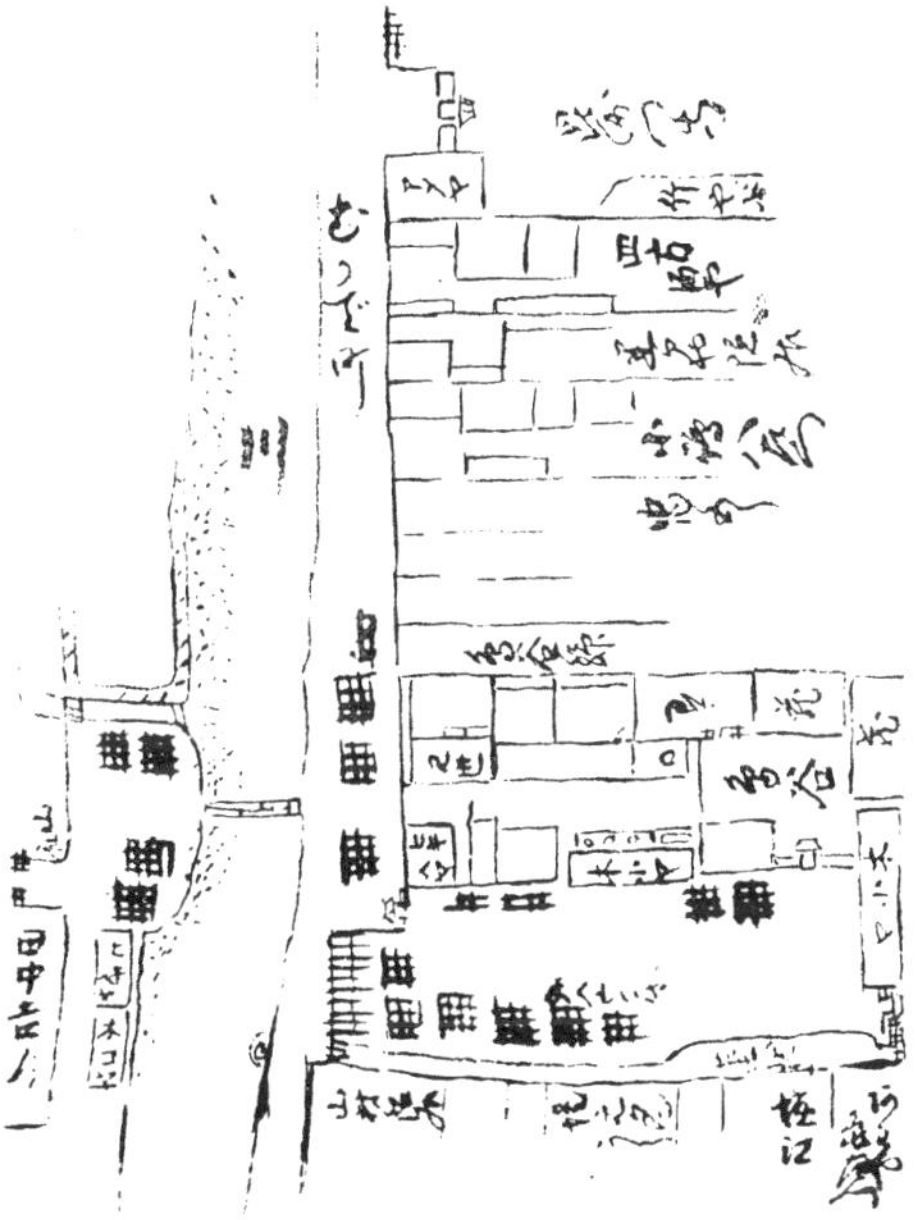

図23「町並図」

図25　同　右

図24　百足町

〇メートルの長さで続くという形のジグザグを繰り返しており、二〜三人が隠れられる程度である。ここで、特徴的なのが、道筋とともにジグザグした形の溝のことである。溝の深さは浅い所で三〇〜三五センチメートル、深い所で四〇〜五〇センチメートルもある。他の場所の隅ちがいは溝が整備されていたため深さまでは知ることができなかったが、ここは深さもふくめて原形をかなり止めているように思われる。また、百足町の隅ちがいは松阪市の観光マップにも載っているのだが、その写真は、今回調査する以前の隅ちがいの跡が意外にしっかりと残されている。その跡は、溝が整備される前のもので、すべての溝の深さが四〇〜五〇センチメートルで統一されていたのである。ここから考えられることは、当時の道筋は多くが溝の深さを統一することにより、なるべく一定した人が身を隠すことができるようにしていたのではないかということである。この百足町の隅ちがいは、いままで調査してきた中でも、当時の面影がもっとも色濃く残されているものの一つと言えるだろう。

(6)　工屋（たくみや）町

天正十六年に松ケ島より移った町で、継松寺門前から大手通りまでの道筋を指している。町名の通り、手に技術をもつ職人が集住していた町であり、昭和初期には大工数軒が存在した。現在は、本町に属している。

大手通りに背を向けて立ち、少し歩いていくと、左側に隅ちがいの跡らしきジグザグとした道筋が残っている。この隅ちがいは、ジグザグの間隔がかなり狭いためか、数も多い。長さは、七五〜一一〇センチメートルであり、一人または二、三人が隠れられる程度である。

(7)　新規（しんぎ）町

魚町通りから殿町のカトリック教会までの道筋を指した町名で、江戸時代の絵図にその名が残っている。一六世紀末から一七世紀初めまで松坂城主であった古田氏の家臣が、新しく屋敷を構えた跡なのでこのように称したので

図26　工屋町

図27　同上

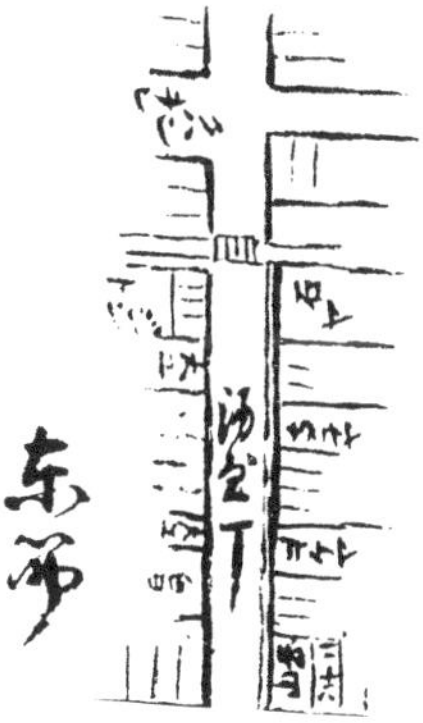

図28　「町並図」

図29　新規町

図30　同　上

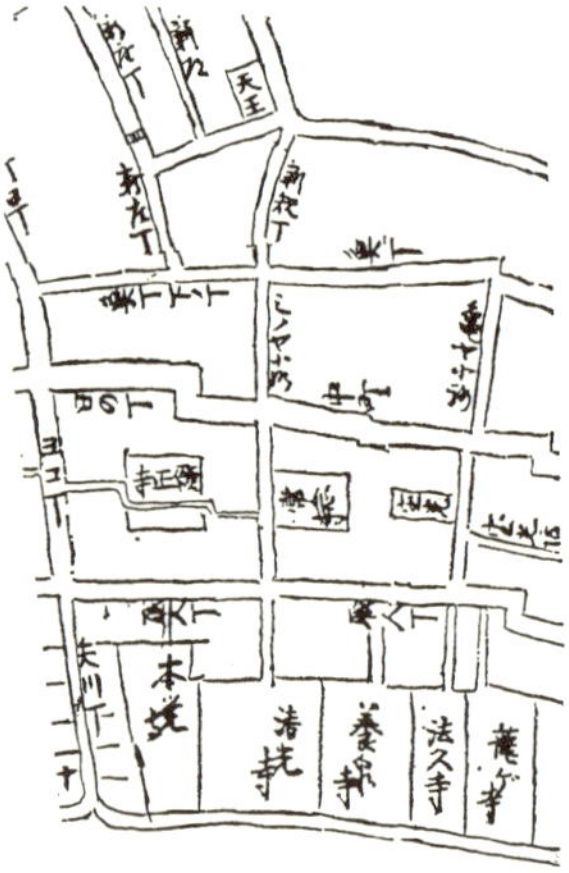

図31　「細図」

図32　職人町（中町）通り

図33　同　上

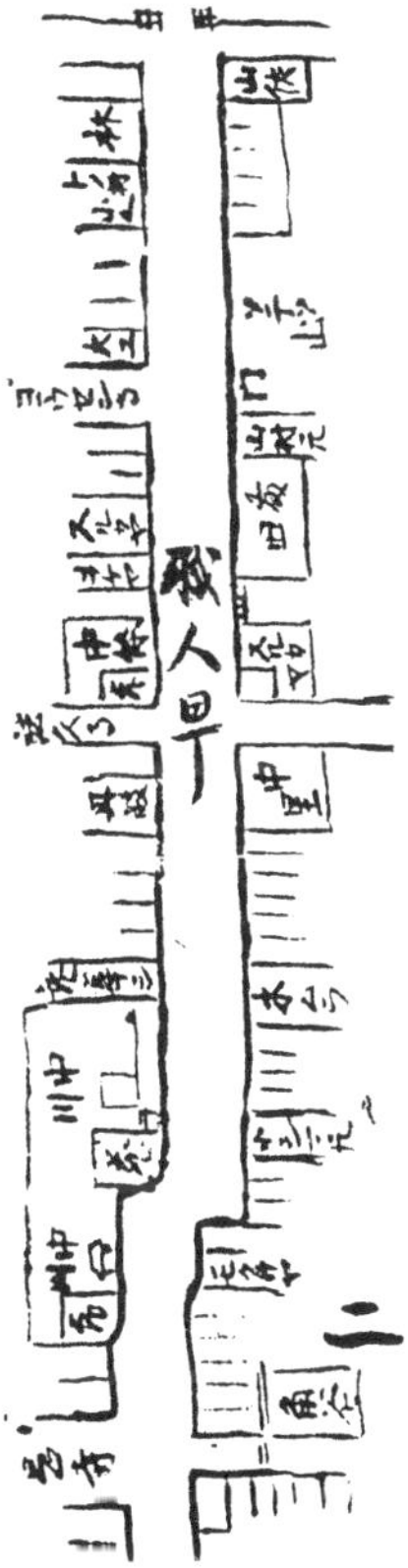

図34　「町並図」

図35　油屋町

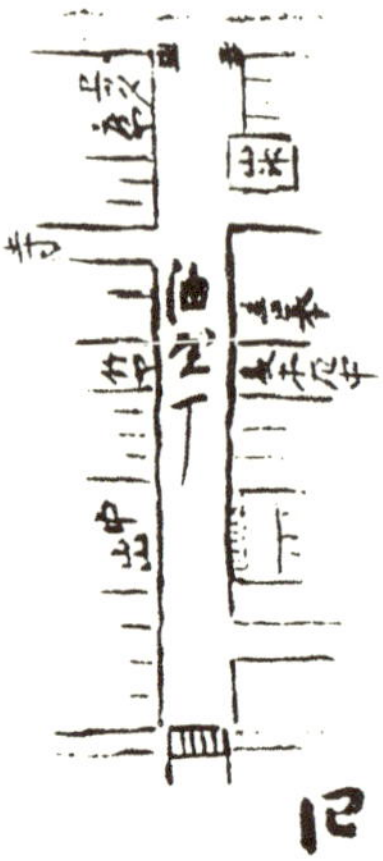

図36　「町並図」

あろう。現在は魚町に属し、その五丁目をこのようにいった。

　大きな隅ちがいの跡は見られないが、ジグザグになった溝が連なっているのが見てとれる。旧参宮街道に背を向けて見てみると、旧参宮街道から魚町通りまで約七五メートルある道筋が、右側にのみ隅ちがいらしきジグザグが六箇所あり、左側には一箇所もない。隅ちがいの間隔は、狭かったり広かったりでそれぞれのジグザグは所々で異なっている。長さは、九〇～一八〇センチートルといった状態でかなりの差異がある。

(8)　職人町

　旧参宮街道に背を向けて、旧参宮街道から常念寺前を通り、清光寺前までの約一一〇メートルの道筋の常念寺小路をまっすぐ歩いていくと、職人町通りにつながる。近世の地誌は、当町は上、中、下の三町があり、上職人町は継松寺から法久寺まで、往古、呉器屋町といった中職人町は法久寺から清光寺まで、天正十六年松ケ島より移った下職人町は清光寺から鍛治町までをいうと記している。現在は、中町に属している。

隅ちがいの跡は分かりにくいものになっており、かすかにジグザグとしている程度なのである。また、この通りは規則的にジグザグした隅ちがいはないが、道筋としてはまっすぐではないため、全く見通しがきかないのが特徴である。

(9)　油屋（あぶらや）町

天正十六年松ケ島より移った町で、駅前通りから油屋町までの約一五〇メートルの町筋を指す鍛冶町の南に続き、旧参宮街道と油屋町との間約一二〇メートルの小路である薬師小路までの約一一〇メートルの町筋を指している。また、この町の成立は、天正年間に百姓が五～六軒居住したことによるとされている。現在は湊町に属している。細かなジグザグが五箇所くらいあり、隅ちがいの跡と思われるのである。ジグザグはそれぞれの間隔が狭く、一、二人が隠れられる程度である。長さは、五五～七〇センチメートルである。

四　むすびにかえて

これら以外にも、町名でいえば、駅前通りから油屋町までの約一五〇メートルの町筋を指す鍛冶（かじ）町、日野町から平生町までの参宮街道筋を指す湊町、湊町筋と油屋筋との間の約一二五メートルの小路に沿う町の櫛屋（くしや）町、平生町の参宮街道筋より来迎寺裏門までの約一六〇メートルの小路に沿う町筋を指す塩屋（しおや）町、御厨橋から大手通りまでの約一七五メートルの町筋を指す博労（ばくろ）町、博労町の東側の大手通りから御厨神社辺りまでの約一二五メートルの町筋を指す外博労（そとばくろ）町についても調査した。また、小路についていえば、参宮街道と油屋町との間約一二〇メートルの小路をかつては指していたといわれる薬師（やくし）小路、参宮街道から継松寺前に至る約九五メートルの道筋の名称である観音（かんのん）小路、参宮街道から職人町筋までの約一一〇メートルの道筋の名称である宝光院（ほうこういん）小路を調査した。これらの調査報告はまたの機会に行ってみたい。

注

（1）築城と城下町建設に関する著作については、玉置豊次郎『日本都市成立史』（昭和四十九年）、内藤　昌ほか『城の日本史』（昭和五十四年）、相賀徹夫編『城郭と城下町3　東海』（昭和五十八年）、藤岡通夫『城と城下町』（昭和六十三年）、西ケ谷恭弘『日本史小百科　城郭』（昭和六十三年）、新谷洋二『日本の城と城下町』（平成三年）、藤崎定久『日本の城〜攻・坊の戦略』（平成四年）、内藤　昌『復元・安土城』（平成六年）、清水淳郎編『信長の城と戦略』（平成九年）、宮崎美友編『日本の名城　城絵図を読む』別冊歴史読本91（平成十年）、等々数多の出版物がある。

（2）松坂の城と城下町については、福井健二『三重の城』（昭和五十四年）、『日本城郭体系第十巻　三重・奈良・和歌山』（昭和五十五年）、第二アートセンター編集『日本の城下町7　近畿（一）』（昭和五十六年）、相賀徹夫編『東海の城　探訪ブックス〔4〕』（昭和五十六年）、松阪市編『松阪市史　第十一巻史料編近世（1）政治』（昭和五十七年）、三重県教育委員会編『三重の近世城郭―近世城郭遺跡ほか分布調査報告―　三重県埋蔵文化財調査報告書65』（昭和五十九年）、久松倫生『松阪　城と城下町』、等を参考にした。

第二章　紀勢町崎の原型

一　はじめに

近年、私は大学における教職課程の日本史概説の講義で、地元の戦国期城下町の景観を色濃く残す松阪の町を学生達と実地に踏査する機会をもった。その発端は歴史地理学者の足利健亮氏の都市景観復元理論(1)に深い感銘を受けていたことにある。元来私は、古代政治史の研究から出発していた関係で、藤岡謙二郎氏の奈良朝国庁の研究(2)には関心があったので、氏の著書を使って古代都市論などを授業で講じることがあったが、本来の研究テーマがこれとも異なっていたために、それ以上には深く追求することはなかった。しかし、藤岡氏の書物の影響や、足利氏のNHK人間大学の講義等が、ちょうどこのころ三重県下町村などの自治体史にかかわることが多かったことと重なっていたこともあり、あまり専門的とはいえない私にとっても、地域史の読み解き方に幾分か役に立つものがあった。地域資料の解読とそれに即応した実地踏査に多少の時間を割き、町史等の記述を進めるところがあった。

南伊勢にある紀勢町崎の山崎家居宅（図1）は、歴史資料に「崎城」と記述があるが、初めてその居宅を見たときにこれはまさに戦国期城館そのものではないかと感じたのである。城館そのものというのはあるいは見当違いの点があるのかもしれないが、その四方を取り囲む石垣（元は土居であった可能性が高い）や邸内の造りなどは、敵襲に備え防御を固めるために万全の手が打ってあるように見受けられ、これらはまさに戦国時代ならではの造りとし

図１　山崎氏居宅門跡外側

図２　竹島家長屋門（周囲は完全に土居でかこまれている）

図３　高さ約５ｍの土居ごしに竹島邸をのぞむ

か思えなかったのである。

戦国期の城館や城下町については、これまでの研究は文献学的アプローチにしろ考古学的アプローチにしろ発掘によって知られる城館跡や城下町跡を研究材料とし、主にそこからスタートして研究が積み重ねられて来たのであり、(3)現存する城館そのものを直接に対象としたものは無きに等しかった。そうした発想の根底には中世の城館など現在に残っているはずがないという考えが潜在していたのではないかとさえ思われる。

だが伊賀上野の竹島家（図2・3）などは、昭和五十四年に戦国期の環濠堡を今に伝えるものとして同市の史跡指定を受けたが、この屋敷も周囲を土居と濠で囲っており、戦国後期伊賀地方の土豪の館の典型である。同家は織田信長が伊賀を焦土と化した天正伊賀の乱（一五八一年）の際に、連合して抵抗した伊賀土豪の一人である。現存する土居はその時以前からのものである。

さて、正直にいえば山崎家居宅が戦国期城館と明確に断定できる根拠は、今のところ指摘できない。現存する好例として挙げた竹島家についても中世の土豪館研究の専門書にこれを取上げ、詳細に分析したものは見当たらない。ただこうした居館を実見してそのように推測するだけのものと言ってしまえばそれまでであるが、昨今のますます盛んとなっている中世城館及び城下町研究への素材として、ここにその存在を明らかにし、資料提供を行いたいと思うのである。

二　山崎家館、通称「権太夫屋敷」

山崎家については、『三重の中世城館』（三重県教育委員会編、昭和五十三年）は現在のこの山崎家屋敷を「城跡」とする。(4)その時代を天正時代（一五七三～九二）に比定、大内山川と笠木川の中洲にあって要害の地であったと記している。地元では権太夫屋敷と呼ばれていまにいたっている。しかしまた、寛永十四年（一六三七）に、山崎家三代権太夫守正の代にいたって阿曽村字出（現大宮町）から崎へ移住し、屋敷はそのとき構築されたとしており（その後も屋敷の修築は行われている）、天正時代に築かれた城の主と山崎家とが直接結び付くようには書かれていない。

また、同書には時代考証や位置の鑑定についての詳しい記述を欠くが、位置についてはおそらく、『勢陽五鈴遺響』（天保四年〈一八三三〉、安岡親毅著）に「崎城址、山崎式部少輔居セリ」とあるのに依拠したものと思われる。

山崎式部少輔の居住地については、上多気の絵図に見えており（図4　太囲み部分）、この絵図については藤岡謙二郎氏がかつて取り上げられたこともあるが、[5]それには北畠氏館（現北畠神社）の北側に隣接する地に描かれている。この絵図には霧山城や大峰城の城郭が石垣であったり、天守閣が描かれているなどあやしい部分もあるが、山崎式部の屋敷がもしここに描かれているとおりとすれば、北畠家臣団における地位は相当に高かったと見なければならない（北畠関係の文書に「奉書人」として現れる山崎は、あるいはこの山崎式部のことかもしれない）。

多気城下における山崎家屋敷地は、仮にここに存在したとしても、その本拠地は果たしてどこにあったかというと、私はそれをこの崎に存したと考えるのである。山崎式部家は元々はこの地方の豪族ではなかったかという憶測を抱いている。そして、式部家亡きあと山崎大炊之助がこの本拠の家督を継いだのであろう。同家の給地田畑書上帳には「（表紙）寛永六年　崎村名寄帳」とあって、大炊之助の代の寛永六年にはすでにこの地に居住していたらしいことがうかがえるのである。しかし大炊之助にも利運なく滅んだため、次に山崎権太夫がここに入った、という経緯をたどったのではないか、というのが私の推測である。

山崎家文書に記す家系図を以下に示しておこう（50頁参照）。

さていまひとつ詳しく述べると、山崎式部少輔は北畠具教の家臣であったが、具教が天正四年（一五七六）に織田

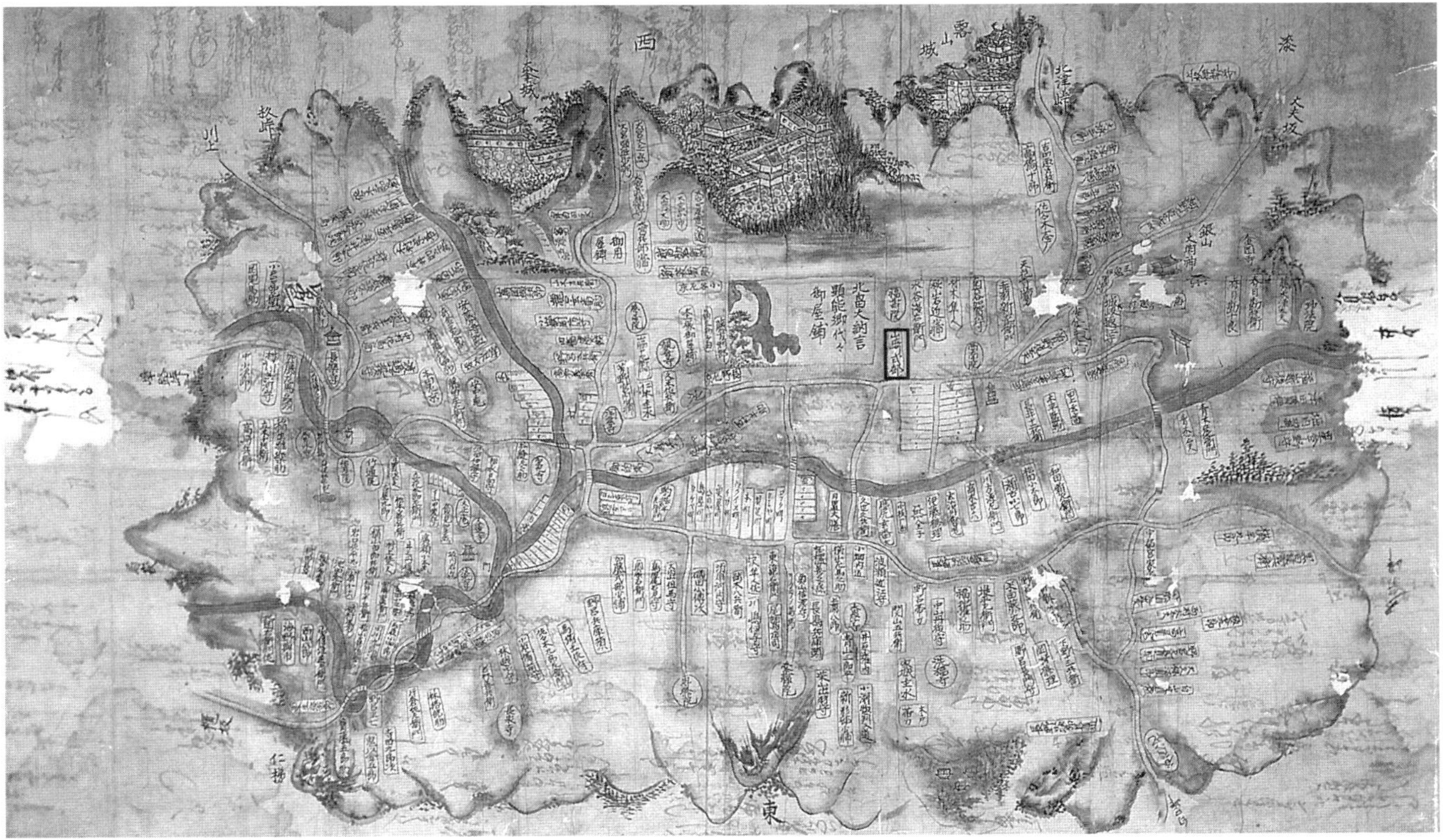

図4　多気城下図（樋田清砂蔵、美杉村教育委員会編『多気北畠氏遺跡』より転載）

領地三千石
山崎大炊之助盛久
法名源惣常本居士

├ 嫡子山崎伊之助
│　法名松誉宗貞居士
│　├ 嫡子同伝右衛門盛重
│　│　法名武丘長文居士
│　└ 二男同権太夫守正
│　　　法名天叟善祐居士
│　　　├ 嫡子同権太夫守直
│　　　│　月巌常情居士
│　　　│　├ 嫡子同守長
│　　　│　└ 二男同万吉
│　　　├ （空線）
│　　　├ 二男同仙右衛門盛勝
│　　　├ 三男同利左衛門守晴 ── 同利源太
│　　　└ 四男久野源六義正
│　　　　　是ハ伯父久野門太夫養子ニ参相果申候
└ 二男権右衛門 ── 此子孫ハ戸田山城守殿御家中ニ居申候（略）

信長の手先の者によって殺害されたときに主君に殉じた。その後の事績については、同家の「先祖書」（山崎家文書）に拠ると、その跡を継いだ大炊之助は関ヶ原の戦いで東軍九鬼長門守に加勢し利運にめぐまれ、「大内山三瀬谷之内」三千石を給された。その後、徳川家康に仕えるため悴二人（伊之助、権右衛門）のお目見えを願い出たが、兄弟の病死で果たされず、大坂の陣の際も大炊之助の孫達のお目見えはかなわなかった。伊之助の嫡子伝右衛門は不運のうちにこの世を去った。しかし上記のことは久野長門守を通じて紀州侯徳川頼宣の耳に達し、寛永十四年に、合力として伊之助の二男権太夫に三一石五斗四升一合が給せられ、田丸領勘定奉行支配の地士に列せられた。

この年に阿曾村から崎村へと移住したことになっているが、これは崎村の大炊之助の嫡子家が途絶えたために、その二男権太夫守正が阿曾村より本家の家督相続人として崎村に移住してきたことをいっているのではないかと考

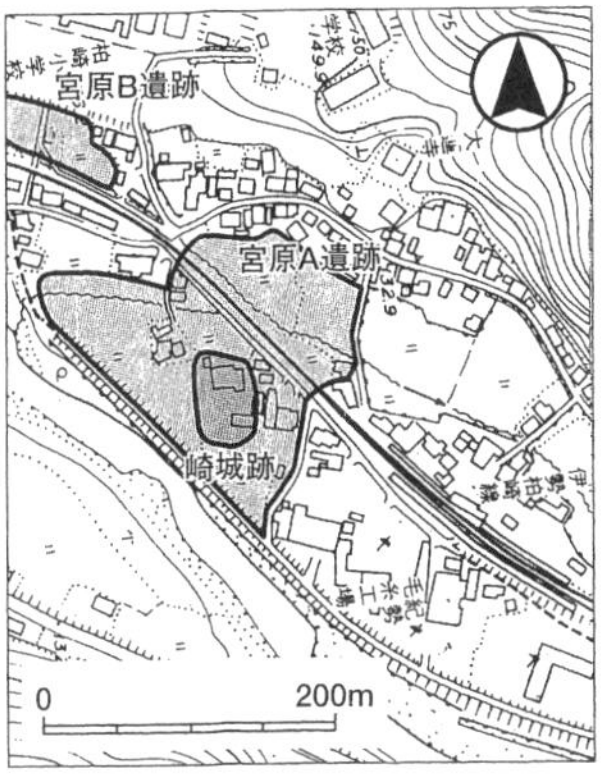

図6　崎城跡位置図（1／1万）
（紀勢町史編纂委員会編『紀勢町史　記録編』より）

図5　「紀州山崎権太夫　家来根来吉之右衛門」（山崎家文書、江戸時代）と見える。

える。守正は崎へ入るにあたり、山崎家旧来の家臣（一九家）を伴って来たといわれている[6]（図5参照）。したがってこの当時は、山崎家館の周辺にはこれら家来たちの屋敷が建ち並んでいたことと思われる。

紀勢町史を調査する過程でこの屋敷を一見したときに中世城館ではないかと直感したが、その後、同町史の古代・中世分野を担当の岡田登皇学館大学教授の記述原稿を拝見した際に、「周辺部の遺跡分布調査で、鎌倉時代以降の遺物が採集されていること（宮原遺跡A）から、鎌倉時代から続く集落内に天正時代に築城され、その跡に二代権太夫が、寛永十四年に至って宅地を構え、城は破壊されたと考えられる。宅地を囲む高さ一・九メートル、幅一メートル程の石垣は、城の土塁を利用したとも考えられる。」[7]という記述を読むに及んで我が意を強くするにいたったのである（図6）。

また、紀勢町史の建築史分野を受け持たれた菅原洋一教授（三重大学地域共同研究センター）によって

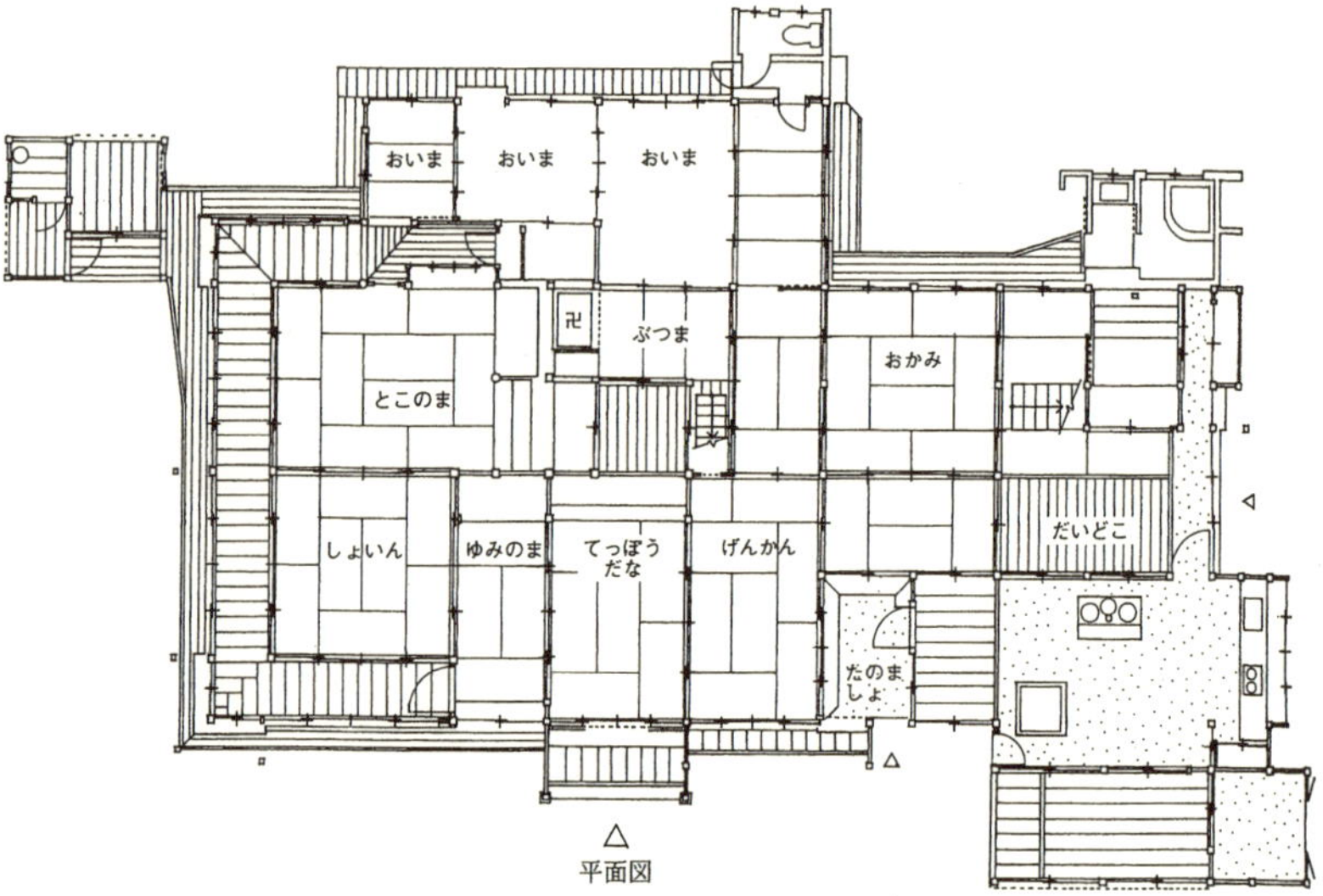
おいま
おいま
おいま
卍
ぶつま
おかみ
とこのま
しょいん
ゆみのま
てっぽう
だな
げんかん
だいどこ
たのま
しょ
平面図

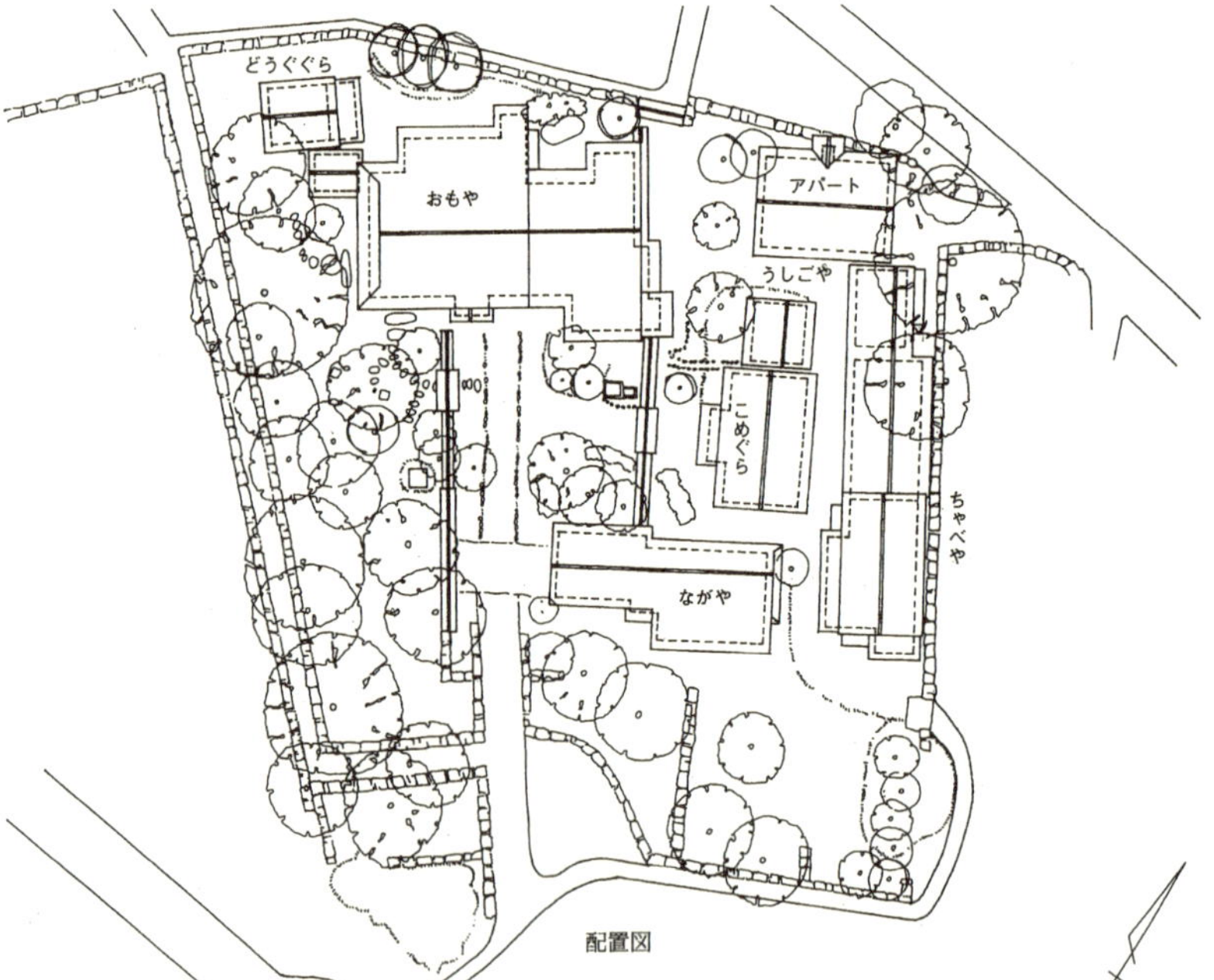
どうぐぐら
おもや
アパート
うしごや
こめぐら
ちゃべや
ながや
配置図

図７　屋敷図（同前）

その屋敷図が周囲の囲いとともに詳しく描かれている(8)(図7、なお図8を参照)。

この図を拝見するその前後に私自身が屋敷を実見したときに同伴していただいた小林孚氏(多気国司研究所長、伊勢中世史研究会顧問)の撮影した写真を示しながら、菅原教授の解説をかい摘まんで記すと以下のとおりである。屋敷の正面中央に式台玄関(図9)を設け「鉄砲の間」にあがる。その右となりにいわゆる玄関(図9)、さらにその右となりに大戸口(「たのましょ」)と、格式に応じた三つの玄関が設けられている。

土蔵はかつて武器などを収納した道具蔵であった。「鉄砲の間」の正面には鉄砲棚があったといわれ(現ご当主山崎博昭氏談。図10)、また天井には槍の吊り置き場がありいまも数種の槍の実物が置かれている(図11)。

左に少し高い段を上がると「弓の間」に入り、天井に弓の置き場があり、いまも弓が収まっている(図12)。ここはかつて茶室として使われており、南ににじり口があったというが、いまは改造されてふさがれている。

一段高い隣の「書院」(前代まで主人以外は不入の間)に上がると、天井は槍を立てても十分に余裕がある高さを保っているが、北側の「床の間」に進むと天井の高さは槍が立てられるほどの高さにはなっていない(図13)。謁見の間とでもいいうる風格のあるこの部屋は、江戸時代に田丸から巡見使等がやって来たときには宿泊させていたことと思われる。床の間の明かり障子は開けて出られる構造になっており、場合によっては素手でも打ち破れるようになっており、そこを飛び出て廊下向の壁を押すと別室の「おいま」に抜けられる仕掛けがあったという。

いまはその壁の部分は板戸になっている。また、廊下に出て右正面の突き当たりの壁は、これを押すとその裏には人一人が入れる位の透き間があり、いわゆる武者隠しのような構造になっている。危急の際はこれら二箇所のいずれかに難を逃れられるようになっていたらしい。道具蔵とこの間とのあいだにはかつて浴室があったが、朽ちたためいまはその痕跡を止めるだけとなっている。

図 8　山崎氏居宅入口付近

図 9　山崎氏居宅玄関

図10　鉄砲の間（飾り戸棚はもと鉄砲棚があった）

図11　鉄砲の間　槍の吊天井

図12　三畳茶室　弓釣天井

図13　床の間（左の明かり障子は開けて出られる）

正面の門は両開きになる扉付き門がかつてあり、その左脇に片開きの出入り口があったというが、これも朽ちたために何年か以前に取り除かれ、地面にその跡が残っている。この門と右の建物は接続しており、番のものが詰めていたとおぼしき部屋「ながや」がある（図14）。

門を入ると正面が上記の玄関になるわけだが、右の方に井戸がある。左右に土塀があり、それぞれに小門がある。左へ入ると古式の庭園（図15）があり、立ち石を置いた室町期の庭に似た構造で、これを「書院の間」から眺めることができる。小門を入ったところにも井戸が一つある。

反対側の小門をくぐると米蔵（図16）があり、周囲にはかつては牛小屋、茶部屋があった。ここにも井戸（図17）がある。

合わせると井戸は全部で三つが設けられており、立てこもる際の非常時に備えられるようになっていたのではないかと思われる。山崎家ご当主の話によれば、石垣の外も屋敷内であったといわれる。確かに現存するもっとも古い明治二十年以降の土地台帳によると崎村字中野といわれる一帯は同家の敷地のようであった。現在のJR伊勢柏崎駅のあるところはかつて同家の馬場があったといわれる。そうすると、いわゆる権太夫屋敷は、崎城といわれた城郭の中核部分に当たり、城郭そのものは馬場などを含んでさらに広範囲に及んでいたのではないかと思う。山崎家の執事家であった岡川家は石垣外の北東部に屋敷と隣接して建っていた（いまは程近い所に引っ越されたが、元の建物は現存する。図18）。

なお現在の山崎家ご当主が山崎権太夫家の後裔であることを示すために、町史編さん室作成の山崎家十五代の系譜を掲げておこう（表1）。

図14　山崎氏居宅門跡内側

図15　山崎氏居宅裏庭石組と石土居

図16　山崎氏居宅米蔵付近

図17　屋敷内井戸

図18　山崎氏居宅辺縁（左奥に元の岡川家が見える）

表１　山崎家15代の系譜

遠祖	北条時政の末葉	
元祖	山崎 式部大輔	（～1576）
中興初代	大炊之助 守久	倅２人　猪之助（伊之助）、権右衛門 ※永禄11年（1568）阿曽村村出に住城。反別およそ５反。
２代	伊之助 守宗	倅２人　守重、守正
３代	守正	倅４人　守直、守勝、守晴、義正。※寛永14年（1637）崎村に移住。31石拝領、独礼格土族拝命、付属農民19戸。
４代	守直	倅２人　守長（長じて権太夫と改める）、万吉
５代	守長	倅２人　嫡女、包守
６代	包守《かねもり》	※寛保２年（1742）崎村の内、字尾花新地８石を加増される。
７代	衛忠《もりただ》	倅２人　嫡女　陸（くが）、幸（さち）、三男　勝吉（天明８年）
８代	守徳	
９代	守義	嘉永５（1852）独礼格。
10代	義守《よしもり》	（養子）　妻　花子 ※万延元年（1860）徘徊取締、漢学教授。
11代	徳守《とくもり》	※明治24年家督相続、明治25年名誉村長、漢方医、山崎邸で子弟教育。
12代	勝吉《かつきち》	（まさ）
13代	會《あつむ》	（むら）
14代	徳寛《よしのぶ》	
15代	博昭《ひろあき》	

三　「崎城」下の屋敷街

前述したように、山崎家の先祖書によれば、同家は寛永十四年（一六三七）紀州藩主徳川頼宣から三一石五斗四升一合の合力米と地士の格式を与えられ、田丸領勘定奉行支配の地士に列せられた。

山崎家と地域との関係がどのようなものであったかをうかがわせる出来事としては、以下のような事例が挙げられる。

(1)山崎家当主の死去に際して、阿曾村・柏野村・駒村・真弓村等大内山川筋の近隣八カ村の庄屋達から代官宛に、連名で山崎家の跡目相続の願書が提出されたり（貞享三年〈一六八六〉「差上ケ申願書」・『紀勢町史 記録編』平成十三年・一八五頁以下）、(2)村方紛争の収拾（安永六年〈一七七七〉「御断申上候事」『同　記録編』一九一頁以下）、及び(3)柏野村救済金拝借の際の内談を山崎家に依頼している（年次不明「奉願候事」『同 記録編』一九四頁以下）ことなどである。これらはいずれも地域調整役としての側面をうかがわせるものである。また、(4)山崎家が役人の巡在所としての機能を有していたこと（天保三年〈一八三二〉「御勘定奉行順在帳」『同　記録編』一八七頁以下）、(5)山崎一統（一九家）の給所宗門改帳が作成されていること（安政五年「宗門御改帳」『同　記録編』一九七頁以下）等々、村方にあって村方の支配とは別系統の支配を受けていたと考えられる事蹟を残している。

江戸初期のころには既に、山崎家がこの地域の有力者としての地位を保っていたことは確かである（山崎家文書に、山崎家は「旧家ゆえ」云々の文言がよく出てくる）。

そうしたことは、山崎家が一家単独で存立していたからではなく、その背後に一定の勢力を保持していたからにほかならない。私は、崎村には権太夫屋敷を中心に、その周囲に郎党の屋敷街が成立していたのではないかと考える。その一帯となる地を案ずるに、それは権太夫屋敷の所在する、字名が中野と称される所ではなかったかと思う。

中野の地籍図（明治二十年十二月根基・土地台帳、紀勢町役場）は左記のとおりである。

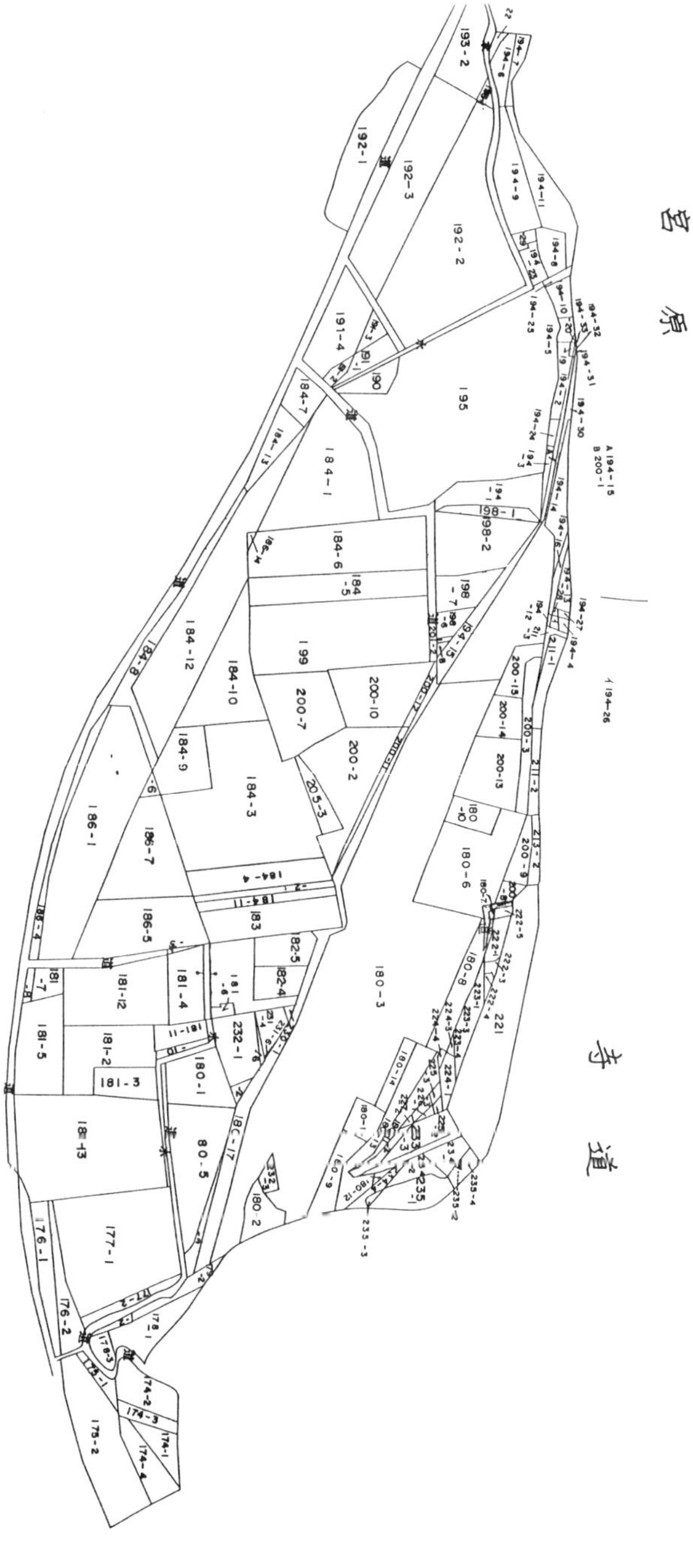

図19　紀勢町崎字中野の地籍図
（明治20年12月根基・土地台帳（紀勢町役場蔵）による）

図20　山崎権太夫の屋敷の手前の道路は大内山川の堤に当たる

中野の地は、南に大内山川、北に笠木川が流れており、これら河川に挟まれた中洲にあって、いわばこれらの河川を外堀とする要害の地である。またこの河川は生活上の給排水に役立ち、そして耕作地の用水ともなり、さらには水運を利しての物資の輸出入にも至便性を発揮したに違いない（図20）。

中野という地名もこの中洲の形状にその端緒を求められるのではないかと考えられるが、さらに敷延していえば、崎村の崎というのも、蛇行する大内山川に突き出たこの付近の地形が命名の発端ではなかろうかという見方もできる。

さて、前記地籍図の195が権太夫屋敷の場所であり、180－3は馬場跡である（現在のＪＲ伊勢柏崎駅と鉄道線路）。山崎家ご当主山崎博昭氏のお話を総合すると、この馬場跡ばかりか中野全体を含む地所が、いわゆる崎城の領域であったのではないかと推測される。現在も山崎家はこの中野を含めて、その周辺の山林をも包括する広大な土地を昔から継承し所有しておられる。

権太夫屋敷の周縁に家来の屋敷地がどのように配置されていたか、この点を江戸初期にまでさかのぼって推定することはよほど困難であるが、このことを考える前に、山崎家に属する一九の帰農した家来とはいったいいかなる氏名の者達であったろうか。それを判明する範囲で追求しておこう。

前に触れた給所宗門改帳は、幕末期の安政のものではあるが、紀州藩が山崎家に給所を預ける際に付した一九軒のいわゆる給所農民の宗門帳である可能性は高いと考えられる。これら農民の名前には苗字が記されていないが、山崎氏とその執事家であった岡川氏によれば、改帳記名の吉之右衛門の姓は根来（前記。伝承では紀州藩から派遣されてきたと両氏は言われる）、栄吉は水谷、林七は北村、佐吉は宮原（両氏によると土着の氏であったと言われる）、重蔵は岡川、為七は伊藤（末裔は尾鷲在住。かつて火薬を扱っており、花火を揚げていたという。山崎氏談）、繁松は出口、をそれぞれ名乗る家であったという。他の氏名については記憶が定かではないということである。山崎家文書に記す一九軒に関わる伝承と、山崎・岡川両氏の伝聞された言い伝えとでは多少の食い違いはあるが、後考に委ねるとしていまは深く追及しない。

さて、右の各氏のうち、執事家として代々山崎家につかえてきた岡川家は、地籍図の上では権太夫屋敷の裏（北西）の194-23の地に元の家があり（現在は小倉家住居）、水谷家は194-8（現在は小倉家）、伊藤氏は194-1（現在は園部家）、根来家は184-6（現在は大西家・丸八製材所）の辺りにそれぞれ家があったらしい。山崎・岡川両氏の談話からおおよそを推測したが、土地勘のない私の推測にはいくぶんか誤解があるかもしれない。

なお、上記の住居の変遷について一言すれば、例えば根来家の場所は、前記の土地台帳によると、大正十四年九月七日時点では根来森之助が居住していたが、昭和二年十一月七日に山本佐吉に移り、これも昭和六年十二月十九日には伊藤光太郎に移り、さらには昭和三十五年八月二十六日に大西正道に移り、昭和五十二年一月二十一日大西正仁に引き継がれている。

ところで山崎家の菩提寺である大蓮寺は、権太夫屋敷の北北東にあり、前記の地籍図では寺道と称する所に存在する。この寺院は北畠時代には多気（多芸）に所在したが、前掲した多気城下絵図の左下に見えている。この地は現在はさら地になっていて、往時の面影はなにも残っていない。寺は北畠氏滅亡後、いつのころか山崎家によってここに移されたという言い伝えがある（現住職談）。いずれ詳しく調べてみたいと思う。

ちなみにいうが、権太夫屋敷のほぼ真北、約一〇〇メートルの所にけわしい崖で囲まれた急峻な小山があり（柏崎小学校前、大蓮寺の西に隣接する）、その山上は小坪ながらも平地になっていて、妙見山堂（図21）と呼ばれるお堂と小祠が建っている。また私が登り口とした柏崎小学校前面の鳥居（図22）のすぐ前には幅二メートル程の溝川が流れている（本来の登り口は南側の急斜面の小道である。鳥居は山の中腹の祠の入り口のもので、祠から上へは道はついていない。溝川は堀の役割を担っていたともいえる）。憶測ではあるが、戦国期にここは、根城の崎城が攻められ、危急の際には一族郎党が立てこもる要砦ではなかっただろうか。平成十三年の秋に井ケ田良治氏（同志社大学名誉教授）をはじめとする中世史研究会のメンバー一行四名を権太夫屋敷にご案内した後、この山に立ち寄り、右の構想を述べたことがある。先生らはその可能性はあると応じて下されたが、何分地元にはこのような考え方を支証するがごとき伝承も何一つなく、地形を見て私の抱いた勝手な想定だけであるから、いまはそれを記すに止める。

四　近辺の戦国期城館跡

上に掲げた山崎権太夫屋敷の周囲を巡る石垣は、現状では、高さこそ二メートル程しかないが、幅は広い所で三、四メートルもあり、大木が何本も立ち並ぶくらいである。このことから考えてみても、元来屋敷地はいま以上の高さのある土居で回りが固められていたのではないかと思う。だがそれでは風雨などによって崩れや裂け目が生じやすくなるため、いつのころにか、これに石垣をはめ込んでより頑丈に固めたのではなかろうか。私は山崎家におけ

図21　妙見山堂付近

図22　社前鳥居

る石垣の造作理由をこのように考えるが、一般論からいうと、中世末期の戦法の変化・変遷にその原因を求める見解があってもおかしくない。すなわちそれによれば、中世の戦法においては、土居や柵に刺さった敵の矢を利用して射返すことができるように城砦の周りは石ではなく土や木で固める方が理にかなっている。しかし織田の時代前後からは、周知のように、鉄砲を用いた戦術が主流となり出し、その防御のために城館の周囲は石垣で固められるようになった、というものである。しかしながら、現在見られる山崎家の石垣が、その高さからいっても鉄砲による攻撃を防ぐために構築されたものとも思われないのである。

さて、土居で囲まれた城館などいまの世に残っているはずはないという至極もっともな多数説に対置させるために、本稿の冒頭に伊賀の竹島家を引例したが（竹島家は天正伊賀の乱で織田と戦った土豪のひとり。この近辺には木津家その他に土居の遺構を残す中世土豪館が多い。竹島・木津両家ともいまもそのご子孫が居住されている。この点は山崎家と共通する。だがこれら土豪であった家と山崎家とでは性格が異なる点はもちろん承知している）、ここの土居はもっとも高いところで五、六メートル位のものが残っているが、おそらくかつては四囲にこれ位の土居が巡らされていたのであろう。天正期以来、長年の風雪にさらされて風化し崩れ落ちている箇所もあるが、竹島家屋敷の周囲を土居が完全に巡っていることは、貴重な文化遺産といえよう。

繰り返しいうが、山崎家には本来、中世・戦国期城館特有の土居が築かれていたが、戦乱の世が明けた後に、崩壊を防ぐために土居は石垣に替えられ、かつ形が周囲一様に整えられたのであろう。

土居が巡らされた館跡として山崎家にもっとも近い所では、その北方十数キロメートルの所に三瀬左京の城砦跡（現大台町。県立宮川高校から数百メートル先）がある（図23）。周囲を六、七〇メートルの土居が巡り、その外縁には、南側に宮川の渓谷が連なっており、北側にも深い谷川が絶壁の下を流れ、典型的な戦国期の要砦の形状を止め

図23　三瀬館跡（大台町）

図24　三瀬館跡内の井戸跡

図25　田原神社（松阪市田原町）

ている。宮川へはいざというときのために脱出する道が崖を下って川岸までつながっているが、平時にはこの道は物資の出入りのために使われていたであろう。土居の中の小高くなった所には小社がまつられ、また井戸跡（図24）が往時の姿を残すだけであるが、戦国期の城砦遺構を目に見える形で残存させている好例である。

このほか、松阪市の田原神社（旧神戸村、図25）も四囲にわずかな土居跡を止め、その西側の外構に堀の面影がしのばれる。元来は伊勢神宮の神官の館（神官も中世・戦国期には武装していたであろう）ではなかったかと推察するが、のちにこの辺りには北畠家臣の沢氏が入った。

また、多気町にある笠木御所や、その東方四キロメートルの所にある田丸城内の北の丸などにも土居の遺構が見られる。北の丸については異論もあろうが、織田信雄が入城する以前の北畠氏が本拠としていた田丸城は、ここではないかと私は憶測する。

以上の憶測や推測に関する論議は、いずれ詳論したいテーマである。

注

(1)　足利健亮『中近世都市の歴史地理』(昭和五十九年)、同『日本古代地理研究』(昭和六十年)、同『考証・日本古代の空間』(平成七年)、同『景観から歴史を読む』NHK人間大学(平成九年)等を参照されたい。

(2)　藤岡謙二郎『国府』(昭和四十年)、同『歴史地理学研究概論』(昭和四十五年)等を参照されたい。なお、藤岡氏には「山間支谷に位置する地方の歴史的集落—三重県一志郡上高城多気の場合—」『田中秀作教授古稀記念地理学論文集』(昭和三十一年・二四六頁以下)という論文がある。氏はそこで北畠時代上多気の絵図を紹介し、この地が「初期城下町的な性格をとどめていた」「国司館を中心として八手股川の下位段丘面一体《ママ》に武士の居住地がみられた。」しかしこれらは城下町とよぶには相応しいものか、戦国期にはそれは未発達であったという認識を記されている。

(3)　中世の城館や城下町の研究は厖大な蓄積があってとてもフォローできないが、ここではそのいくつかを挙げておこう。松本豊寿『初期城下町の歴史地理学的研究』(昭和三十一年)、同『城下町の歴史地理学的研究』(昭和四十二年)、小林健太郎『戦国城下町の研究』(昭和六十年)、矢守一彦『城下町の地域構造』日本城郭史研究叢書(昭和六十二年)、また最近は、中世都市研究の叢書が刊行されている。なお、三重県関係では三重県教育委員会編『三重の中世城館』(昭和五十三年)、伊賀中世城館調査会編『伊賀の中世城館』(平成九年)、伊勢中世城館研究会編「伊勢の中世城館」第1号～第31号(平成十年四月～平成十二年三月)、伊勢中世史研究会編「伊勢の中世」(前記を改称)第32号～第67号(平成十二年四月～平成十三年九月)。

(4)　前掲『三重の中世城館』一八四頁。

(5)　藤岡・前掲論文(注(2))。

(6)　同家の「給地田畑書上帳」にはこれら家来たちの名が給地ごとに記されている。残念ながらその苗字は判然としないが、同地の岡川家は山崎家の執事家であったといまも伝えられているし、山崎家文書のところどころに、「紀州山崎権太夫家来根来吉之右衛門」といった文字がみられる。

(7)　紀勢町史編纂委員会編『紀勢町史　記録編』(平成十三年)九二一頁。

(8)　同右書・八一九頁。

第二部　港湾・陸上交通

――交易拠点の形成――

第三章　明治初年の星合港

一　はじめに

中世から近世にかけて、伊勢湾を中心として船の往来がきわめて盛んであったことは、近時の海運史研究で次々とその実態が解明されている点からも知られる。とりわけ注目されるのは、一九八八・九三年に伊勢の対岸ともいうべき知多半島の内田佐七家（知多郡南知多町）で発見された計三万点に及ぶ資料群の分析を通じて、内海船の全体像が徐々に明らかにされてきており、この内海船の勢力の存在は、それまでの菱垣廻船・樽廻船が主流と思われてきた江戸大坂の流通に関する常識を崩そうとしている(1)。

しかしこうした大発見がなければ、伊勢湾海運史の研究は、これまで、史料が少ないこともあり、日本史研究の中ではいわば傍流に属していたといっても過言ではない。

ことに伊勢国側の近代の港湾は、四日市港や桑名・白子港は別として、浮き沈みがめまぐるしく、遠く歴史のかなたに消えていったものが少なくない。

さて、本章では、これまで諸書にほとんど触れられて来なかった伊勢湾岸の中ほど、志郡三雲村に所在した星合港というい ち川港について論じてみたいと思う。

当港の存在が少なくとも文献によって確認できるのは明治初年以降のことであるから、それ以前、すなわち江戸

時代にここが港としての機能を持ち、運輸業務を行っていたかどうかについては知る由もなく、論じることができない。(2)

星合港のことについては、『三雲庶民史』にも言及するところがないが、隣村の笠松村の村田家文書によると、明治七・八年ごろに笠松港(3)のほかに星合港の名が出て来る。それほど頻繁に見られる訳ではないが、星合港ははたして独立した港であったのか、それとも近辺の笠松港もしくは矢野港（星合の北東）の支港としての機能を果たしていたのであろうか。

また、この港はいつごろ、だれにより開かれたのか。そしてその目的は何であったのか、等々については、まったく記録が存在しない。そればかりか、当港の正確な位置すら知る人は現存しない。

しかし、前述したとおり、唯一村田家文書には、明治初年の当港関係の記録が若干ながら伝来し、活発な運輸業務を行っていたことを示しているので、これらをもとに、星合港の全容解明に少しでも迫ってみたいと思う。(4)

二　星合港の位置、及び伊勢湾からの出入り水路

当港の位置については、地元星合港の住民の間ですら確信を持って示すことのできる人は少ない。ただ、「前川の下（しも）の方にあったことは聞いている」と語る古老はいた（太田勇氏談）。その前川とは、星合と鵲小学校とのほぼ中央を流れる新井の悪水路のことである。そして「下の方」とは、この悪水路が笠松の東約一キロメートルを南北に流れる通称新川に注ぐ付近と考えられる。だが、この伝承とて確証があるわけではない。いまでは、埋め立て、干拓が進み、かつて見られた風景も大きく様変わりして、存在したはずの川も、面影をとどめない箇所が圧倒的に多くなっている。

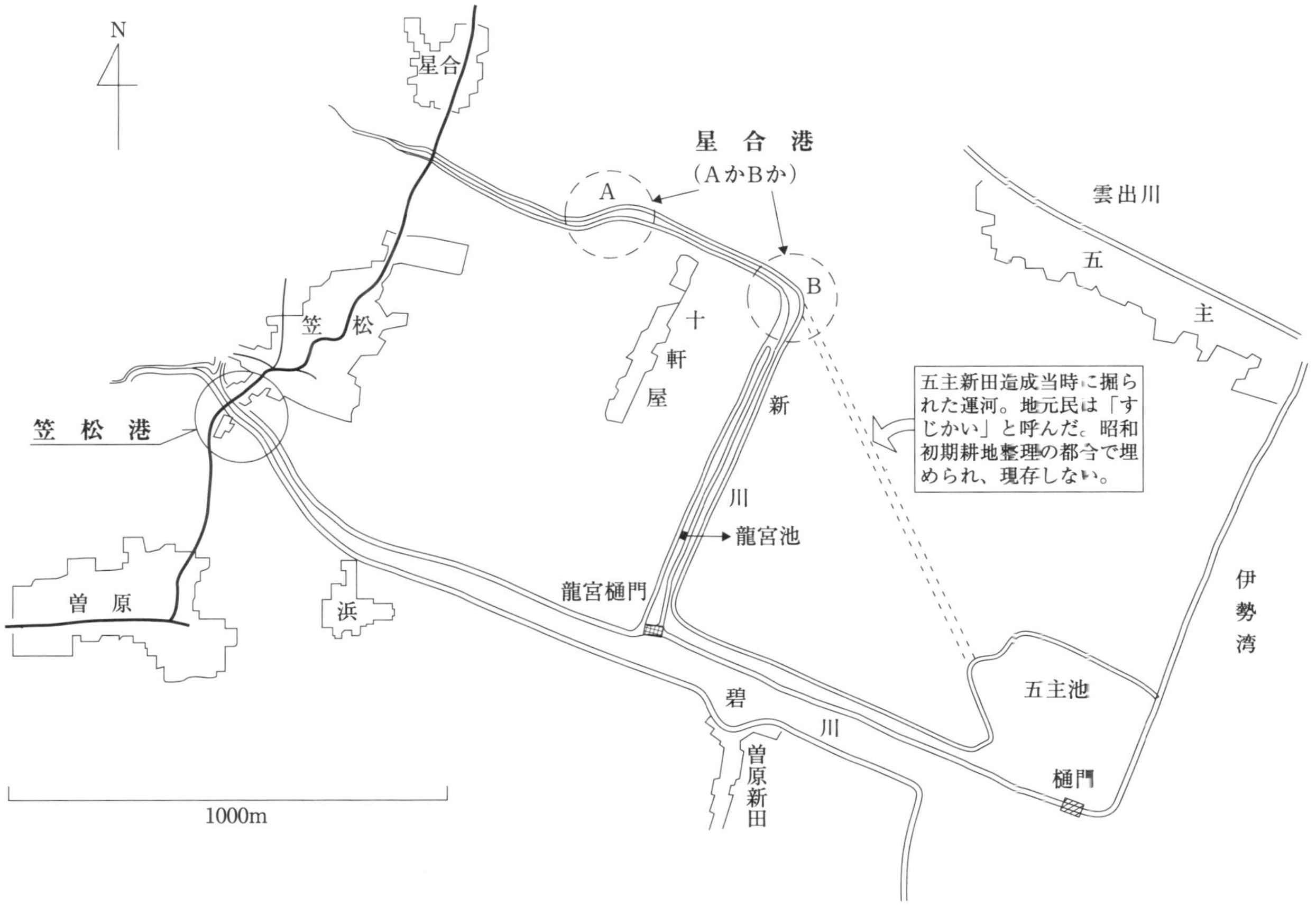

図1　笠松・星合両港の位置略図

しかしここでは、先の古老の言い伝えをわずかな手掛かりとするならば、おおむね想定できる二ケ所の位置を示し、そのいずれであるかは後考に委ねたいと思う（図1、二ケ所はA・Bで図示した）。

次に、それでは、星合港に出入りする船は、いったいどのような水路を利用して伊勢湾と直結していたのであろうか。これについての記録も、まったく見出すことができない。しかし出入りしていたことは事実であるから、星合港と伊勢湾とを結んでいたルートを想定しておく必要はあろう。

それには二つの水路が考えられる。

一つは新川↕碧川↕海（伊勢湾）であり、もう一つは運河↕五主池↕海（伊勢湾）である。前者の場合だと、新川の南端碧川堤防に舟運可能な樋門が必要であり、当時はすでにこれが設けられていたという前提に立つものである。あるいは、新川から碧川堤防の北側を走る潮回しを利用して五主池へ出る水路も考えられるが、潮回しは水深が浅く、航行が難しいと考えられる。

その点は、後者の運河を利用するコースは、外海への距離も短く、運行に便利なようである。この運河は、かつては実際に存在したが、五主地区の土地改良事業により、大正年間に埋められた。しかし二〇〇石程度の船は十分に運行できたものと思われる。

三　星合港の地位

前に述べたように、星合港ははたして独立した港であったのか、それとも他港の支港としての役割を有していたのであろうか。まずこの点から結論的にいうと、同港は単独で立地できた港ではなかったといいうる。なぜならば、同港は当時、笠松港などと違い、度会県から正式に認められた港ではなかったからである。県が認めた港には、通常、船改所という県の出先機関が存在し、船の出入り、揚陸、積載、碇泊等の許認可はすべてこの機関が取り仕切っていた。この船改所は度会県印税係に所属していたが、同係の管轄する港は、笠松港のほか、矢野、松崎、大口、松名瀬、東名瀬、中、小森上野の諸港であり、星合港は入っていない。

ところが、それにもかかわらず、星合港には、なにゆえか船改所が存在した形跡がある(5)ばかりか、入港船から国の定めた碇泊税・手数料を徴収し、そのうえ出帆免状や積荷目録を発行するという、前記の認定港とほぼ同じ業務を行っている(6)。

しかも港の管理責任者は星合村戸長がこれをつかさどり、笠松港の管理体系とほとんど異なる点はない。正式な県の認可を受けない星合港に、なぜ船改所が設けられ、そうした運輸業務を行うことのできる資格を与えられていたのであろうか。

こうした一見矛盾とも思えることがらをもっとも整合的に解消しうる考え方は、以下のごとくである。星合港はそれのみで港として存立したのではなく、笠松港の支港として設置されたというものである(7)。

その理由のひとつは、度会県に差し出された「碇泊税其外上納目録（控）」には、

一金　壱円七拾弐銭六厘　　笠松　星合浦港

内　金　壱円四拾五銭四厘　　碇泊税

　　金　弐拾七銭弐厘　　手数料

内　金　九拾九銭七厘　　明治六年三月より十二月迄両港雑費金引

　　金　弐拾三銭二厘　　明治七年三月四日両港雑費金引

残金　四拾九銭七厘

右者当港三月四月分税金書面之通上納仕候也

明治七年五月

第四大区小一区

副戸長　田中貞三郎（印）

同　　森　市十郎（印）

度会県参事　平川光伸殿

とあって、笠松港と星合港が両港で一まとめにして碇泊税と手数料を上納している点である。この場合は、どちらかの港が主であり、他が従であると考えられるが、規模的に見ても笠松港が主港に位置することは、ほとんど疑いの余地はない。

第二に、村田家文書によると、星合村荻原甚八（船主兼船領）の所有した神風丸（二二〇石、鑑札記録見当たらず）は、定繋港を笠松港としている。同船は、管見する限り、星合村在住者唯一の持ち船である。にもかかわらず、なにゆえ星合港を定繋港とはしなかったのであろうか。この問題も星合港が笠松港の支港であったと考えた時にはじめて氷解するのではなかろうか。

第三に、その神風丸の積み荷は常に「杉丸太」であるが、このことは同船が木材運送を専業としていたことを示している。「笠松港出入船調べ」（八月）によると、神風丸は、四月十日に熱田港から笠松港に入港し（積み荷は空）、十一日に四日市港に向けて杉丸太五六七本を積み出港しているのをはじめ、四月二十日尾張新川港より空積みで入港、翌二十一日熱田港へ杉丸太四二八本を積み出港。同月二十六日熱田港より空で入港し、二十八日新川港へ杉丸太四五八本を積み出港。五月三日新川港より空で入港し、十二日熱田港へ「二間杉丸太」四一六本を積み出港。同月三十一日熱田港より空で入港し、同日桑名港へ杉丸太三五〇本を積み出港している。

ところで星合港に出入りしていた他船の積み荷の内容もほとんどすべて杉丸太であったといってよい。(8)私はこうした点から考えて、記録上は、笠松港に空荷で入港した神風丸がこの港で杉丸太を積載して他港に向け出船したことになっているが、実際はそうではなく、荷積みは星合港で行われたのではないかと思う。それはどうしてかというと、木材は大半が雲出川上流の一志郡の山間部で伐採され、その後これらは雲出川を利用して河口近くの小野江・岡田地区に運ばれるが、そこから笠松港まで陸送するとなると、厖大な人件費がかさむことになる。星合港までの陸送となれば、たいした距離ではないから経済的であり、かつ迅速に仕事が進められるであろう。したがって近くに川のある星合に支港が築かれ、そこまで木材を運んでから各地に輸出されたと考える方が自然ではなかろうか。

こうした理由から、星合港は木材積み出しのために設けられた笠松港の支港としての役割を担っていたと見られるのである。このように考えるならば、星合港の船改所は収税事務を効率的に行うための笠松港船改所の支所のごとき役目を果たしていたと見ることができよう。

そしてここを支港として開設するに当たっては、運輸業者のつよい希望があったと見なくてはなるまい。さらにいうならば、星合のこの位置には、江戸時代から、簡素なものではあっても船着き場のようなものがあったのかもしれない。おそらく、そうしたことが、業者の希望とあいまって開港されるに至ったのではあるまいかと思う。

四　星合港の規模

笠松港が保有した船鑑札は四〇隻の数に上る。これに対して星合港のそれはわずか四隻に過ぎない。(9)碇泊日数を比べると、笠松港では十二日間におよぶものがあるが（例えば、神風丸・明治八年五月三日〜十四日、次いで宝永丸・

同年三月二十六日～四月三日）、星合港の出入り船はどれも二日を出ない。

また笠松港では、同じ日に一〇〇～二〇〇石の船が二、三隻重なって入港する場合がある。しかし星合港では複数の船が同じ日に出入りすることは記録のうえで確認できず[10]、そうしたことはなかったと見てよかろう。

星合港は港湾としての大きさからいっても、小規模であったと思われる。

碇泊税の合計額から推測すると、星合港の年間出入り船隻数は約四〇隻程であったと考えられる[11]。この船数はもちろん笠松港に劣るけれども、支港としての価値はけっして低いものではなかったはずである。夏季の六～九月は船の出入りは減少するが、積み荷の中心が材木にあったのであるから、首肯できる傾向である。なんとなれば、夏季は森林の伐採がなく、したがって木材の流通量が減るからである。

五　むすび

いまでは跡形さえ残っていない川港としての星合港について、わずかな史料をもとに知られる範囲でいくつかの論点について述べてきた。三重県のほぼ中ほどにある三雲の東側の伊勢湾に接する沿海町村は、沿岸が遠浅のため漁港に適した場所がなく、古来から漁業には見るべきものがなかったといっても過言ではない。しかし船運は江戸時代から盛んであったようである。幕末期には全国的に物資の流通が増加し、陸上・海上輸送ともに盛んとなり、伊勢湾岸沿いには港が増設されていったのである。三雲の碧川に笠松港が設置されたのはこうした流れからいってごく自然なことであったろう。

木材積み出し専用の港として星合港が開港されたが、それは笠松港の支港としての役割を担うことが期待されたと思われる。

星合港については、同港における交易の実態についてなど、論じ残した点があり、まだまだ全容を解明しえたとはいえない。課題は後考に俟つとして、筆をおきたい。

注

（1）内海船は、幕末期には八〇～九〇隻が米や麦、大豆などの穀類や塩、肥料などを運搬していて、運賃を取るだけの菱垣廻船と違い、商品を買い取り、売りさばくことで利益を上げていたことなどが明らかにされた。こうした研究については、日本福祉大学知多半島総合研究所の斎藤善之氏のものが出色である。
なお、一九九四年十一月五日に同研究所で開催された「伊勢湾をめぐる海の歴史」において、宇佐見隆之氏は、中世では伊勢神宮に近い大湊周辺が東国との海運の中心であったことを論じ、太平洋側の海上交通は伊勢を中心に中世からにぎわっていたことを力説している。また、近世でも、西脇康氏が伊勢湾につながる尾張美濃地域の内陸水運のルートを紹介している。

（2）星合港のみならず笠松・矢野両港のいずれも江戸時代から存在したという確証はつかみ難いが、私は最近、別の用件で何げなく『松阪市史　別巻一　松阪地図集成』を見ていて、江戸時代の松坂近辺の沿岸の地名のほとんどが川港と符合することに気づき、その中に、笠松や星合といった地名が含まれていることから、おそらくはこれらの港の存在は近世にまでさかのぼりうるのではないかとの心証を得た。

（3）笠松港については、この近所に住まわれていられる太田勇氏（元三重大教授）が、港の存在した当時のことをよく覚えておられる。

（4）私は三重県史編さん専門委員として『三重県史　資料編　近世(4)』の港の章節を受け持ち、調査に従事していた際、三雲町史編さん委員の太田勇氏より教えを請い、笠松港に関する聞き取りを行い、かつ資料を与えられるという便宜を受けた。本章は、そうした太田氏の学恩に負うところが大である。また、貴重な資料を閲覧することを許可していただいた村田家、そして史料のコピーを快く受諾された三雲町史編さん室の方々及び同行していただいた県史編さん室の藤谷彰氏にも感謝申し上げたい。

（5）神風丸への明治七年十二月三十一日の出帆免状に「星合村船改所」とあり、元通丸への八年一月五日のそれに「星合港船改所」と見える（村田家文書）。

（6）村田家文書中の「明治八年一月分　碇泊税　手数料取立帳　星合港」、及び「明治七年分　碇泊税上納目録控　星合港」による。

（7）笠松港のほかに矢野港も県の認定港で、星合港の近く、その北東部に所在するが、この港は雲出川という大きな川で星合港と隔てられており、しかも行政区が異なるので、星合港がその支港であったという範囲からは一応除外してよいのではないかと思う。

（8）「明治八年一月分　碇泊税　手数料取立帳　星合港」による。

（9）前掲「笠松港出入船調べ」（八月）。もっとも神風丸は笠松港を定繋港にしていたから（前述）、長期の碇泊は当然かも知れないが、宝永丸の九日間以下ほかにも長きにわたる碇泊船が認められる。

（10）前掲「八年一月分　碇泊税　手数料取立帳」。

（11）「明治七年分　碇泊税上納目録控　星合港」。

第四章　大正三年創業北勢鉄道（現近鉄北勢線）とその存続

一　はじめに

北勢線は、桑名市の南部をほぼ員弁川に並行するようにして西北西方向に走る挟軌の鉄道線路である。西桑名から阿下喜までの間約二〇・四キロメートルを結ぶ。この線は最初、北勢鉄道として大正三年に創業した。八八年の歴史をもつ日本でも有数の鉄道である。現在は近畿日本鉄道（以下近鉄）が経営するが、同社は平成十四年三月に中部運輸局にこの線を廃止することを届け出たため、その存続を希望する桑名・員弁広域連合の首長らは県に対して財政支援の要請かたがた存続に関する要望を提出するに至った。県知事はこれを受け入れ、近鉄からの資産譲渡費用等を一部負担することをきめた。今後一〇年間は三岐鉄道[1]に運行委託することとし、県と関係自治体（沿線の桑名市・員弁町・東員町・北勢町）がこれらを分担するという。今考えられる範囲での最良の決断ではないかと評価できると思う。かつては路線存続策の一方で、廃線にしてバス路線に転換すべきだという意見もあったようだが、その考えは後で述べるように実行が大変難しい。こちらへの施策の変換はないものと考えたい。何をおいてもこの路線は沿線住民の貴重な生活の足となる生活路線であることを深く認識すべきであるが、生活路線であること以外にもいくつかの付加価値が存在する。

現在、伊勢湾沿岸諸都市のほとんどの中心市街地において空洞化が激しい勢いで進行しており、都市としての在り方そのものが問われ、一様に危急存亡の時機を迎えているといっても過言ではない。このことはなにも三重県に限ったことではなく、他府県の諸都市においても同様の現象が起きているが、本章では、私の見聞した範囲で、九〇年近い歴史を有する軌道の廃止が、桑名市周辺地域の活性化に関する危機をいっそう増幅するであろう点を力説して、この鉄道の存続が将来においてこの地域に計り知れない利益―それは経済的財政的なものというより、主に文化的観点及び人材育成という教育的視点からのもの―をもたらす素材を秘めていることを提唱しておきたい。

二　北勢鉄道の開業とその後の経過

まずはこの鉄道の開業から今日に至る歴史を概観しておこう。

近鉄北勢線の前身である北勢鉄道は、明治四十三年の軽便鉄道法、同四十四年の軽便鉄道補助法の制定による軽便鉄道の開業ブームに乗り、明治四十五年一月に免許を受けた。明治四十四年三月の免許申請を示すと次の通りである。(2)

北勢鉄道敷設免許申請

三重県員弁郡は面積拾方里、人口五万ヲ有シ物資頗ル豊富ナル大郡ニシテ東ハ桑名郡ニ隣シ、其桑名町トハ古来密接ノ関係ヲ有シ物資ノ需要供給商取引ハ概ね同町トノ間ニ行ハルルノ慣習アリ、且ツ関西線桑名駅ハ郡内旅客物資集散ノ門戸ニ当ル、而シテ之ニ出入スル道路ハ唯一ノ県道濃州街道アルノミ、故ニ同街道ハ旅客ノ交通繁ノ車馬ノ運輸最モ盛ナリ、然ルニ此間ニ完全ナル交通機関ノ設備ナキ為メ自他相互ノ間ニ損害ヲ蒙ルコト少カラス、従テ地方産業ノ発展ニ多大ノ支障ヲ来スノ状況ニ有之候ニ付、拙者共発起人トナリ桑名郡大山田ニ起リ員弁郡阿下喜村ニ達スル拾弐哩四拾鎖間ニ軽便鉄道ヲ敷設シ交通ノ便ヲ開キ殖産上ニ貢献致シ度奉存

候ニ付、明治四拾三年法律第五拾七号軽便鉄道法ニ依リ至急御免許被成下度、予測線図其他ノ書類相添へ此段奉申請候也

明治四拾四年三月二十日

北勢鉄道株式会社発起人
三重県桑名郡桑名町大字船馬町拾八番屋敷
伊藤紀兵衛　印
（以下二三名　略）

これによると、員弁郡は人口五万の大郡で昔から桑名町とは物資の往来、商取引が頻繁に行われ、関西線桑名駅はこの物資や旅客集散の出入り口にあたる。しかし、員弁と桑名とを結ぶ道路は県道濃州街道が唯一存在するだけであって、この間は車馬の運送が頻繁だがこれ以上に確実な交通機関はなく、種々の支障があった。交通機関の設置は地方産業の発展に欠かせない。こうした理由で伊藤紀兵衛はじめ二二名が発起人となり、上記の区間に軽便鉄道の敷設を申請したのである。発起人達は主に桑名地区の商業資本家や水田地主等であった。

こうして軌間七六二ミリメートルの蒸機軽便鉄道が、大正三年四月に大山田（今の西桑名）から楚原の間を走ることになった。大正四年八月には大山田～桑名町、さらに五年八月には楚原～阿下喜東を開業、そして阿下喜東から阿下喜までの間は急勾配で蒸機の牽引に無理があったが昭和六年に架線電圧六〇〇Vで電化して延長に成功し、その結果総延長二〇・四キロメートルの現在の区間ができあがった。かくして昭和九年に北勢電気鉄道と名を改めた。

昭和七年に坂井橋・七和間にあった星川から員弁川河原内までの砂利採取専用側線を建設し、桑名まで砂利輸送

をし、砂利の売却によって業績は大きく向上した[3]。昭和十七年に鉄道省の方針に基づく県下の鉄軌道会社（北勢電気鉄道以下、関西急行鉄道、神都交通、三重鉄道、松阪電気鉄道、志摩電気鉄道、三岐鉄道、安濃鉄道、桑名電気鉄道）統合問題が起こったときは、関西急行鉄道を除く全社の合併が三重旅客自動車運輸事業統合審議会（委員長は曽我梶松知事）で決議されたが、北勢電気鉄道と三岐鉄道はこれに異を唱えた。このときの北勢電気鉄道の言い分は、本社は営業成績が良く、合併によって損失が大きくなる、というものであった。それは叙上の兼営する砂利採取・輸送が業績を伸ばしていたためで、砂利の需要はまだまだ増大すると見込まれ、増車を計画するほどであったという[4]。

昭和十八年十二月、神都交通を主体として、これと北勢電気鉄道、三重鉄道、松阪電気鉄道等、及び三重乗合自動車・伊賀自動車等が合併することになり、翌年一月にその申請書を運輸通信大臣ほか大蔵大臣・軍需大臣へ提出した[5]。二月に合併が成り、商号は三重交通株式会社となった[6]。

これによって北勢電気鉄道は三重交通北勢線と呼ばれるようになった。合併母体七社のなかで、当初、北勢電気鉄道の収益率は他に比べ群を抜いていた[7]。したがって合併配当は対等であったが、利益配当に格差をつけることとされた。しかしこれも同年の上期だけのことであり、北勢電気鉄道の元株主には不満が残ったことであろう。

こうした戦時交通統合会社としての三重交通に吸収された北勢鉄道は、戦後、新たな運命に直面する。それは、三重交通が伊勢志摩への進出を企てる近鉄資本の傘下に入ったことである。

それ以前の昭和三十六年、三重交通から鉄道部門が分離され、三重交通はバス専門とする方針が打ち出されたのである。昭和三十九年、三重交通の鉄道部門はあらたに設立された三重電気鉄道となる。そして翌昭和四十年に、三重県内でのさらなる交通統合により三重電気鉄道は近鉄に合併され、元の北勢鉄道は近鉄北勢線となって今日に

至ったのである。(8)

なお、昭和三十六年には北勢線桑名町駅から西桑名駅の間はそれ以前の昭和二十年七月に空襲で休止していたが、戦後、昭和二十三年になり桑名町は桑名京橋駅として復活したものの結局渋滞のはげしい国道1号線と平面交差していたため、昭和三十六年に廃止の止む無きに至った。(9)

三　非現実的なバス路線転換論

先記したように、北勢線廃止後はバス路線に転換すればよいという提案があるが、それはかえって大きな障害をもたらすことは間違いない。現在、北勢線に並行する桑名・阿下喜間の主要道路を約一時間で併走する三重交通バスがあるにはあるが、このバス路線は長距離輸送の業務用車両や一般車両が関ヶ原方面や大山田団地等へ大量に通行しているため、不規則な渋滞に巻き込まれると所要時間はきわめて不安定となる。したがって、ここに通学・通勤用のバスを増発してまで走行させるということは、ほとんど考慮の外に置かざるを得ない。また、バス停には自転車置場のスペースがないことも考えなくてはならない。

北勢線の廃線跡地をバス路線に変換するという考えに対しても、それは非現実的と断ぜざるを得ない。狭い軌道なのでここをアスファルト道路に敷き直してもその車幅は広いところでせいぜい二メートル位であり（駅は除外）、ほとんどの箇所はそれ未満となろう。そうした場合、往復二車線の幅を取ることは不可能であるため、まずもってバスの往来ができない。またそのこと以前に、一般車両が待ってましたと言わんばかりに入り込んでくるのであるから、そのためにはなはだしい渋滞が起こり、結果としてバスの通行どころではなくなってしまうであろう。

そもそも廃線のための工事費用とアスファルト化のための工事費用とがかさ張って地元は莫大な財政負担を強い

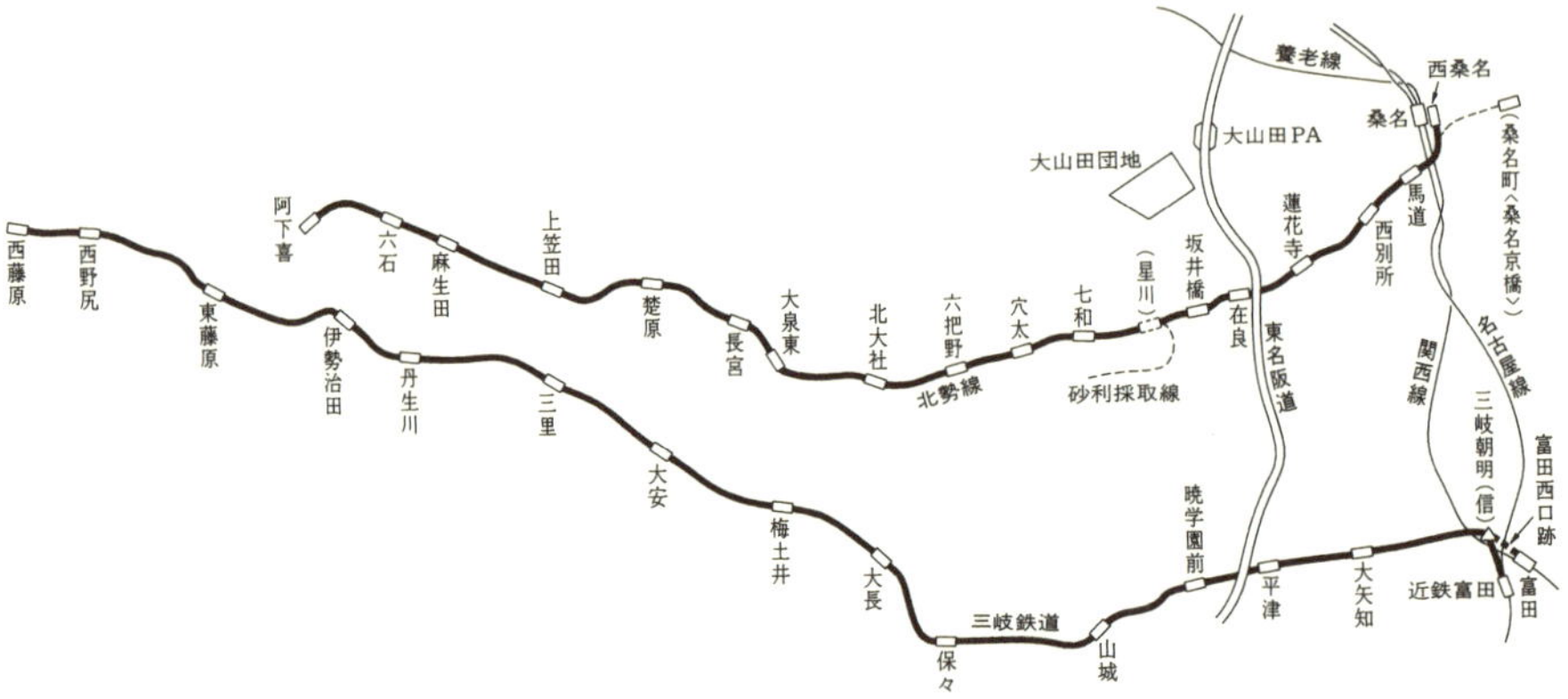

図1　北勢線とその運営を引き継ぐ三岐鉄道
（川島令三『全国鉄道事情大研究　名古屋都心部・三重篇』草思社・246頁より転載）

られることは目に見えている。

しかもこれら長期間を予定される工事を行っている間、それまでこの線を利用していた老若男女、とりわけ毎日の出勤、通学を欠かせない人達の足を奪ってしまうため、こうしたいわゆる交通弱者はその代替え機能を他に求めなければならなくなるが、その代替えはいまのところ他に考えられるであろうか。否、である。

したがって、バス路線への転換は、言葉だけの絵空事であって、現実性のきわめて乏しい議論であるといわざるをえない。

実際、モータリゼイション化の進展した現代社会は、社会的要請はもちろん存在したには違いないが、自動車製造・販売会社の企業戦略によってひき起こされた側面が大きいと言わざるを得ない。だがそれに押されて、軌道跡をアスファルト道路に転換してしまうと、そこら一帯は排気ガス渦巻く公害まん延地帯と化し、地球温暖化を防ごうという世界のすう勢に逆行することになろう。むしろ自動車社会を見直そうという機運はヨーロッパでは既に始まっており、殊に環境先進国といわれるドイツでは市街地への車の乗り入れ禁止と、市電軌道の敷き直しを積極的に開始し実行している。(10)

そうしたことを考えると、北勢線の存続は、地球温暖化の防止と公害抑制の理にもかなっているのである。

そもそも市街地の空洞化は車社会の到来がひき起こしたものと言っても過言ではないのである。町の中心商店街[11]や駅前百貨店に人が来なくなったのは、車でやってくる人のための駐車スペースの絶対数が不足しているということに起因する。また、駅そのものに百貨店が接続していない限り、わずかでも駅からはなれた百貨店には乗降客はやって来なくなったのである。[12]最近の四日市駅前百貨店や伊勢市駅前百貨店などの閉店はその典型的な例であるが、三重県内でもっともその波が早くに襲ったのは桑名駅前の百貨店であったことはだれもが知るところである。

四　人材往来のパイプとして、文化遺産として、観光資源開発の一助としての路線整備

一　北勢線の廃止は、桑名市と員弁地域諸町村（員弁・東員・北勢・藤原・大安）のあいだにおける若い頭脳の往来を遮断することになる。この点を先ず考える必要がある。すなわち、両地域を行き来する、車をもたない学生、及び生徒の中には、否応無くこの路線を利用する以外に交通手段がない人達がたくさんいるのであるが、これら若者は、いうならば将来の当該地域を背負ってたつ人材に外ならない。北勢線はこれら人材を育て、都市に送り込むパイプの役目を果たすものである。これまで九〇年にもわたってそうした役目を果たし続けて来たことに深く思いを及ぼすべきである。この鉄道線無くして今までの桑名市周辺地域の発展はなかったといっても過言ではない。敷延していうなら、この路線を断てば今日以降の桑名・員弁の明日はないといってもよい。今いっときの難を耐えて、未来のいしずえを育てる正念場が、行政の決断にかかっていると言える。

二　次に言えることは、およそ九〇年になんなんとするこの狭軌の鉄道は、それ自体文化遺産としての価値を有

するということである。大正初年から始まるこの歳月の積みかさねは並のことでは到達できない重みがある。ここで遮断してしまえばそれまでであるが、ここでゼロにしてしまうよりも、一世紀という世界でも希有な歴史を踏むまであとわずか一〇年という年月に迫っていることの価値の重大さにつよく思いを致すべきではなかろうか。七六二ミリメートルの特殊狭軌線は今では近鉄内部・八王子線（四日市市内）や黒部峡谷鉄道等でしか見られなくなってしまった。(13) 北勢線と同様、歴史のある挟軌の大井川鉄道（昭和六年に全通。昭和十一年に七六二から一〇六七ミリメートルに改軌）や江ノ島電鉄は、立地条件は異なるが、生活路線として、また観光客の足としての確固たる地位を保っていると同時に、文化遺産としての価値も十分に認識されていると思う。すなわち、北勢線は三重県のみならず、日本の文化遺産としての資格要件を備えるに十分な素材であるということである。

三　さらにこの鉄道は将来、それ自体が文化遺産であるということから、この電車に乗ることが楽しめるという観光資源になり得ると同時に、沿線あるいは近傍に観光資源を開発するための一助となる可能性を秘めていると考える。沿線ののどかな風景は病理的な現代社会に生きる人々の心を癒してくれるであろうし、沿線の麻生田には青川峡谷、そして終点阿下喜の先には秘境とまではいかないにしても、宇賀渓、多志田峡、万葉の里公園などがあり、企画によっては日帰りあるいは泊まりがけで散策をたのしめるコースが設定できる。また、ここらには大きな投資をふくめて、現代人が求める森林浴や温泉巡りできそうな長期行楽の場が作れそうである。(14) これには本腰を据えた議論と、本格的な企画・立案が必須のことがらである。

もっていきようによっては観光路線としての素材が内包されているといえよう。

挟軌の鉄道は、これに乗ること自体、ふだん乗り慣れている鉄道と違って、非日常的な世界へといざなってくれるものである。

五　改善策、及び新たな施策の必要

現在運行の北勢線は、昭和二十九年に架線電圧を七五〇Vに昇圧しており、またナロー線ではあるが車輌は近代化されており、乗り心地は決して悪くはない。しかし利用者が遠のいていくいくつかの欠陥が指摘されている。

その欠点の一は、西桑名駅が名古屋線から二、三〇〇メートル離れているために乗り換えがスムーズにいかないことである。延長して近鉄側に乗り入れられればこの難点はある程度解消されるが、そのためにはさまざまな問題点が克服されなければならない。

第二に、冷房化が進んでないことである。昭和五十二年に軸流ファンが取り付けられたが、クーラーとは比較にならず、やはり現在の鉄道車両で冷房がないのは客足が遠のいていく大きな原因となる。だが線路の許容軸重制限があり、冷房を搭載するとなるといくら超軽量車体にしても難しい。許容軸重を上げて早く非冷房車から脱出することが切に希望される。

第三に、急カーブに差しかかると、左右のレールの傾き、すなわちカント量が小さいため至るところで時速二五キロメートルといった速度制限を受けて走らなければならないという制約がある点である。カント量を引き上げる必要があるが、カーブを緩和すれば速度をアップすることができる。

第四に、通常の行き違い待ちが西桑名駅・阿下喜駅間で六〇分以上もかかる点である。この区間で最も早い電車の所要時間は五一分（表定速度は二四キロメートル）であるから、ゆうに待ち時間だけで全区間分を消費することになる。行き違いのための新駅ないしは新設区域を別に設けて、長時間停車を無くす努力をする必要があろう。前記の第三の欠陥を改善できれば速度アップが可能なので、そうなると全体のダイヤ改正とともにこの行き違い待ち時間も必然的に見直しがなされるであろう。

速度アップをさらに推し進めるには、軌道を強化して五〇キロレールとし、かつバラストを厚くし、車輛の足腰をつよくすれば、最高速度は時速八〇キロメートルまで上げることができる。(15) さらに速度アップという面での一つの案は、快速電車の導入である。たとえば、一日の乗降客が四〇〇人未満の駅は停まらずに通過する快速電車を走らせるということを考えたならばどうであろうか。平成十三年五月現在における一日の乗降人員を表で示せば左のとおりである。(16)

駅　　名	乗降人員
西桑名	3830
馬道	1144
西別所	379
蓮花寺	595
在良	265
坂井橋	686
七和	795
穴太	566
六把野	997
北大社	472
大泉東	72
長宮	153
楚原	738
上笠田	88
麻生田	198
六石	24
阿下喜	734

これによると快速電車の停まる駅は、西桑名、馬道、蓮花寺、坂井橋、七和、穴太、六把野、北大社、楚原、阿下喜、等の一〇駅となる。三岐鉄道が経営するようになった暁には思い切ったダイヤ改正と快速化が進められなければならないと思うが、以上のような考え方はいかがであろうか。

かくすれば非冷房車がとろとろと走る非現実的な欠点は少しでも解消されるであろう。

これらは少なからぬ投資を必要とするが改善が可能である。改善すれば期待される投資効果は小さくない。第一の欠点は桑名駅の全体的な視野からの大掛かりな改善策―もっとも望まれるのはＪＲ・近鉄ともに高架化すること

—とも関係してくるため、間もなく近鉄から離れる当該線としては軽々に改善のため、とは言えなくなるのだが。しかし冷房付きの高速車両化をはからなければならないことだけは確かであろう。

ところで、桑名市郊外に大型団地（大山田）が造成されて久しい。桑名市は大都会名古屋の衛星都市としての側面をもち、人口の増加が著しいのであるが、これに相応して自動車の増加も甚だしいため、桑名市域は慢性的な道路渋滞を惹き起こしている。郊外に大型団地ができると当然のように自動車保有者は増える。それに対応して市街地の道路は幅員を拡張しなければならないが、それは簡単なことではない。どの都市でも似たような現象は見られるが、[17]団地は造成できてもここにアクセスする道路の幅員は容易には広げられないのが実情である。山・川・谷とそれに挟まれるように立地する田畑、これらさまざまな地理的条件により、平地の少ない日本の道路行政はそれほど弾力性をもって随意に変更を実現することはできないのである。団地の人々が桑名市街地に車で到達するには大変な渋滞にはまり込んでしまい、市街地に近づくにつれて大きく時間を浪費してしまうことになる。桑名駅から電車に乗り換えて名古屋あるいは四日市・津方面へ向かう人々は、時間に遅れないようにするために、相当早く家を出発しなければならないというハンディキャップを負う。このことは桑名からさらに遠方の員弁地方の人々にとってはさらに過酷と言える。

ところで、通勤客にとって重要なことは、時間が正確で安価な交通手段が得られるということである。なおそれに加えてスピードが速ければ言うことはない。

そこで、渋滞もなく、一定区間の所要時間が安定している北勢線はこうした団地および員弁地方の通勤客に極めて有効な乗り物であると言える。しかし現状では、大山田団地の通勤者が北勢線を通常路線として利用することはきわめて少ない。[18]

ところが団地に近い北勢線の数個の駅（たとえば在良、坂井橋、七和、穴太など）周辺の野原や休耕地に大型駐車場を設けたならばどうであろうか。もちろんそこまでのアクセス道路を整備したうえでのことである。団地からの通勤者がそれぞれの駐車場に、できることならば月極めで自動車駐車場を確保し、そして北勢線で桑名まで出るようにする。こうしたならば、あるいは予想外にこれら駅周辺は発展を見るようになるかもしれない。投資の予定がなくてはこれは話だけに終わってしまうが、北勢線の存続が予定されるいま、長期の展望をもって行政が取り組む施策の一つとして考慮に値する案ではなかろうか。それとも投資もせずにこの線のすたれゆくのを黙って見過ごしていってしまうつもりなのであろうか。

さらに長期的な投資として、阿下喜駅と三岐鉄道の伊勢治田駅との間一・五キロメートルの間に新たに鉄道を敷設して両駅を結んでしまえば、この二つの線は相乗効果で利用客を増やすことができるのではないか（三岐鉄道の軌間は一〇六七ミリメートルで特殊狭軌の北勢線とは軌間は異なるので、この間は三岐鉄道の軌間で結ぶことが望まれる）。現状でこれが困難ならばバスで連絡しても構わない。とくに北勢町・大安町・藤原町の人々はそれまで四日市方面へ行きたい人も、桑名に出たい人も、あるいは四日市や桑名の人々がこうした町々へ行く場合も、北勢線か三岐鉄道かのどちらかを利用するしかなかったが、両駅結合後はどちらを利用しても目的地へ行けるようになる。それだけ利便性が増す。近鉄やＪＲが動脈ならば両線は毛細血管のようなものであるが、毛細血管も血の巡りが悪くなれば体全体に支障をきたす。だが毛細血管の血行が快調ならば、体全体は生き生きしてくるのが理の当然である。自治体行政は隅々に気を配り、全体として生き生きしていなければ住民が納得する幸せな生活を送れない。

六　むすび

北勢線はあくまで生活路線であるから、第五節で述べたように欠点を早急に克服し、軌道を強化するなど線路の整備をいそがないと、現状のまま存続しても下降線をたどる乗客の数を一挙に上げることは難しいであろう。しかし資産譲渡費用の返済と運行経費の穴埋めが急務となるであろうから、たとえ年間一〇〇万円でも収益を向上させる方策を練る努力は怠らないことが肝要である。

くれぐれも廃線論が浮上しないように強調しておきたいのは、第四節で述べたように、この路線はなにをおいても将来を嘱望される「若き頭脳が行き交うパイプ」としての役割を担っているということである。そして第二に、それが置き換えることのできない文化遺産としての価値を有するという点である。これから歳月を経るごとにその価値は増していくことであろう。これを廃止すれば他に取って替えることのできないその価値は、元のもくあみとなってしまうであろう。そして、観光資源としての開発は、当面は着手が困難であろうが、企画・立案の開始はいくら早くても早すぎることはないと考える。現状のままの存続では、いままで通り下火で推移することは目に見えているから、この路線の発展は見込めない。投資効果の見込める投資を真剣に考えれば、必ずや糸口が見出せることを期待したい。(19)

注

（1）三岐鉄道の成立及びそれ以降の歴史については、三岐鉄道株式会社『三岐鉄道50年の歩み』昭和五十六年、富永浩之「三岐鉄道」『ピクトリアル』461、川島令三『全国鉄道事情大研究名古屋都心部・三重篇』平成八年・二五六頁以下、武知京三「戦時交通統制と大軌系資本の動向」同著『近代日本と地域交通』所収・平成六年・二九一頁以下、等を参照されたい。

かつては、三岐鉄道が藤原鉄道の名称で免許申請したときに、北勢鉄道側から営業上多大な影響があるとして陳情書が出されたことがある。結局影響は少ないということで認可に至ったが、両鉄道には創業初期にこうした因縁がある。

(2) 国土交通省蔵『鉄道省文書』(『三重県史　資料編　近代3　産業・経済』昭和六十三年・六七六頁)。

(3) 川島・前掲書・二四四頁。

(4) 「北勢電力鉄道株式会社第五拾四回営業報告書」(一九三九年上期) 武知・前掲書・三三一頁。「北勢電気鉄道無蓋車増加並特別設計ノ件」『鉄道省文書「北勢電気鉄道」』によると、昭和十二年から十四年にかけての貨物輸送量の増加率は一・八倍にも達していたという (武知・前掲書・三三一頁)。北勢電気鉄道における砂利採取とその輸送は大きな意味をもっていたことが分かる。

(5) 「軌道法ニ依ル会社合併認可申請ニ関スル件、神都交通株式会社外六社」『鉄道省文書「三重交通〈元神都交通　東邦電力〉」』、武知・前掲書・三三五頁。

(6) 「神都交通株式会社外六社会社合併ノ件」同上。

(7) 前掲『鉄道文書「三重交通〈元神都交通　東邦電力〉」』によれば、合併の主体となった神都交通 (資本金四〇〇万円) の最近一カ月の利益率一割二分に対して、北勢電気鉄道 (資本金五〇万円) のそれは二割七分であった。

(8) 川島前掲書・二四五頁。

(9) この区間は終戦直前の昭和二十年七月の桑名空襲により一時休止しており、同二十三年に桑名町駅を桑名京橋駅と改めて復活していた。川島前掲書・二四五頁を参照のこと。

(10) たとえばドイツ南西部の都市カールスルーエ市では、特急列車ＩＣＥや長距離列車が中央駅に入って来るが、これは鉄道だけでなく路面電車の線路も走れる。線路幅が同じだが電源はドイツ鉄道の交流一万五千ボルトに対して路面電車は直流七五〇ボルトで、同市等がどちらの電源でも走行可能な車両を開発し、両線を接続する線路も新たに整備したもので、一九九二年から乗り入れを開始した。郊外では特急列車と同じ線路を時速八〇キロで走行、都市部に入ると路面電車に変わる。広島電鉄がこのカールスルーエ方式を取り入れる構想をもっていると聞く。

（11）中心商店街ではシャッターを降ろす店が徐々に増加しつつある、いわゆる歯抜け状況は、後継者が育たないということと相まって、止めようのないところにまできているかに見受けられる。シャッターを降ろした店の再活用については、たとえば、事件性がないことを前提にすれば、そこに各商店の代表的な商品を品ぞろえよく展示販売し、そこで売られていないものは本店に回ってもらうようにするとか、あるいは学生達のボランティアで創意工夫のこらした店の展開を自発的に行ってもらうようにすることなどが考えられる。近くの集会場で魅力ある講演会・講習会などを定期的に開催してより多くの人々が商店街を歩き回れるようにしむけるなども一案である。駅を多く利用する学生・生徒に受けの良い商品をアンテナショップ的に品ぞろえを考えるとより効果が増すであろう。いずれにしても商店街の結束如何にかかっている。

（12）もっとも駅に百貨店が隣接していてもうまく行くとは限らない。久居では建築して間もなく駅ビル内の各商店が次々と撤退するという出来事が起こっている。

（13）和久田　康『私鉄史ハンドブック』平成五年。

（14）また、沿線には馬道から勧学寺、穴太から薬師堂、北大社から猪名部神社、長宮から茶臼山窯跡といった史跡名勝へも行ける。

（15）川島・前掲書・二五〇頁以下。

（16）http://www.kintetu.cojp/kouhou/corporation/koutsu/j.html による。

（17）たとえば、松阪市郊外に三交団地ができた後、市街地へ続く幹線の通称三重高前通りなどは長い時で五〇〇メートルから一キロメートルの渋滞が生じるようになったことなどは、そのよい例である。

（18）大山田団地に近い東名阪自動車道の桑名インターチェンジに名古屋方面への高速バスの乗り場があるため、団地から名古屋へ行く客は現在これを利用する人が少なくない。

（19）本章を草するに当たり、鉄道史研究にうとい私は原田勝正氏の著「鉄道史研究の課題」『技術と文明　第二〇冊』

一一巻一号（日本産業技術史学会編・平成十年）から多くを学ぶことができた。数年前に『三重県史』の編さんに従事させていただいたときには、江戸期の海難や維新期の陸上交通を担当したが、鉄道史に関心を及ぼすまでには思い至らなかった。今後は多少なりとも当該分野に関心と興味をいだき、より研究を深めていきたいと思う。

第三部　国政選挙の開始

第五章　伊賀地方(第六選挙区)における第一回衆議院議員選挙

一　はじめに

明治二十二年（一八八九）に大日本帝国憲法が発布され、その第三十三条に「帝国議会ハ貴族院衆議院ノ両院ヲ以テ成立ス」と定められ、さらに第三十五条において、

衆議院ハ選挙法ノ定ムル所ニ依リ公選セシタル議員ヲ以テ組織ス

との規定が設けられた。こうして憲法に基づく選挙法としての衆議院議員選挙法が同日付で公布されることとなった。

三重県は六つの選挙区に分かれていて、伊賀国（以下伊賀地方）に属す阿拝・山田・名張・伊賀の四郡は第六選挙区（以下第六区）とされた。当時の選挙区は原則として小選挙区制が採用され、県下では第五区（伊勢・志摩・東紀州の五郡）だけが二人区で、それ以外は定数が一人であった。選挙法では、選挙権は直接国税一五円以上を納める満二十五歳以上の男子で、一年以上県内に本籍を定めて居住するものに限られており、しかも強い納税要件がついていたため、有権者は総人口の一パーセント余りに過ぎず、県下では一万七五一四人、第六区では二六五八人ほどの有権者しかいなかった。(1)

三重県における県民の民権意識や政治活動は、他府県に比べ全般的に低調であったと見られているが、第一回の

総選挙（明治二十三年七月一日）をむかえて、各選挙区ではいったいどのような選挙活動が繰り広げられたのであろうか。当県の明治前期の民権運動については、これまで西川洋氏の詳しい先駆的業績があって、[2]大いに参考になる。しかし従来の研究では、各選挙区における個別的具体的な選挙実態の究明は、未だほとんど着手されていないのが現状である。

したがって本章では、その手始めとして、第六区たる伊賀地方の第一回衆議院議員選挙に焦点を合わせて、その選挙の在り方についての概略的な推移を中心に論じてみたいと思う。何分にも、使用できる史料には限界があるので、[3]より正確・詳細な実態的研究は他日を期さねばならない。大方のご教示・ご叱正が得られるならば、望外の幸せである。

二　選挙前年までの政治的潮流

帝国議会開設の前提となる総選挙を目前にした「伊勢新聞」の論調は、第六区のふがいない選挙情勢に対して、寔に手厳しいものが見られた。他の選挙区においては候補者が林立し、激しい選挙戦を展開しているにもかかわらず、第六区のみは「外観者には殆んど解し得られぬ程の静謐」で、「撰挙人として主義上の事を論ぜず、人物上の是非をも談ぜず」「実に奇態の事と言ふべし」と突き放したのである。[4]事実、選挙の半月前という切迫した時期になっても、第六区では、何ひとつ選挙運動らしきものが行われない、一種異様な光景が続いていた。果たして新聞誌上に報じられた状況が伊賀地方の実態そのものであったのか。あるいはそれは表面だけのことであって、本当は見えない所で熾烈な争いが演じられていたと考えるべきなのであろうか。

ともかくも、実際、選挙間際には立入奇一と福地次郎という二人の候補者が大熱戦を繰り広げ、勝敗の行方が開票の終了近くまで予測できないという展開を見せるまでになったのである。

こうした状況を普通に考えるならば、突如として巻き起こったかに見られる選挙戦の裡には、すでに、それまでに二派による対立の構図が形成されており、争いは潜在化していたと見た方が自然であろう。

両者の対立の図式が目に見える形で現れてくるのは、後述するように、選挙のちょうど一年ほど前、明治二十二年七月のことであるが、それはいったいどういう情勢の中から醸成されてきたのであろうか。この点を以下に見ていこうと思う。

立入や福地、そしてこの両名の各支持者となる伊賀地方の者達は、明治二十年五月十九日に開かれた三重県有志懇談会（出席者六二名）(5)の席に顔をそろえた。(6)左記の通りである。

立入奇一　福喜多熊吉　大森牛之助　服部平太郎（以上は後に立入派）　福地次郎　深山始二郎（以上は後に福地派）　深山聳峮　中井寅次郎（以上は第一回総選挙に独自立候補、その後福地派に傾斜）

この懇談会は、三年後の国会開設を多分に意識した、県会議員をはじめとする地方有力者の集まりで、右記の人達もすべて伊賀各郡選出の県会議員であり、(7)これ以降の衆議院議員選挙に向けた伊賀地方の政治動向を左右する面々であった。国会開設を三年後にひかえたこの当時は、全国的にも自由民権運動の波がふたたび高揚し、この秋頃からは大同団結運動が開始され、不平等条約改正・言論の自由・地租軽減等を掲げる三大建白運動が取り組まれようとしていた。ふだんから政治的結び付きの希薄なかれらにも、そうした全国的な気運の盛り上がりが伝わり、こうした会合へとつながっていったのである。

この頃は、伊賀地方の県議達の間に、本来の意味合いにおける派閥形成の意識が顕然とした形で存在した訳ではなかったに違いない。むしろ同じ地域の共同体的利益を守ろうとする県議団の一員として、ともに協同歩調を取る姿勢をつよく保持していたように思われる。

しかしかれらが一堂に会することになったこの有志懇談会の開催は、県下地方有力者間の政治的自覚を高める点で大いに貢献するものがあったものの、一方でそれは、相互に政治的立場の違いを明確な形で認識させることにもなり、急速な派閥的結合を促した。会合に列席した前の八名は、これを機に、立入や福地をそれぞれ中心とする一団に、徐々に収斂されていく傾向を見せはじめるのである。

この年の十月に大同団結運動が開始されると、十二月二日に開かれた第二回の有志懇談会[8]ならびに同月六日の継続会[9]において、この運動への関わり方について出席者の間で意見の衝突が生じた。立入奇一や伊東祐賢ら大同団結運動に消極的なグループは、積極派（長井氏克や北川矩一を中心とする）の同意者四九名に対してわずか九名の同意者しか得ることができず、少数派となってしまった。

積極派はその三日後の十二月九日に、ただちに集会して三重同志会を結成[10]、三大事件建白運動の開始を決めた。これに対して、立入らの派は別に会合をもち、三重協同会の組織化を進めることになった[11]。これには阿拝郡選出の県議森川六右衛門も加わったが、福地ほか他の伊賀地方の県議らもこれに同調したやに思えるが、正確な動静に関しては今一つ明らかではない[12]。いずれにしても三重協同会のメンバーは、多くは後の改進党系へと連なる人々が中心となり構成されていたごとくであり、中でも立入ら伊賀地方の会員は大きな発言力を有した。

しかし、この分裂して形成された二派態勢の政治状況は長くは続かなかった。翌二十一年十二月に新たな流れが起こり、第三の会派たる斯友会が結成された[13]。この会は、既成の同志会・協同会双方から脱会した県議四一名が合同し、県内勢力の統一を図ろうと組織されたもので、発起人のうち伊賀からは福地次郎、大森牛之助、中井寅次郎、深山聳峭、深山始三郎ら五人が名を連ねた[14]。だが、結成直後に来県し大同団結論を遊説した後藤象二郎のとりなしで三団体の団結が説得され、かれに依嘱された栗原亮一（元鳥羽藩士で、後に第一区選出衆議院議員。板垣退助の懐刀）の調停を機に、この会は率先して三会派合併に向けて動き出した。この時斯友会から委員惣代として談判に立ちまわったのが福地次郎と信藤勘十郎（一志郡選出県議）であった。[15] 福地らの尽力のかいがあって、三重同志会は翌年五月、運動の統一のために解散を決め[16]、七月に斯友会へと合流していった。[17] この間、斯友会で終始活発な行動を取った福地は、二十二年五月の最初の役員選挙で角利助（答志郡選出県議）と二人、同会の幹事に選出され[18]、七月からは旧同志会から幹事に加わった長井氏克とともに、会を切盛することとなった。[19] そして斯友会は、会員が東京の自由党系の大同倶楽部へ加入することを認め、大同団結運動へと歩を進めることになった。[20]

福地はこうした斯友会の方向を領導した代表的人物であったと見ていい。

かたや立入奇一は、福地とは対照的な立場を堅持していた。即ち、二十二年一月の三重協同会の総会席上において、立入と森川の両名は斯友会への合併につよく反対して、協同会の存続を主張した。来会していた福地・大森らは合併に賛意を表し、対立したため結論は持ち越された。[21] 福地と大森は前述したようにこの時点で斯友会の発起人に名を連ねており、程なく協同会を抜けたものと推測される。ただし大森については、後に立入の熱烈な支持者に回っており、この頃の動向も確認できない。立場は微妙であったのかもしれない。

合併否認の方向へ傾いた三重協同会は、他の二団体が斯友会で統一された（二十二年七月十二日）のとほぼ同じ時期に（同年七月十日）、臨時総会を立入の地元阿拝郡上野町大字東町集会所に開き、参会した立入ほか服部平太郎・広田源蔵・今中忠・奥井由太郎・窪田惣七郎・福喜多熊吉らは、会則を改正して改進主義の旗色をより鮮明にし、支部を各地に設け会員の拡大をはかること等を決めた。[22] この時決められた評議員の郡別配分は、阿拝郡十名、山田郡四名、名張・伊賀・安濃・三重・飯高・度会・答志・牟婁各郡一名ずつとなっていて、二二名中一四名もの評議員が阿拝・山田両郡に集中している。会の勢力の中心が、立入の政治基盤である郡部に存在したことは明瞭である。そして、その主義主張が斯友会のそれとは対照的な点がきわ立って注目される。

ここに私は、伊賀方面における立入と福地の対立の構図が顕在化していった状況を、はっきりと読み取ることができる。

こうして政党主義へと傾斜していった両者の脳裡には、方法論を異にはするものの、一年後実施の衆議院議員選挙のことが視野に入っていったものと考えられる。[23]

ことに立入の取り組み方は、明快であった。かれを中心とする三重協同会のその後における熱心な政治活動の展開は、その一端を物語るものである。『三重県史　資料編近代1政治・行政I』(前掲)に載せられた谷村熙氏所蔵の阿拝郡での政談演説会開催届(明治二十二年十月二十日付)の存在は、その積極果敢な運動の在り方を具体的に示すものとして甚だ貴重である。立入はそこで「町村制度実施ノ後人民ノ心得ハ如何」と題する演説を行い、町村制の実施は旧町村制に比べて自治の状況、人民の自由はどうであり、今後の実施上どういう点を注意したらよいか、等について論じている。また福喜多熊吉(阿拝郡長田村住)は「衆議院議員撰挙之件ニ付所感ヲ陳フ」、大森牛之助(山田郡阿波村住)は「治外法権ヲ存置シテ国利ヲ謀ラントスルハ木ニ拠テ魚ヲ求ムルカ如シ」と題する演説をそれぞれ行った。[24]約八時間にもおよぶこの政談演説会は、福喜多の演題に如実に示されている通り、来るべき総選挙を射程に入れたものであることは明らかであった。

一方、福地の属する斯友会においては、大隈重信外相の条約改正交渉の中止を求める建白運動等の進展により、同会を政治結社の方向へもっていこうとする主張が勢力を広げた。二十二年十一月二十六日の総会で多数を占めたかれらは、翌日別組織として三重倶楽部を設立する挙に出で、斯友会は分裂した。[25]その中で伊賀出身の福地、中井、両深山らは、あくまでも斯友会を存続することに努め、逆に会の非政党化を鮮明化した。(26)そして福地は依然幹事の一人として、会を切り回した。その後のかれが、総選挙への出馬表明を直前まで見送る態度を取り続けた背景には、こうした方向転換があった故と見られるのである。なお、中井寅次郎は、同時に三重倶楽部にも所属し、福地とはやや色合いを異にする姿勢を示している。この点も、かれが総選挙において独自に立候補する伏線として軽視できない行動であろう。

このようにして明治二十二年の秋以降、伊賀地方にあっては、阿拜山田両郡に根を張る三重協同会をバックにした立入達が一段と結束を固める一方、非政党化を打ち出した斯友会幹部福地を中心とするグループが勢いを誇示し、勢力二分する状況が形作られていった。

それでは次に、翌年総選挙の年を迎えて、立場の相違する両派の動向は、果たしてどのような形となって現れて来るのであろうか。

三　選挙直前の情勢

前節はじめにも記したように、選挙直前における伊賀地方の意外なまで静穏な選挙情勢は、県下でも異例と見られ、当事者以外の者が垣間見ただけでは、全く不可解としかいいようのないものであった。しかしそれは選挙活動が存在しなかったということではない。現に立入奇一は、前年の後半から活発な政談会を催しており、その一端は先に見た通りである。三重協同会はこの選挙の年にいたってもなお攻勢を仕かけていた筈である。五月九日付の「伊勢新聞」の記事は、かれらの様子を次のように報じている。

〇三重協同会伊賀支部例会の模様　……去五日午後一時より阿拝郡上野町大字紺屋町正崇寺に於て其の例会を

開きたり。当日の出席者は立入奇一、森川六右ヱ門、同喜三兵衛、服部平太郎、窪田惣七郎、福喜多熊吉、菅野政治郎等の諸氏にして、立入氏は客月十二日江東中村楼に於て開設したる立憲改進党の大会に出席して聞見したる事柄を談話し、又た来る十一日大坂に於て開会すべき同党員の懇談会へ何人を出席せしむべきやの事に付き協議を為したるが、種々談話の末森川六右衛門、窪田惣七郎の両氏出席する事となり、一同退散したるは午後五時頃なりしと

これによると立入らの三重協同会は、中央の立憲改進党との結びつきをいっそう深めることに奔走したが、同時に、会派の政治運動の重点を選挙地盤である伊賀地区だけに絞り込んでいたのではなかろうか。前に取りきめた県全域への会派勢力の拡充は、中心人物立入に果せられた命題ではあったが、総選挙が目前のこの時となっては、よりどころとする伊賀に力点を置くことは当然のことである。

しかしこの第六区において、選挙戦が今一つ盛り上がりを欠いたというのには、理由があった。それは、立入と対峙し本来競争相手となるべき筈の福地次郎が、鮮明に非政社の旗を掲げる斯友会の幹部という立場から、自ら政治的闘争の舞台に踊り出るという理論的必然性が見出せないでいたからであろう。伊賀地方において福地は、立入に劣らない人望と勢力を有していたにもかかわらず、早々とは立候補の名乗りをあげることができなかった。

総選挙の一、二ケ月前ともなると、他区での選挙戦は過熱の度を増したが、第六区だけが冷めていたのは、要するに選挙競争が行われなかった故なのである。その間の事情を、伊賀人からの伝聞記事として、五月十七日付「伊勢新聞」は次のような辛口の評を載せている。

……彼の衆議院議員の撰挙期日は僅々四十余日を余すに過ぎず……第二第六区を除くの外は概ね皆私擬撰挙を行なひ候補者を確定して其の運動に忙はしきものあるに至れり、然るに第六区は恰かも是等の反対の有様にて

僅かに改進党一派の人物中自らも候補者を以て任じ二三同意者亦之を許す所の立入奇一氏の為めに多少運動して其の世話を焼き居るに過ぎず。其一般人心の政治に冷淡なる実に驚愕に堪へざる所なり。又更らに青年社会の情熱に就きて観察するも在郷の青年は概ね小成に安んじて進取の気象に乏しきものあり。近来流行の団体熱に感じて四郡に成立せる団体其数に乏しからず。然れども多くハ仮装的無為の結合体にして、将来及び現在に希望を属すべきものあるを見ず。而して偶ま有為の気概を懐き、身を立て、家を興さんとするの輩あれば、一朝父兄を辞して他府県に出遊し、又郷土に止まるものを見ず。誠に慨嘆に堪へざる次第なり、云々と伊賀四郡の景況は果して之に出づる能はざる乎。

右記文中の「私擬撰挙」というのは、いわゆる予選会のことであって、非公式ではあるが選挙前に地方有力者達によって推薦候補者を絞るための選挙が普通に行われていた。選挙権をもつ者がごく少数なうえに、選挙法では記名式公開制度が採用され、誰が誰に投票したかがすぐ分かる仕組みになっていたから、事前に行われる予選会で事実上当選者は決まったも同然であった。この時期第六区ではそれが真剣に行われたことはなかった。記事にもあるごとく、候補者として唯一立入の名があがっていたに過ぎなかったから、予選会は必要なかった。

なお当時、上野町西部に上野倶楽部なる会が存在したこと、そしてこれに対抗して同町東部・南部の人々（菊山重春、野島伊助、橋井又五郎、藤堂三省、藤本金之助等）による別の倶楽部が結成されかけたが、結局それは見送られたこと、といったことが報道されているが(27)、これらがいったいどのような組織であり、またそれが、総選挙にからんだ政治的な動向なのかどうかについては全く分からない。後考を俟ちたい。

選挙目前の半月前になっても、立入に相対する候補者は出現することなく、水面下でのことは推し測れないが、ともかく傍目には、状況は前掲した五月の情勢とほとんど変わるところがなかった。六月十三日付「伊勢新聞」には、「第六区の候補者は如何」という見出しで以下のように報じている。

第一区は曰く某氏某氏、第二区は曰く某氏某氏某々氏、と県下の各撰挙区到る所既に之れを決定するの運びとなり居るにも拘はらず、第六区即ち伊賀四郡の地方に於ては僅かに一人の某熱望者ありとの風評あるのみにして、流行の予撰の如きも本年の始め頃一回之れを催ほしたるに止まりて、以来は閴《げき》として候補談もなく、競争事件も耳にせず、恰かも山中暦日なしの景況を呈したるは太平無事の太平無事なるものにして、五区一市十七郡の外観者には殆んど解し得られぬ程の静謐なり。去れば或る者が同区内の候補者らしき人物に就きて、貴下も伊山一流の名士なれば定めて昨今は撰挙の準備に忙はしきならんにと尋ねたるに、某紳士は微笑して、否なとよ、我々の区内は左程競争を為すにも及ばぬなり、甲某出でずんば乙某出ずべく、乙某出でずんば不肖出ずべし。三人の内一人は屹度当撰すべしと対《こた》へたるも亦深かく怪しむに足らざるのみならず、被撰者としては斯くも清《す》まし居る事或は必要ならんなれども、撰挙人として主義上の事を論ぜず、人物上の是非をも談ぜず、来月一日と云へる引取りの当日迄婿殿の聞合せ見合ひをも為さず、入る時にこそ婿は必らず出来べけれと言はぬ計りに振舞いて、一向に日本帝国と云へる新世帯に身を入れざるが如きあるは実に奇態の事と言ふべし。世に伊賀人は朝腹足らずと云へどヨモ代議腹に乏しく、立憲腹に薄しと言ふ事もなかるべく、又伊賀人が初陣なれば全国人も初陣なるゆえ伊賀人に限りて初陣に怖《お》ぢたりとの事もあるまじきに、今に候補の決定談もなく、主義人物の採択談も聞かざるは、伊賀人現在の為め甚だ之れを惜しみ、又た将来の為めに甚だ之れを憂いざるを得ざるなり云々。或る人は物語りたり、或者の言ふ所又た甚だ実際に近きものあるを以て掲げて伊賀人の一読に供すべし。区内有志は主義に人物に其の候補を撰らび、今後十七八日間に其の準備を完ふするや否や、記者は其の着手を俟つものなり。

このように伊賀地方の政治風土をなじるような辛辣な評言は、果たして伊賀人の心を激しく打ち叩き、揺さ振ったであろうか。

新聞は県下全区の有力候補者の肖像を掲載するに当たり、各区複数のめぼしい人物を取りあげたが(28)、第六区のみは立入ただ一人を掲げたのも故なしとしなかった。福地という実力ある対抗馬は実際には存在したのであるが、立入の側にあっては、その気になる相手が一度も名乗りをあげてこない以上、演説会等の選挙活動にさほどの資金を投ずることもなく打ち過ぎ(事実投票日以前の二、三ケ月の間は演説会の開催を報じた記事は出てこない)、投票日を迎えようとしていたことであろう。

ところが、先程の辛口の新聞報道が出回った頃合であろうか、ようやく福地が立候補を表明するにいたり、立入を猛追しはじめたのである。「伊勢新聞」六月二十二日付に、「第六区内漸やく競争の勢あり」として以下のように報じた。

三重県衆議院第六撰挙区の静謐にして何等の競もなき由は、毎々紙上に掲げしが、頃日同地より達したる信書に拠るに、是迄最も熱心なる某候補者の如きも余り手出しを為さざりしが、追々時機の切迫したるに付、最早一廉《かど》の運動を為さねばならぬと考へしか、去十四五日頃より頻りに区内を巡遊して同意者を求め、又た時としては有志撰挙人の間を叩きて哀を請ふに至りし折柄、区内北部の某土豪の如きも漸く茲に候補希望の徴候を表発し、次第に区内を蚕食するに至りしのみならず、其勢力亦た頗る猛劇にして前候補者の勢力を削弱せしむるの姿なれば、何かは以て堪へざらん、前候補者もヤッキとなりて一層区内に遊説し、互に鹿を争ふの状は己に隠微の中に熟してか己に表面上の競争を開らかんとするに至りし由なれども、双方の候補者とも舌に覚えの無きや否や演説談話の公会をも張らず、言はば無言の競争にて、折には卑劣に近付きたる手段の争ひもありとの事なり。政治上の競争ならば勉めて公開廉潔の方法を用いたきものなり。

立入も一応の遊説ぐらいはするべしと思い立ち、有権者の間を回り出した矢先のことであった。両方の派は演説会・談話会等を開く時間的余裕もなく、それよりも実際効率のよい有権者の取り込みに黙々と専念し、にわかに激しい選挙戦の様相を見せるにいたった。遅蒔ながら短期決戦の火蓋が切っておとされたのである。

立入は単行独歩遊説に勉める一方、福地は非政党主義を捨て、改進党の立入に対抗して自由党系の大同派に加入し、挽回に向けて区内の自由主義者を取り込んでいった(29)。またこうした趨勢に動かされて、伊賀・名張郡部からも二、三の候補者が立った。中井寅次郎、深山聳峼らである。立入と福地が阿拝・山田を選挙基盤にしていたから、他の郡部からも候補者を推す声が上ったのであろう。しかし新聞は、「立入氏必らず其の人ならん、福地氏或は其人ならん」と予想し(30)、立入を当選の第一とし、福地を第二とした。

このようにわずか二週間ほどの間に繰り広げられた、にわか仕立ての選挙戦ではあったが、候補者二人の人気・実力とも伯仲し、他区に劣らない選挙の体裁が整えられた。それにしても、立候補を表明するのが著しく立ち後れた福地が、それまでの間ほとんど準備をしてこなかったかというと、とてもそうは思えない。それまでの立場を変えて大同派へ加盟するなどは、用意周到でなければ到底できない事柄であろう。しかしかれが、いかに準備して態度表明に踏み切ったかの点は、知るに由ない。

四　選挙会及び開票結果

七月一日に実施される衆議院議員選挙の投票と三日執行の選挙会は、以下の手順で行われることになっていた。投票は、一日の午前七時から午後六時までの間に、原則として各市町村役場で、場合によっては各選挙区域内投票管理者の指定する場所において、部内の選挙人がこれを行う。[31] 二日は投票函を選挙会場となる郡役所に送附し、三日に同場所で選挙長（郡長）監督のもとで開票する。[32] 第六区においては、阿拝山田郡役所が開票場と決められた。第六区の投票場は全部で三九ケ所が設けられ、[33] このうち判明する阿拝・山田両郡部における投票場は、以下の二〇ケ所であった。[34]

阿拝郡上野町大字紺屋町正崇寺
同郡小田村大字木興《きこ》桶子神社々務所
同郡花乃木村大字大乃木集会場
同郡長田村大字長田西蓮寺
同郡島ケ原村西念寺
同郡三田村大字三田西盛寺
同郡新居村大字西村得楽寺
同郡府中村々役場
同郡中瀬村大字西明寺学校
同郡河合村大字馬場学校
同郡玉瀧村大字玉瀧学校
同郡鞆田村大字上友田学校
同郡西柘植村大字下柘植西光寺
同郡東柘植村大字上柘植学校

同郡壬生野村大字川東阿彌陀寺
同郡丸柱村（未定）
山田郡山田村大字平田明昌寺
同郡布引村大字広瀬広徳寺
同郡阿波村々役場
同郡友生村々役場

これら二〇ケ所のうち、原則通りに町村役場が投票場に当てられたのはわずか三ケ所に過ぎず、他は九ケ所が寺院、五ケ所が学校、あとは社務所と集会場が各一ケ所（未定一ケ所）という状況であった。投票場の管理者は町村長であって、投票場が役場以外の所へはかれらの方から投票場に出向いていった。役場以外での投票場で投票が終ったならば、町村長の管理下で投票函はすぐに各役場に送致された。

上野町正崇寺で行われた投票の例を挙げると、管理者は柴田町長で以下町役場書記五名がこれに従った。立会人は、立入奇一、広田源蔵、福田為吉、福田彦七、筒井喜一郎で、大体は立入派と福地派に属する人達である。警備のために上野警察署から巡査二名が派遣され、受付口と投票現場をそれぞれ守衛した。同町の有権者は八七名で、そのうち五名が疾病と事故等で棄権した。[35] 同所での候補者の獲得票につき「伊勢新聞」は、立入が五五、六票、福地が一五、六票、その他森川・町井等に一二票が投ぜられた、と予報した。[36] さらに同紙は、区内各所の投票状況から、二日の四時半頃までには予想得票数の大略を把握し、同時刻、特発電報として「立入奇一氏千三百票以上の多数を以って選挙せらるべき前兆明らかなり」と本社に打電した。[37] 有権者が少人数であれば、開票をまつもでもなく早々に投票状況は把握せられたものと思われる。

早い所では午後零時に全ての投票が終了した投票所もあり、遅い所でも午後六時には閉場したようである。翌二日の午前中には、区内三九ケ所の投票所よりいっせいに投票函が選挙開票場である阿拝山田郡役所に護送を完了した。護送に際しては、管理者及び一、二の立会人と警衛の巡査がこれに付き随った(38)。同日午後には選挙立会人（七名）の抽籤が行われ、三時頃にこれを終え、翌日の開票に備えた(39)。

この日の参会人の中には、各候補の熱烈な支持者が多くおり、たがいに激しい選挙戦を繰り広げたために、知己同士といえども敵視し合い、甚しいものは口もきかない有様であったという。現地の新聞記者は、選挙そのものについての競争は益少なくして害多く、むしろ不熱心の方がよいのではなかろうか、と伝えている(40)。

かくして七月三日、開票の日を迎えた。開票場となった阿拝山田郡役所での開票状況は、おおむね以下のごとくであった(41)。

選挙長は阿拝山田郡長八尾信夫がこれに任じ、書記には、同郡書記の小森顕次郎、大道寺慶之助、神田捨郎、高井性海ら四名が任命された。選挙場は郡役所の事務室全体がこれに当てられ、選挙長の両側に立会人と書記が向かい会って着席し、前面をすべて参会人の席とした。上野警察署の巡査数名が場内と昇降口・受付口等に配置されて警備の任に就き、玉置署長も時々臨監するという警戒ぶりであった。午前七時に開場し、前日に運び込まれた投票函の到着順により三九ケ町村の函が順次開かれていった（阿拝郡東柘植村104、同郡丸柱村25、同郡三田村36、伊賀郡古山村44、名張郡薦原村19、阿拝郡西柘植村133、山田郡阿波村59、同郡山田村191、同郡布引村17、阿拝郡長田村56、同郡島ケ原村65、伊賀郡猪田村109、同郡花垣村85、同郡神戸村92、同郡依那古村105、同郡比自岐村39、同郡上津村36、山田郡友生村88、阿拝郡花之木村51、同郡小田村81、同郡府中村121、同郡壬生野村99、伊賀郡阿保村45、同郡矢持村20、同郡種生村32、阿拝郡中瀬村82、同郡新居村57、名張郡錦生村49、同郡名張町44、同郡蔵持村33、同郡比奈知村43、同郡国津村35、同郡箕

曲村46、同郡瀧川村32、伊賀郡美濃波多村76、阿拝郡上野町89、同郡鞆田村121、同郡玉瀧村85、同郡川合村113の順番、町村名の下の数字は有権者数)。(42)

小森と大道寺の両書記が開票してこれを選挙長に交付し、選挙長はその投票を逐一検閲してこれを立会人に手渡す。立会人は選挙人と被選挙人の氏名を朗読し、高井書記がこれに基づき点数を筆記していった。最初に開かれた東柘植村のある選挙人は今井忠に投票したが、今井は被選挙人としての権利をもたなかったのでこの票は無効とされた。それ以後、順次開票されるに従い、一村もしくは数村あげて立入を選ぶものや、あるいは福地をあげるものがあり、徐々に両者の争いが熾烈であることが歴然としてきた。

参会する者の数は五六名をかぞえ、これらはおおむね両派の重立つ者で占められていたようで、かれらにより逐次獲得票数が筆記されていった。午後四時頃からはそれぞれの得点結果を自派の集合場所へ報告に走ったり、逆に集合場所から参会人へ問合せすることが頻々と行われるようになった。やがて開票総数が二〇〇〇票を越える頃には、勝敗の行方がほぼ決することが判明し、敗れた側の参会人の多くは退場していった。上野町の分を開く頃には日も落ち、最後の川合村の分を開き終了する前に、誤記入などでそれまで除けてあった分の再審査が行われた。立入奇一の奇字を「寄」と書いていたり、福地次郎を「次郎助」と記入するなどの類、数票分について裁決が行われ、いずれも異議なく有効とされた。この後川合村分の開票をもって全部が滞りなく完了した。時刻は八時十分。最後まで居残った参会人は二〇名ほどで、ほとんどが当選を決めた立入派の面々であったという。

さらにそれより選挙長は、選挙録の作成に取りかかり、作成後これを朗読して立会人とともに署名捺印し、九時頃に無事すべての業務を終えたのである。録せられた被選者の族籍・住所・氏名・得票数は、

阿拝郡上野町大字赤坂町　　士族　　立入奇一　　一二五〇票

同郡東柘植村大字上柘植	平民	福地次郎	一一六六票
伊賀郡花垣村大字市野	平民	中井寅次郎	五七票
名張郡箕曲村大字夏見	平民	深山聳嵋	二三票
（住所不明）	士族	町井　治	二票
同郡同村大字福居町	平民	森川六右衛門	二票
伊賀郡花垣村大字予野	平民	月生忠太	一票
阿拝郡上野町大字池町	士族	広瀬左久助	一票
津市大字玉置町		伊藤謙吉	一票
無効投票			八票

（合計　二五一一票）

であった[43]。伊勢新聞記者は選挙長の朗読を聞き選挙結果を確認すると、ただちに本社宛に特発の電報を打電し（午後八時五十五分）、その結果を伝えた[44]。

なお、各候補者は自分に投票することができないことになっていたので、各々、立入は町井に、町井と深山は福地に、中井は伊藤に票を投じ、福地は徴兵県参事員会に出席していて当日は不在のために棄権したという[45]。

有権者総数二六五八人に対して、九四・五パーセントの高い投票率を示した。

当選者は選挙則第六十条により、成川尚義知事から当選通知を受け、七月十三日までに当選承諾書を知事に提出する手筈であった[46]。かくして当選人確定の上は、知事は当選証書を各人に付与し、管内に告示して、併せて当選人の資格を録して内務大臣に具申するに及ぶのである。七月八日付三重県公報第八十五号をもって県は、全区の当選

人を管内に告示した。(47)

当選を果たした立入と、次点福地との得票差はわずかに八四票に過ぎなかった。他の選挙区では、第四区・五区では大差がついていたが、第一区では五二票差、第三区では四五票差であり（第二区は一七一票差）、第六区はこれらに次ぐ二勢力伯仲する激戦区であったといいうる。各区とも大方は自由党系と改進党系の争いという様相を呈したが、当選者の色分けを見てみると、双方相半ばしており、勝敗は痛み分けという結末であった。

自由主義者	愛国公党	栗原亮一	（第一区）
	大同団結	天春文衛	（第三区）
	同	伊藤謙吉	（第四区）
改進主義者	立憲改進党	尾崎行雄	（第五区）
	同	伊東祐賢	（第二区）
	同	立入奇一	（第六区）
無主義者	旧大同団結	北川矩一	（第五区）

（「伊勢新聞」明治二十三年七月五日付）

〈附　当選者立入奇一略伝〉

立入奇一は、弘化元年（一八四四）四月十一日に伊賀国阿拝郡上野町に生まれた。代々津藩士の家柄であって、奇一で七代をかぞえた。歴代にわたり北宗の画を学び、これを業とする狩野家流に名声ある家系で通っていたが、奇一もまた絵画に秀で、草木を実写する点に優れた才能を発揮した。その故をもって藩主に認められ、その傍に侍するところがあった。途中、主の命により南宗の画に転じ、江戸・京都の諸名家について蘊奥を極めた。その画才に関しては、旧津藩医師長良彦門宅に客として居候をしていた時に描いた百菊百禽の図の逸話が残されている。銀台の屛風に大着色を施した細密の画を奇一は三年を費してようやく落成したが、夏秋の交、飛び来った蜻蜓が屛風の籬菊に止まらんとして滑り落ち、何度かこころみては失敗し、ついには飛び去ったという。故に彦門はこれを蜻蜓の屛風と名づけ、奇一を近世画家の妙手と讃えた（以上は「立入奇一君実伝」「伊勢新聞」明治二十三年十一月二十三日付による）。明治二十三年七月衆議院議員選挙当選祝賀の席で、二〇〇名を越す来賓一同に対して国会議事堂を描いた扇子に揮毫を認め、これを配っている（「伊勢新聞」七月二十四日付）のも、この画才による。

さて奇一は、また、津の藩校で文学を会得するとともに、武芸を津藩武場にみがき、ことに柔術に長じた。旧藩においては制度掛の職に任じた。

明治八年九月、三重県庁に出仕し、十四等出仕を仰せつかり、租税課地租改正掛に補せられた。いったん職を辞したが、九年五月に再び元の官にもどった。同年十二月二十四日、県下を席巻した伊勢暴動の折、鎮撫掛の一員となり、本庁に在駐して主に文書・記録の編綴に当たった（三重県立図書館蔵『暴動日誌』や三重県庁蔵『三重県土寇一件書類』等に立入の名が多く見える。伊勢暴動については拙著『近代日本騒擾裁判史の研究』平成十年・多賀出版刊、を参照されたい）。

翌十年七月、十等属に補され、規則取調掛に任命されて諸規則の起草を主務とし、かたわら郡区改正の事務に従事した（以上は、前掲実伝、国立国会図書館蔵『三重県職員一覧表』明治八年九月、神宮文庫蔵『同上』明治九年五月、等による）。

明治十四年、官を辞し、山田郡選出の県会議員に補欠当選を果たし、以後も二回の選挙に当選して、二十三年三月まで県議の職に任じた（前掲『三重県史　資料編近代1政治・行政Ⅰ』・一一三〇頁）。常置委員となること前後三回におよび、そのほか徴兵参事員、所得税調査委員等を務めた。また、明治十九年三月一日、府県会規則について意見を建議した（同上・県史の巻頭写真参照）。県議在職十年の間、数十回におよぶ通常議会と臨時会に一度も欠席することがなかった。熱心かつ几帳面な政治家であったというべきであろう。

また在任中、『三重県沿革集覧』を著し、文才・学識のあるところを示した。

県庁に奉職する以前の明治五年三月から、県議を退く明治二十三年までの十有余年の間に、僧侶肉食妻帯解禁の建議をはじめ、郵便による金銭送付の件、華士族卒、家禄奉還石代の件、建言規則の件、民費制限の件、府県米倉保存の件、院省の属官と地方属官と交換奉仕の法を設ける件、地方官および区戸長の弊害を論ずる件、建言賞与規則設立の件、連合府県会開設の件、四日市築港の件、等々建言した意見書は実に一〇〇件以上の多数に上った。いずれも国家と国民の利害・休戚に関わる事案ばかりで、それらは中央政権といわず、地方政庁といわず、忌憚のない意見を建言したものであった（前掲実伝による。なお同上・県史の巻頭写真に明治七年六月「建白書」簿冊の表紙が挙がっている）。中でも特筆に値する一件は、明治九年に官を辞して東上し、直接主務省（大蔵省）に出向いて二十数篇の意見書を呈したことである。ことに地租改正のことは自らその任に当たって感ずるところが多かった故に、地租改正事務総裁に対して肝胆を吐露するに努めた。残念ながらこれらは所期の目的を達することはできず、しかる後そのまま東京浅草に流寓することになった。自炊してその日暮らしの苦難を味わったが、朋友知己はこの狂愚を笑い、誰一人顧みる者がなかった。この時の奇一の賦詠に次の二首がある。

言路纔開又俄閉　陰雲日掩掃難除　断然直向墨江擲　二十三篇建白書

欲採泥芹献玉墀　誰知高位不聴卑　何当用尽建言紙（特以竹葉紙作界紙残余今尚存焉）　民会他年興立時

そうしたある日、旧藩主藤堂老公が浅草寺参詣の折、奇一の寓居を訪ずれて身を犠牲にして国事に奔走する奇一に慰問の労をとったという。

実際、新聞原稿無税逓送のごときはかれの建議の採用によるものであった。その他奇一が地方公共のために尽力したことは一、二に止まらなかった。新聞雑誌の利益を世に知らしめるために孔嘉社を興したこと、興益義社を設立して郡内の公共事業を誘導したこと、上野町から島ケ原村の国界までの大和街道の改修のこと、郡立中学校の創立のこと、上野電信局設置のこと、上野商工会組織のこと、等々である。これらはすべて伊賀地方における緊急必需の事業であって、奇一は地方有志らとともに率先してこれらの発起者となり、寄附金を集め艱難を経てついに成功に導いたものであった。また明治二十年、伊東祐賢、森川六右衛門らとともに三重協同会を組織し、改進主義の運動に専念した。そして「勢海ノ燈」という雑誌を発刊して、人々に政治思想の発達を促した（以上は前掲実伝による）。

本論で述べたように第一回衆議院議員選挙に立候補し、自由党系大同派福地次郎と接戦を演じるも初当選した（当時四六歳）。さらに同二十五年二月の第二回総選挙にふたたび出馬し、再度福地と争い、当選した。しかし同二十七年三月の第三回選挙では気鋭の名張の自由党政治家深山聳峼（当時三六歳）の後塵を拝し、その一年後の明治二十八年二月五日に死去した。享年五一歳（前掲『日本政治史に残る三重県選出国会議員』・二七頁）。まだ働き盛りの惜しまれる死であった。性謹直にして私意を売らず、自ら有志に任じて国事に当たるを避けず、と評された（前掲実伝）。

五　むすびにかえて

最後に、立入勝利の因由については、かれが選挙活動に早くから着手し、機先を制する有利な点があったこと、ならびにその支持母体・選挙基盤が他に比べて強固であったこと等があげられるであろう。そのうえ、対抗馬の福地は、余りにもその出馬表明が遅きに失した。出後れた割には、福地の追い上げは見事であったというべきだが、選挙人の取りまとめや支持勢力の拡大・浸透に当たって準備不足の感は否めなかった。

しかし、かくはいうものの、最後まで予断を許さない接戦を挑まれた立入の側として見れば、突然出馬表明した実力派対抗馬に、正直、心胆寒からしめるものを感じ取ったに違いない。かれが次回以降の選挙に大いなる危機意識をもったとしても不思議ではなかろう。第二回総選挙において両者は、さらに僅差の大激戦を演じることになるが、それは福地派がいっそう団結のきずなをつよめ、周到に票の上積みを計ったからにほかならない。

選挙直後、「伊勢新聞」は「失敗を以て全勝の母たらしめよ」と題する読者の投稿を載せた。次の通り。(48)

彼の第六区の如きは自由主義者にして福地、中井、深山三氏に分裂し、二分三分四分せられて遂に敗衂を収めたるものなきに非らざるを覚ゆるのみならず、若し大同を取りて小異を棄て、見事公平廉潔なる運動を期せしならば、敗者或ハ全勝を取りたる事なしと言ふ可らざるものあり、…………。

第六区　総撰挙人二千六百五十八人

改進派	自由派
立入一、二五〇票	福地一、一六六票
	中井　五七

深山　　一二三

合計一、二五〇　　一、二四六

右表面に顕はす所に従つて之れを観察すると、第六区に於ては立入奇一氏改進党員を以て孤弱の地位を保ち、福地、中井、深山の三氏自由主義派を以て首尾相応じ首後或は相救ふの勢なき□□に非ず、而して立入氏伊州の泰山たらば福地氏亦人区の北斗たり、人物優劣なく貫目亦た甚だ均しくして、守る者却つて攻戦の勝を誇り、攻むる者遂に一聲の下に斃さるゝに至りし所以の者は何ぞや、立入氏孤弱なりと雖も、内人和を得て気脈外に通じ、福地氏衆を得たりと雖も一致内に全からずして気脈殆んど相通ぜざりしに依るなり、今人和内に調ひて気脈常に相貫通せば、福地氏等三氏相合するも少なくも立入氏等に降るも僅々四票に過ぎずして、一千二百四十六票を得るのみならず、時に或ハ改進党員を凌駕して凱歌を奏する事なしと言ふ可らざる者あり、間人が嚢きに寡は衆に譲つて党勢を助け、衆は寡を併せて益す党勢を張り、互に相提携して自党の必要に趣くは党略上の要訣なりと勧告せし所のもの、是に至りて全たく当事者の注意を喚起するに足らざりしを嘆ずるなり、

つまり右のいわんとするところは、次点者が善戦しても結局敗北にいたったのは、主義主張を同じくする者同士が並び立ち、票を分け合ったためである。もし大同をとり小異を捨てて協調して運動を展開したならば、敗者も勝機は十分見出せた筈だ。第六区で改進党は立入がただ一人立ち、一二五〇票を獲得したのに対して、自由派は三人も競って立候補し、合算すれば立入と殆ど変らない得票数となっている。候補を絞って一本化すれば、ことと次第によっては自由派は勝てたかもしれない、というのである。単に傍観者が結果論を述べただけのように映るけれども、かえって客観性のある合理的な見方をしているとも受け取れる。否、苦杯をなめた自由派の当事者達にとっては、右の評価は、まさしく至当というべきものであったろう。

ちなみに、この両派は選挙後に支援組織のいっそうの拡充を計っていくことになる。立入は当選後、祝賀会をたびたび開催し（七月二十日、同月二十三日、同月二十九日）、祝賀に事寄せてしきりに政治を論じ、支持者の拡張に努めて、八月二日には大々的な伊賀国有志大懇談会を開いている。これにもとづき支持母体となる「伊賀同友会」を組織した（十月八日発会式）。一方福地派の有志は、念入りな協議を重ねて（七月二十五日、八月一日）、福地の支援団体である「伊賀倶楽部」を組織した（九月一日創立大会）。そして多くは立憲自由党への正式加入を決めていった(49)。

以上、本章では、三重県第六選挙区である伊賀地方における第一回衆議院議員選挙の経過および具体的状況について、るる概述してきた。しかしこれを選挙の実態的解明とするには余りにも史料的追求の乏しい素描を行ったに過ぎず、ことに主たる史料を当時の新聞報道に求めざるをえなかったことは、残念というほかはない。今後、この拙論が当該主題の本格的研究に何ほどかの捨て石ともなれば、これに過ぎたる喜びはない。

注

（1）　有権者数は六区の選挙長が県に差出した人員名簿を「伊勢新聞」が明治二十三年五月九日付の紙上に掲載したものによる。また同紙により、伊賀地方の人口は、明治二十一年度の統計書によると一〇万四四六四人であり、これを二十三年五月時点に当てはめて有権者の割合を算出すると、二・五四パーセントである。第六区は全区の平均より有権者の割合が高かったということがいえよう。

（2）　西川氏の著作を挙げれば、三重県総合教育センター編『三重県教育史』第一巻（昭和五十五年）所収の第五章第一節「文明開化」の項、「三重県地方自由民権運動の研究（1）―志勢同盟会について―」『三重大学研究紀要教育学部』第三三巻社会科学（昭和五十七年）・四一頁以下、「三重県における初期民権派の結集過程」三重大学社会科学学会『法経論叢』第一巻第一号（昭和五十九年）・一二七頁以下、三重県編『三重県史　資料編近代1政治・行政Ⅰ』

(昭和六十二年）所収の「総合解説」、「一八八七～八九年の三重県地域自由民権結社」前掲『法経論叢』第三巻第二号（昭和六十一年）、「明治十三年三重県会事件と自由民権運動」『東海近代史研究』第一六号（平成六年）等々がある。

（3）本章では、「伊勢新聞」を多用するが、もともと新聞記事は史料的価値が劣るものである。しかし本章の主題のごとき全体の流れの大要を把握する時にはこれにまさる史料は、今のところ筆者には見出せない。また当紙は、明治二十六年十月から同二十九年一月までの間は自由党三重県支部の機関紙となり、論調が一党に片寄るので、この間の史料としての使い方には十分な注意を要するが、その前後における使用は、史料批判を考慮に入れれば、これを認めてもよいと思う（なお使用に際しては、旧字体や合せ字などは現在通用のものに改め、また必要に応じ句読点をつけた）。しかし将来的には、テーマに関連する原史料の発掘にいっそう努力すべきことはいうまでもない。私は最近、明和町史編さんの過程で、初期の頃の衆議院議員選挙で第四区から立候補した乾覚郎らが進めた政治結社「三郡同志倶楽部」の草案を見出したが（『ふるさとの年輪　明和町制四〇周年記念誌』平成十年・一二八頁以下、本書付章参照）、こうした史料の渉猟は、将来も怠るべきではなかろう。なお、「伊勢新聞」の原本は現在、所在先が不明であるので、三重県立図書館ないしは津市立図書館所蔵のマイクロフィルムによった。

（4）「伊勢新聞」明治二十三年六月十三日付。

（5）「同右」明治二十年五月二十一日付。

（6）「同右」明治二十年五月二十二日付。

（7）服部・福喜多・福地は阿拝郡、立入・大森は山田郡、中井は伊賀郡、両深山は名張郡のそれぞれ選出県会議員であった。

（8）「伊勢新聞」明治二十年十二月三日付。

（9）「同右」明治二十年十二月七日付。

（10）海野謙四郎所蔵『摘要録』（前掲『三重県史　資料編近代1政治・行政Ｉ』所収・八四一頁以下）。

（11）「伊勢新聞」明治二十年十二月十日付。

(12) 明治二十二年一月十日の三重協同会の総会に、立入・森川の他に福地・大森が出席しているので（「伊勢新聞」一月十二日付）、福地らも当初よりこの会に入会していたかもしれないが、福地と大森は前年の十二月結成の斯友会の発起人となっている。この点の詳しい状況についてはなお後の精査に委ねたい。
(13) 「伊勢新聞」明治二十一年十二月九日付。これによれば、斯友会発起の会合は十二月六日にもたれ、委員七名が選ばれた。伊賀の深山始三郎もその一人であった。
(14) 前掲『三重県教育史』・一一一九頁。
(15) 「伊勢新聞」明治二十一年十二月十四日付。
(16) 「同右」明治二十二年五月七日付。
(17) 「同右」明治二十二年七月十四日付。
(18) 前掲『三重県教育史』・一一一八頁以下。
(19)(20) 「伊勢新聞」明治二十二年七月十四日付。
(21) 「同右」明治二十二年一月十二日付。
(22) 「同右」明治二十二年七月十四日付。新聞では、「想ふに同会は会員各自の抱持する所の主義を叩けば、則ち或一小部分を除くの外は大概改進の説を称ぶるもの其多きを占むる事なれば、従来の会則のまゝにては大に運動上に不都合を来す事もなき能はずとの意見を以てしたる」と報道されている。
(23) 明治二十二・二十三両年に県下では、盛んに政談演説会が催され、都合約一〇〇〇回余りにおよんだというが（前掲『三重県史　資料編近代1政治・行政Ⅰ』・八六五頁）、伊賀地方における実際とその回数は、筆者未詳である。
(24) 前掲『三重県史　資料編近代1政治・行政Ⅰ』・八六五頁以下。ちなみに、その開会届および警察の許可状を挙げれば、以下の通り。

政談演説会開会御届

本月廿三日阿拝郡壬生野村大字川東百五拾六番地ニ於而政談演説会午後三時ヨリ相開キ申度候間、弁士・演題・事項書相添へ差出シ候間、御認可被成下度候也

但シ午後十一時ニ閉会ス

阿拝郡壬生野村大字川東

会主　沢　重治郎

明治廿二年十月廿日

上野警察署長

警部　玉置仙弥殿

（朱書）

「書面届出之趣認可候事

但シ書面一通ナルヲ以テ写ニ認テ指令ス

明治廿弐年十月廿一日　上野警察署印」

三重県伊賀国阿拝郡上野町大字赤坂

三拾九番屋敷

士族　書記　立入奇一

弘化元年四月生

演題

町村制度実施ノ後人民ノ心得ハ如何

大要

町村制実施ノ後ハ尚浅シト雖モ自治ノ妙味ヲ嘗メルヤ否ノ□モ旧町村制ニ比シテ人民ノ自由ハ如何ナルヲ述、将来ハ町村制ニ対シ実施上人民ニ於而深ク注意スル必要ヲ論ス

（以下省略）

（25）「伊勢新聞」明治二十二年十一月二十九日付。

（26）「同右」明治二十二年十二月三日付。

(27)「同右」明治二十三年六月四日付。
(28)「同右」明治二十三年六月二十二日付附録。
(29)(30)「同右」明治二十三年六月二十九日付。
(31) 投票日は、南北牟婁両郡は一日ではなく、地理上の事情により、例外が認められ、南は六月二十八日、北は六月二十九日にそれぞれ行われることになった（「伊勢新聞」六月二十四日付）。
　また選挙人への注意として、決められた刻限内に必ず投票権を行使すること、あらかじめ投票管理者から配布された入場券を携帯し、自ら投票場に来て投票を行うこと、その場で投票管理者たる区長または町村長より交付される投票用紙の欄内に被選人の氏名と選挙人自らの住所・氏名を記入し捺印すること。投票用紙に他の文字を書き入れた場合は無効であるとし、但し被選人氏名を間違えないようにするため、その官位職業身分住所を付記することはかまわない。交付された用紙以外を用いた場合、その投票は無効とされる。議員二名を選挙する場合は被選人二名を一投票用紙に連記する（三重県では第五区がこれに該当した）こと。投票用紙が汚れたり毀損したときは用紙の交換を請求できること。資格のない被選人氏名を記入したもの等は無効とする。但し仮名文字を用いたり、誤字であっても明らかに氏名が認知できるものは有効とすること。選挙人が文字を書けないときは管理者に申し立て、代書吏員に代書を求めることができる、等々のことが告知されていた（「伊勢新聞」明治二十三年六月二十九日付）。
(32)「伊勢新聞」明治二十三年六月二十七日付。
(33)「同右」明治二十三年七月四日付。
(34)「同右」明治二十三年六月二十七日付。
(35)(36)(37)「同右」明治二十三年七月三日付。
(38) 立会人の心得として、第一区選挙場には、「参会立会人心得　第一条　選挙会参会立会人は選挙会当日午前六時三十分迄に参集し、名刺を受付掛に差出すべし　第二条　選挙委員の定員を七名とす　第三条　選挙委員の抽籤は書記の呼出し順序（各投票区投票函到着の順序に従ふ）により選挙長の面前でこれを行い、選挙委員の四字を記したる籤札を抽きたるものを当籤とす　第四条　選挙委員定まりたるときは直に各自保管の鑰を引継くへし　第五条　前条引継を了りたるときは直に退場することを得　但し引続き参観するは各自の随意たるへし」(「伊勢新聞」明治二十三年七月三日付)という五ヶ条のきまりが示されたが、これと同様のものは第六区でも適用されたに違いない。
(39)(40)「伊勢新聞」明治二十三年七月四日付。
(41)「同右」明治二十三年七月六日付。
(42)この有権者数については、広新二『日本政治史に残る三重県選出国会議員』(昭和六十年)・二二頁以下によったが、典拠は明記されていない。前述の上野町の八七名とここでの八九名では人数に二名の誤差があるが、しばらくこのまとしたい。なお広氏の書には村名に誤記が見られる点注意を要する。
(43)七月六日付の「伊勢新聞」の記事では、立入と福地の得票数をそれぞれ一二五一票、〇六六票と誤り、しかも町井治の名を脱落している。
(44)「伊勢新聞」明治二十三年七月四日付。
(45)「同右」明治二十三年七月十日付。
(46)「同右」明治二十三年七月五日付。
(47)「同右」明治二十三年七月九日付。
(48)「同右」明治二十三年七月八日付。
(49)「同右」明治二十三年十月十九日付。

第六章　鈴亀地方（第二選挙区）における第一回衆議院議員選挙と当選者伊東祐賢

一　はじめに

本章は、前章に引き続き明治二十三年（一八九〇）七月一日に行われた第一回衆議院議員選挙[1]の三重県における選挙区別の実態を明らかにしようとするものである。

この章では、この当時もっとも激しい選挙戦が繰り広げられた第二選挙区（河曲郡・奄芸郡・鈴鹿郡・三重郡からなる）の様子を、当選した伊東祐賢（当時五四歳）に焦点を絞りながら、選挙がどのように行われ、なぜ伊東が選ばれたのかを前章と同様に新聞報道を主なよりどころとして概略を追究してみたいと思う。

第二区の候補者は、他区ではおおむね一〇名前後であったのに比べて二〇数名をかぞえ、乱立の様相を呈し、選挙結果が判明したのも他より遅かった。また他区ではおおむね上位二名に票が集中したが、この区では六名に分散している。その中には県会議員や官吏もおればジャーナリストや僧侶もいるなど立候補者は多様をきわめた。これをもってしても、第二区での選挙戦がいかに過熱していたか、またいかに接戦であったかが知られよう。殊に伊東は、次点の長井氏克（当時三八歳）とは激しい戦いを繰り広げ、予選会では常に長井に一位をゆずるという有様であった。したがって、まず、次節においては選挙までの伊東と長井との因縁浅からぬ政治的な主導権争いに焦点をあてて論じることにしたい。

二　選挙前年までの潮流

伊東の対抗馬となった長井氏克は伊東よりも一六歳ほど年が若かったが、政治活動の開始は伊東よりもかなり早かったと思われる。両者はともに旧津藩士であって、藤堂家の禄を食んだ身であるが、家中にあったころの間柄については判然としない。資料的な限界はあるが、長井が政治活動の方面で顔を表すのは明治十一年十二月八日、おそらくは県下で初めてとなる大衆演説会に登場したときではないかと考えられる。(2) このときは演説予定者の中に入っていたが、前の者の演説が長引いたために、ついに登壇することはなかった。(3) この直後に県庁では、演説会に規制を加えようと届出規則を布達した。(4) 実はこの当時伊東は県庁の第四課に配属されており、明治十二年二月五日に初代の三重・朝明郡長となるまでは演説会などを取り締まる側の警部に任じていた。

三重県下では、政治活動は他府県に比べて下火であると従来いわれてきたが、中央での国会開設期成同盟の結成（明治十三年三月）に大きな刺激を受けて、次第に民権運動が浸透するようになってきた。それに促されるかのように第一回有志連合会が十三年七月十五日に開催され、県会議員を主たるメンバーとする有力者七〇数名が集まった。(5) そのなかに長井氏克（安濃郡選出）をはじめ、北川矩一（度会郡選出）、木村誓太郎（員弁郡選出）、角利助（答志郡選出）など後に衆議院議員となる顔触れがそろっていた。また貴族院議員となる林宗右衛門（奄芸郡選出）も出席していた。この会合では、参加者各自の思惑が多様であったために、あまり政治向きのことは取り決められなかったようであるが、ともかくこのような集まりが持たれたということ自体が特筆に値することであり、注目の長井がここに見出される点に、まず留意する必要がある。

明治十五年五月辺りより、県会議員有志らによる政社結成の動きが盛んとなり、十一月五日にいたってようやくそれが三重改進党となって現れる。[6] そしてその幹事として長井と木村（前出）が選出される。[7] 先の有志連合会からの流れのひとつの帰着点と考えられるが、この五二名のメンバーはいずれも県会議員であり、その中には後に自由党に加わる福地次郎（阿拝郡選出）や乾覚郎（多気郡選出）も含まれている。[8] いずれにしても長井は三〇歳にして早くも同党の幹部として頭角を現していることが分かる。

明治十六年六月の地方巡察使関口隆吉の視察報告によれば、当時の三重県に存在する結社として三重改進党、北勢起世党、利民党、東海立憲党の四つが挙げられており、いずれも「現今社会に影響を及ぼす勢力なし」と記されている。なお四党のうち、前三者は自由改進主義、後者は漸進主義をそれぞれ主唱すると報告されている。ちなみに東海立憲党はのち第二区から出馬する桑名の岡本武雄が組織するが、かれは東京日々新聞記者であり帝政党員でもあった。この報告でもこの点をつかんでおり、「実は帝政党の主義をとる」と伝えている。岡本はやがて選挙戦において伊東や長井にとって脅威となる。[9]

さて、伊東祐賢は明治十七年四月二日に安濃郡長に転じ、同年九月二十六日再び三重・朝明郡長となったが一ヶ月足らずで免官となった（十月二十一日）。[10] そして明治十八年十月安濃郡選出の県会議員となり、十二月には県会副議長として明治二十二年十一月までその任に就くことになる。伊東はここでようやくにして、政治家として満を持しての登場となる。一方の長井は明治十五年三月の県会議員当選後途中で辞職し津市市議会に移り、議長の任についている。[11]

明治二十年五月十九日、第一回の三重県有志懇親会が開催された。発起人として伊東・北川のほか海野謙次郎（安濃郡選出）、紀平雅次郎（安濃郡選出）、梠村保寿（桑名郡選出）の五名が選ばれ、これに長井を加えた都合六名が開会の幹事に推薦された。[12]出席者は六二名であったと「伊勢新聞」は伝えている。[13]長井は県会議員OBであったが、他はほとんどが現職の県会議員であった。伊東と長井はこの時点では同会のリーダー役として同席することになったのである。

第二回三重県有志懇親会は明治二十年十二月二日に開かれ、幹事総代となった伊東が開会の趣旨を述べ、十月ごろから始まった中央での大同団結運動を視察する委員を選ぶこととなった。そして長井、伊東のほか、北川、角、立入奇一（山田郡選出）の五名を選出した。[14]ここで伊東と長井は同じ政治的土俵の上に立ったかに見えたが、六日に開かれた継続会において、両者のあいだに立場の相違が現れたのである。上記五名の委員の中から懇親会の会頭を互選で選ぼうとしたところ伊東と長井は同数となった。おそらくは伊東が年長ということによるものであろうか会長となり、議案を提出することになった。だが、大同団結運動への関わり方など会の目的を巡っての対立が顕著となり、多数派と少数派に分断される結果となった。すなわち、情況視察する委員を上京させる立場を主張する長井・北川等と、通信部を東京に開設せんと主唱する伊東・立入等の考え方が出て、議案は二つに割れたのである。両案は各々が会員に報告することになったが、長井らの説には四九名が賛意を示し、伊東らの案には九名が同意する結果となった。多数を占めた長井・北川らは来る九日に同意者を集めて、改めて議事を開く旨を報告。[15]いよいよ政治的主導権の争いはここに鮮明となる兆しが見えてきたのである。

右の結果にもとづいて、大同団結運動に積極的な立場を明らかにした長井・北川等のいわゆる多数派は、十二月九日に津市の大観亭に集合し、三重同志会を結成した。幹事に長井・北川・海野・椙本・角の五名を決め、規則を定めた。[16]同会は三大事件建白運動の開始を決定し、建白書の起草、署名の開始等活発な活動を展開し、翌年三月ごろには会員数二〇〇余名に達するという盛況振りであった。[17]

他方、伊東・立入等の少数派となった者達は別に会合をもち、独自の組織を編成することになった。まずそのための準備として、十二月八日に相談会を開催、伊東と大西重寛を通信担当員に定めて伊勢・伊賀両国の同志相互の意見を通信往復し、時宜によっては東京へも委員を派遣することを決めた。また上記の二名を規約委員に嘱託し、再度の集会をもつことを評決した(18)。かくして翌二十一年春までに三重協同会が結成された模様であり、その総会が二十一年十一月十九日に津市松矩楼で開かれ、伊東・木村・大西・立入等四〇名計りが集合した(19)。

このように三重県では、ほぼ同時期に政治的な意図を明確に持った二つの会派が誕生し、ともに活動を活発化させていくようになる。衆議院議員選挙を争うことになる伊東と長井との政治的立場の相違はここにきわめて明らかとなり、この対立が、基本的には二十三年七月一日の総選挙まで引きずることになると考えられる。

さて、三重同志会は二十一年十一月二十九日に秋季大会を開き、九〇名余りが参席して役員増や各郡支部の設置等組織の拡充・大衆化を目指して新しい会則を決めた。そこでは対立する協同会との合併についても審議が行われた模様である。長井が幹事総代となり、事業の決算報告の任に当たった。幹事改選があり、長井のほかに北川・海野・角・小河義郎（三重郡選出県会議員）が選ばれた(20)。小河はこの後総選挙に出馬することになる人物である。

ところがこの数日後、同志会に異変が起こり、協同会との再統一を期待する県会議員達が同志会を脱会するという騒ぎが持ち上がった。長井と北川はこれを何とか穏便に収束させようと周旋したが脱会メンバーはついに別組織の結成へと走ったのである(21)。

県会議員らの主導で大同団結派と非大同派を超えて三重県下の勢力の統一を図ろうとした者達は、明治二十一年十二月六日、三重同志会を脱会し、三重協同会を抜けた者達と斯友会を結成した。その委員には、木村、天春文衛（朝明郡選出）、深山始三郎（名張郡選出）、信藤勘十郎（一志郡選出）、乾覚郎（多気郡選出）、竹原撲一（南牟婁郡選出)、田端清七郎（奄芸郡選出）等が選ばれた。[22]かくして三重県の政治的党派は三つの団体に分裂することとなったのである。伊東と長井はそれぞれ同志会と協同会に属したままであって、斯友会へは加わらなかった。しかしその後、長井は大同団結の必要性を感じ、積極的な働きかけのあった栗原亮一の仲裁を受け入れ、次の年の二月に総会を開いて同志会と斯友会との合併を承諾するにいたった。[23]

三重協同会では、明治二十二年一月十日の総会において三団体の合併を協議したが、福地・大森が賛成したのに対して、立入・森川六右衛門（阿拝郡選出）が異を唱え、決着がつかず散会した。[24]このときの協同会における伊東の立場については定かではない。しかし、伝えられるところの伊東の和平を求める温厚な性格からして、かれはそう長くは協同会には踏みとどまっていなかったのではないかと思う。事実、その後の協同会の会合でもかれの名は一度も挙がってはこない。そうした時機に際して津市の市制が県下で初めて施行されることとなり（告示では明治二十二年二月二日と指定される）[25]、五月二日、津市会で市長候補者の選挙が行われ、伊東は最高得点を得、[26]ほかの二名とともに市会議長を務める長井によって内務大臣に上奏された結果、五月十三日初代の津市長に任命された。

さて、斯友会においては三月二十日に開催された総会で「非政党の原則」が決定され、同志会との合流を拒まず、との態度を決めた。役員の選挙は合流の後で行い、一層の会員募集や上京委員選定のこと等も決議したのである。[27]二月の総会で斯友会との合併賛成を打ち出した同志会は、この年五月五日に臨時総会を開催して、斯友会への合流を前提に解散を決定した。[28]

かくして明治二十二年の前半には、大同団結運動はことのほかに高揚し、三重県下の運動もこれに呼応した。斯友会会員は大同倶楽部への加入を認められ、大同団結運動に急接近することとなった。こうした情勢に連鎖して、七月一日、解散した旧同志会会員達は大挙して斯友会に入会し、この日の総会で役員の拡充と組織の大衆化を決議した。[29] 七月十二日の第二回総会では、いまだ加入していなかった長井や北川、海野、伊藤謙吉（第四選挙区から衆議院議員に当選）等が同会に入会した。従来の幹事二名、評議員七名に加えて幹事一名、評議員八名が選挙されたが、このとき長井は幹事となった。[30]

斯友会の中の大同派の面々は、改正条約反対を主張する演説会を九月八日から十二日の間に、一志郡小川村、伊賀上野町、石薬師、菰野村で開くこととした。[31] 長井は竹井駒郎、内多正雄、笹尾新吾らと上野町（旭座）に赴き、「条約改正」の題で、約千名の聴衆を前に熱弁したという。[32] 同地では十日に長井らのために旧同志会員達が懇親会を催したが、同じ日、条約賛成派の三重協同会の例会が開かれ、二十五日東京開催の改進党の集会に立入らを送ることを協議すると共に、来町中の長井らの件についても話し合われた。[33] 協同会としては、本拠地の上野に長井らが乗り込んできたことに対してつよい危機感と対抗心があったに違いない。

なお、斯友会事務所は十月十六日ごろ、それまでの津市中ノ番町から東町一番地に並設の興民社と共に移転した。[34] ところが、この斯友会においてふたたび変動が生じ、会員の中には会を政治結社として性格付けようとする派が多くを占めるようになり、十一月二十六日の総会では別組織である三重倶楽部を立ち上げることになった。このなかには、長井、北川、天春、海野、伊藤等一七名がおり、創立委員に長井、海野、伊藤の三名が選ばれた。明治二十三年一月を期して津市において総集会を開くことを決めたのである。[35]

その結果斯友会のなかの非政社派は少数派に転落したが、十一月三十日には「政党以外に立つ」ことを改正した会則第一条でうたい、会の存続を図った。この非政社派の役員中にも長井と海野の名が見られ、[36] この両名は別組織となる三重倶楽部の役員をも兼ねており、会の性格付けに不明瞭な部分があるようにも見受けられる。これ以上の分裂状況を望まない長井等の特有の政治的バランス感覚が働いたものとも受け取れるが、これに関する詳しい経緯は分からない。

他方、伊東祐賢は十一月十三日病気を理由に市長辞表を出し（十一月二十六日付「伊勢新聞」）、また十一月二十四日開会の三重協同会総会においても幹事を辞することが認められた。[37] 政治に積極的な長井と政界から身を引いたかに見える伊東と、両者の動きは外見上対象的に見てとれる。

三　選挙直前の模様と選挙会

明治二十三年一月二十六日、衆議院議員選挙人名簿調整期まで二ケ月を切った時点で、三重県では選挙区を六つに分け、選挙長選任において、第一区は津市市長、第二区は酒井郡長、第三区は山本郡長、第四区は鈴木郡長、第五区は満岡郡長、第六区は八尾郡長がそれぞれ任命された。

長井・北川らの三重倶楽部は、二月八日津市堀川町三番地の倶楽部事務所に会合をもち、末広重恭か大江卓（大同倶楽部）かを中央から招き大演説会を近く開催するとの議を決し、[38] 結局大江が二十三日に来県。桑名を皮切りに、二十八日までの六日間に八ケ所で演説を敢行した。[39] 演題は「大同論」と「財政を整理し民力を休養する手段の一班」の二題であった。

なお三月七日には安濃郡県会議員選挙選挙会が開かれ、伊東祐賢は七番目の得票数で一位までの当選圏内に入れず落選した。[40]

三月十一日には自由民権運動の激しさに、政府が選挙についての集会と投票ならびに開票場の取り締まりの強化を打ち出した。六月中旬までに議員規約や選挙用紙並びに投票箱など細かい規定が決定した。この時、選挙用紙は各郡役所が統轄し、投票箱は各町村役場が統轄した。六月二十日、内務省から各県知事にあてて選挙の手続きが正確に行われるようにとの訓令が出された。これは、各選挙区の候補者と選挙長を務める各郡の郡長とは繋がりがあり、それによる不正等が起こることが十分予想されたからである。また、この頃には各選挙区で有志による予選会が開催され、それぞれの選挙区から出される候補者に対して熱い論争が数々繰り広げられた。

第二区で六月中旬に行われた予選会の一部の模様を「伊勢新聞」は大略次のように伝えている。(41) 当日予選会に現れたのは、三重有志会、鈴鹿郡倶楽部、安芸郡共同会、河曲郡共同会の委員で、県会議員・村長・有志・選挙人の七〇有余名であった。これらの委員は六月八日に各郡各町村役場等において選挙人の候補者三名を選定し、予選会に来会した。三重郡の幹事木村周太郎が議長となり会は進行したが紛糾し、弁論攻撃などにより会場は崩れ、議論のできる状態になくなるまでにおちいった。そのため一時休憩をして、その間に調和を試み円滑に予選会を進行させていこうとしたが、その場の空気はよりいっそう険悪になり、午後八時二〇分ごろ中止を決め解散となった。この選挙区はもともと県下六区中最も競争率が激しく、このようなことは別に珍しいことではない、と記している。

各選挙区では六月中旬までには候補者を決めた。その後、各候補者は自分の選挙区以外でも演説会等の選挙活動を繰り広げた。それにともない民衆の関心も次第に高まりを見せ、「伊勢新聞」は各地の選挙戦が激しくなることを予想した。六月二十九日の「伊勢新聞」によれば、第一区から第三区までの議員の当選者を、内々に賭けをしている者がいると報じた。その金銭も当時のお金で一〇〇〇円位に昇り、警察が嗅ぎつける前に廃止するべきだと主張した。

七月一日に投票が行われ、三日に開票作業が行われた。午前六時に選挙長及び立会人が出頭し、第一投票開札委員を選定した。

第二区では七月一日の夕方に投票が終わり、三日の午前六時に選挙会場である三重朝明郡役所において、午前七時三〇分から立会人のもとで開票にむかった。その結果が最終的に出るのに午後八時から九時ごろまでかかった。伊東祐賢は午前中の開票経過では、長井氏克の二四七票に対して三二票差の二一五票で負けていた[42]。しかし、この時は四分の一を開票しただけであった。午後になって全体の七割（一七〇〇票余り）が開票され、伊東は長井の六〇六票に対して七七一票と逆転し、その差は一六五票と開いた[43]。その翌日の七月五日において「伊勢新聞」は、伊東祐賢が一一一六票を獲得し、次点の長井氏克の九四五票を一七〇票余も上回ったことを報じた[44]。同紙はこの結果について、「伊東氏の如きは夫れ或ひは之れに次がんと言ひし所のもの、却つて卒然其最多数者となりしを見るなり」と述べ[45]、伊東の逆転勝利が見込みと違ったことに多少驚いた様子である。なおこの区の棄権者は二五八名であった[46]。その後、三重県知事の成川尚義氏によって県下六つの選挙区の当選者七氏に当選の通知が渡され、当選者は十三日までに知事に当選の承諾を意思表示し、知事は当選者確定の上、当選証書を添え、管内に報告し併せて当選者の資格を録して内務大臣に報告した。

四　選挙の勝因

三重県第二区の選挙結果は、投票総数四二三七票（投票率92・8％）のうち、伊東祐賢は一一一六票で、次点者長井氏克（津市長）は九四五票を獲得し、それ以下主だった者を挙げれば林道永（僧）は六三三票、今井実然（僧）は六二三票、岡本武雄（新聞記者）は三九六票、小河義郎（県会議員）は二一二票、浦田長民（県会議員）は一九六票、その他であった。この結果を見て伊東の勝因を考えると、かれは一般の人々に人気があったということが先ず考えられる。衆議院議員選挙に当選した後の新聞の紹介欄によると、伊東という人物について、「性質温厚にして君子の風あり。常に漸進の説を持し。国家に□す。嗚呼爵位元より貴重ならざるにあらず。然れども之を輿論の推撰に応じ。光誉ある衆議院議員の策位に上るに熟れうや。」と評している。[47]伊東がいかに人気・人望があったかということが分かる。また、市制実施で安濃郡から津市へ移り市長として伊東が選ばれたときも、周りから望まれて市長になったことが何よりもこのことを示していよう。

また前にも述べたように伊東は地域に強い影響力をもっていた。かれは、かつて藩主の近習役という役職に就いていた。この役職に就いたことによって藩主の藤堂家とのつながりが深く、藩治の要務を何度か行ってきた。伊東は三重県の有志の一員として確かな評価を得、第一回三重県有志懇親会（明治二十年五月）の主な呼び掛け人である五名（伊東のほかに、北川矩一・海野健次郎・紀平雅次郎・栂村保寿）のなかに名を連ねた。この有志懇親会の一つの目的は、県内の有力者間の連絡を密にして、情報交換をする場とすることであったが、全国的な大同団結運動とも関係があった。この懇親会により、伊東は他の有志の者との関係を密にし、様々な考えを身につけたに違いない。そのなかで、第六区の当選者である立入奇一との政治的思想的出会いがあった。伊東と立入は第二回三重県有志懇親会において、大同団結運動の関わりから積極的な多数派である長井氏克や北川矩一と対立が生まれた。消極的少数派の中心となった両氏は有志者数名と三重協同会を結成した。この三重協同会の中心となっている人物のほとんどが後の立憲改進党系であった。このつながりが、伊東にとってその後の人生を左右するものであり、立憲改進党系の方向に進むのに大きな影響をもたらした。つまり、次点の長井氏克との票差である一七一票を見る限り、伊東が改進主義者でなかったら、たとえ伊東が昔からの名望家であったとしても当選は難しかったのではなかろうか。

しかし、一番の勝因は伊東が一般大衆のために尽力したことである。郡長・県会議員・県会副議長を経験したかれは、国家は大衆なしでは成り立っていかず、改革をするにしてもその国家の中心である国民を無視することはできず、大衆にスピードをあわせていかなければならない、と悟ったにちがいない。それに加えて、伊東は関西鉄道の設立に尽力し、それによりそれ相応の地位を手に入れたが、周りから市長になることを望まれていると知れば、直ちにその地位を辞して市長に転進した。この機を見て敏なる行動も人々に受け入れられた原因であろう。

総選挙の結果、全国的にみて、民党のなかでも自由党は結果的に一三〇議席を獲得したのに対して、立憲改進党は四一議席だけであり、両者には三倍近くもの開きがあった。全国的には自由党の勢いが強く、立憲改進党はそれに押されていたということである。そのなかで、三重県では自由党系と立憲改進党系の色分けが均等という結果になり、三重県第二区に限定して見てみると、立憲改進党系の伊東が接戦を制したいうことは、やはり、そこには伊東の人柄を慕う有権者と、伊東が数々の役職に就いたことによって生まれた政治的な環境とがうまくかみ合って有利な状況が形成されていたということができよう。

五　当選者伊東祐賢

伊東祐賢は、天保七年（一八三六）六月二十六日に津西堀端で生まれた。父は祐尚といい、藤堂藩の要職にあった人である。祐賢は斎藤拙堂や土井聱牙に師事して漢籍を学び、一六歳にして藩主の近習となった。戊辰の役に出陣し、中隊長となる。のち津藩大属に任ぜられた。廃藩後三重県に出仕し三重県警部に累進した。明治十二年、郡区制度により三重・朝明郡長になる。五年後辞すもやがて安濃郡長に任ぜられ奏任に進んで従七位に叙せられた（以上は「伊勢新聞」明治二十三年八月十日付）。明治十八年に県会議員・同副議長になった。その時、常置委員に推薦され、常に中正の説を持していた。また、関西鉄道会社の創立に尽力し、市政実施により津市市長になり、明治二十二年十一月十三日に病を理由に辞表を提出し、翌年一月三日内務大臣（山県有朋）より許可され[48]市長を辞職した。この後、第一回衆議院議員選挙に立候補するまでの間、三重県の有志らと三重県有志懇親会を設立して他の有志らとの繋がりを強めた。前述したように伊東は立入奇一と知り合い三重協同会を設立、これに所属し、改進党系の考えを広めるのに尽力した。その後、伊東は衆議院議員選挙の候補として当選をはたし、第二回総選挙でも当選している。しかし、第一回選挙の時、「伊勢新聞」は来る選挙について、第二区は第六区の選挙人の人口に比べて約四倍多く、それに伴って候補者も多くなり、混乱が予想されるが、長井氏克が当選すると予想した。(49)第一回総選挙に当選した際、伊東は、杉浦重剛ら衆議院議員によって「中正不偏」をかかげ、「憲法政治の大成」を目的としてつくられた吏党である大成会に所属したが、この会派は第一議会後に、改進党系や自由党系の民党側と政府支持勢力の吏党側への専属両属をめぐって内紛がおこり、吏党側である大成会、民党である巴倶楽部、中立の立場である独立倶楽部の三つに分裂し、第二議会の後に解散してしまう。そして、当時の帝国議会は、吏党および自由党系と改進党系の争いであり自由党は自由民権運動の中核的政党であったために、旧大成会員は自由党派につく者が出たが、また反対の立場である吏党につく者も現れた。

しかし、伊東は大成会が内紛したときに、分裂してできた独立倶楽部に所属していた。この中立の立場をとっていた独立倶楽部が帝国議会の第三議会では民党の立場をとるようになり、後に自由党と並ぶ明治時代の有力政党となり、さらに自由党と同じく民権運動の中心的政党である立憲改進党へと移行していったのである。

それではなぜ伊東は同じ民党であり、自由民権運動を行っていた自由党系には行かずに、立憲改進党系に移っていったのか。その理由としては、立憲改進党の党員が教師や新聞記者など、一般大衆との距離が極力近い存在にある者達が集まっていたことが考えられる。安濃郡長や県会議員を経験して、少しでもそうした民衆の近くで生活をし、民衆のための政治をしていた伊東自身は、自由党のような士族・地主層の力が強く、いままで民衆を支配していた側からの改革には考えがあわなかったのではなかろうか。また、立憲改進党は、最大目的として革命を否定し、イギリス流の立憲君主制と議会政治の確立を目指していた。このことから、フランス革命により王制を廃止し、一気に革命の波に乗ったフランスよりも、市民革命後も王を擁立し、漸進的に改革を進めていったイギリスの保守的な考えの中に、伊東の目指した政治理念があったように思われるのである。自由という名の基に権利を保障し、いっきに社会を改革していくというフランス流の急進的な自由党系の考えでは、民衆は混乱するだけである。徐々に人々の自由のために改革を浸透させていくという考えの中に、長年民衆の近くで行政を行ってきた伊東の想いがあった。つまり、真の改革は、国民が戸惑っている間に急いで何が何でも行なうのではなく、国民が一つの変化に慣れるまで待ちながらゆっくりと行っていかなければならないという政治思想を選んだのであった。

また、敗れたりとはいえ、長井氏克も伊東に比べて全く遜色のない候補者であった。明治二十三年三月八日付の「伊勢新聞」によると、伊東祐賢が病のために津市市長を辞職したときに、次の市長に長井氏克が任命された。長井は当時すでに国会議員となるべき人材であると嘱望されていたが、一地方自治体の市長職を受け入れたことについて「伊勢新聞」は、大要次のような社説を載せた。地方有志者が国会の代議士候補者になることに熱心になることは良い事だが、これが熱心過ぎて自分のところの市町村職員のことを放棄してはいけない。市町村職員の貴重さは国会議員とたいして変わらない。地方自治は本であり、国会政治は末である。自治制は母であり、立憲制は子である。また、国家大政の改良をしたいならば、まずは身近な市町村から始めるべきである、と。いつの時代もそうだが、当時も私利私欲に走る者が多かった。だが、ここで大事なのは各市町村を大切にすべきということであり、改革はまず市町村から始めるべきだという点である。これから初めての衆議院議員選挙が行われる世において、この社説の言葉は地方自治の確立を目指す立憲改進党系の考えとなんら変わらない。長井は改進党とは対局にある自由党系の政党に所属していたが、市長としての考え方に政党の発想を持ち込むことをよしとはしなかったのではなかろうか。あるいは前市長であった伊東の施政方針を継承するという意味があったのかもしれない。

ところで伊東祐賢は、三重県の各地で行われてきた選挙の予選会も終わりを迎え、候補者を発表する日の間近になって、第一区のみならず第二区にも候補として名前が挙がった。第一区では予選会の時点で、自由主義者の栗原亮一が当選するような雰囲気になっており、それに対抗するために第一区では伊東と同じ『中正不偏』の立場にある牛場卓蔵に白羽の矢があたった。この第一区の予選会の動きにより、伊東と同じく第一区からも立とうとしていた長井氏克もここでの立候補を辞退し、第二区で立候補することとなったのである。

「伊勢新聞」は、第一区ではこの栗原と牛場の戦いになるだろうと予想した。結果はわずか四八票差で栗原が牛場を破って当選したが、伊東の獲得票数は二票に過ぎなかった。また第二区の予想では、長井氏克と岡本武雄の戦いになり、長井が当選するだろうと報じ、そこには伊東の名はなかった。津市を中心とする第一区は、農民や商業資産家などが多く、また士族も数多く住んでいた。これらの人々は多くは自由党を支持していた。それに比べて第二区は、かつて伊東が郡長を務めていた安濃、朝明、三重の各郡が選挙区の中心を占めていた。それらの郡長をかれが務めたということが、第二区の郡内各町村に依然として多大な影響力を残していたのであろう。

六　その後の伊東祐賢

伊東祐賢の求めた中正の精神や立憲改進党系の考えも、第二回までの衆議院議員選挙までであり、その後日本が清国との戦争を前に国家は一丸となり、伊東のいう考えは通用しなくなった。なぜなら第二議会では総議席数二九八の内、民党一五三議席（自由党九二・立憲改進党四四・巴倶楽部一七）であり、第三議会では総議席数三〇〇中、民党一六三議席（自由党九四・立憲改進党三八・独立倶楽部三一）であり、民党の方が全体の議員数の半分以上であっても、その内の半分以上が自由党であり、急進主義が浸透していった。そのなかで、伊東は第二回衆議院選挙（明治二十五年二月二十五日）では、政府の厳しい選挙干渉にもめげずに三〇三五票を獲得し、次点の六六三票を獲得した小河義郎（実業倶楽部）に二三六二票という大差で圧勝した。しかし第三回衆議院議員選挙（明治二十七年三月一日）では、二一五三票を獲得した鈴木充美（自由党）に一六二票差で敗れ（伊東は一九九一票）、第四回衆議院議員選挙（明治二十七年九月一日）では日清戦争（八月一日宣戦布告）が勃発したので前議員全員が当選した（このとき鈴木充美は三一七九票を獲得し、伊東祐賢の四七七票を圧倒した）。

なぜ伊東は第三回衆議院議員選挙に落選したのか。日清関係が悪化の兆しをみせるなかで、富国強兵のもと日本が一致団結しなければならない時代になっており、より強い中央集権体制が求められた。そのなかで、伊東の改進主義のゆっくり改革していくという考えは受け入れられず、反対に自由党系の国家主体の考えの方が受け入れられやすかったのであろう。これを最後に伊東は選挙に立候補するのをやめ、歴史の表舞台からも身を引いた。それから間もなくして、かれは明治三十五年五月二十七日に六六歳で死去した。

注

（1）いうまでもないことだが念のため記すと、第一回衆議院議員選挙においては選挙区は小選挙区制をとり、行政区画と人口を基準として、人口一三万人に対して議員一人の割合が原則であった。また、議員定数は三〇〇人とし、選挙区は一人区が二一四選挙区で、二人区（連記制）が四三選挙区となった。そのため、三重県は六つの選挙区に分けられ、第五選挙区（度会郡・志摩・東紀州）だけが二人区で、計七人の議員定数であった。その他の選挙区として、第一区は津・安濃郡・一志郡。第二区本文参照。第三区は桑名郡・朝明郡・員弁郡。第四区は飯野郡・飯高郡・多気郡。第六区は山田郡・伊賀郡・名張郡・阿拝郡であった）。また投票用紙には、候補者名と投票者本人の住所・氏名を書いて押印をする記名式公開制度であり、この制度は、第一回の衆議院議員選挙（明治二十三年）から第六回衆議院議員選挙（明治三十一年）まで続けられた。また、解散がない限り、任期は四年間とされた。

さらにいうと、第一回衆議院議員選挙の有権者の数は約四五万人であり、人口の約一パーセント程度であった。立候補者は平均約九〇〇票で当選することになった。そのために各選挙区内で候補者予選会がおこなわれ、その選挙区内の有力者の相談で候補者を推薦していた。しかも、一般の人々は、一年以上県内に本籍をおいて居住をし、直接国税を一五円以上納入している二五歳以上の男性に限られていた。それらの規則を明治二十三年一月二十四日に衆議院議員法執行規則が、先に述べた条件のほかに、内容として、衆議院議員法執行規則の第一章に選挙期を七月一日に定め、選挙人名簿調製期日である四月一日を基算日とした。また、その第四章に質入地地租の算入、第五章に共有地地租の算入、第六章に被選人資格の追加、第七章に被選挙人たるを得ざる官吏の追加、第八章に神官僧侶及び教師の説明など一四章二一一条という形で執行された。

（2）「伊勢新聞」明治十一年十二月七日付。

（3）「同右」十日付。したがって新聞には演題は書かれていないので、このときかれがどのような演説をしようとしていたかは分からない。県下では、この演説会に刺激を受けてか、各地で演説会が開催される風潮が高まった。知られるところでは、鳥羽の修志社（明治十二年三月十五日）、津の告志社（明治十二年四月四日）、桑名の漸芳社（明治十二年四月二十五日）などがそれである（『三重県史　資料編近代1政治・行政Ⅰ』六七二頁以下）。

（4）三重県庁所蔵『三重県布達』明治十一年十二月十二日。

（5）「伊勢新聞」明治十三年七月二十日付。長井は明治十二年中に県会議員補充選挙に当選している。そして続く十四年一月の県会議員選挙に当選する。広新二『日本政治史に残る三重県選出国会議員』（昭和六十年）によればかれは県会議長を三期努めたとなっている（五九頁）。

（6）「東海曙新聞」明治十五年十一月八日付。ここに記されている盟約は、中央の改進党のものと同じであるが、前掲県史（六八三頁）によれば三重改進党と中央の改進党との間には直接の関係はなかったといわれる。果たしてそうかどうかは今後の精査を俟ちたいと思う。

(7)「同右」明治十五年十一月十二日付。
(8)「三重改進党党員名簿」(「伊勢新聞」明治十六年一月十八～二十日付)。
(9)『日本の第一回総選挙』(石尾芳久・武田敏朗訳、昭和四十八年)の著者R・H・P・メイソンは、岡本の演説の内容などからこの人物を高く評価している(たとえば同書七五頁、一一六頁など)。
(10)前掲県史・一一一四～一一一五頁。
(11)広・前掲書・五九頁。
(12)「伊勢新聞」明治二十年五月二十一日付。
(13)「同右」明治二十年五月二十二日付。
(14)「同右」明治二十年十二月三日付。
(15)「同右」明治二十年十二月七日付。
(16)海野謙四郎所蔵『摘要録』。
(17)前掲県史・八四一頁。
(18)「伊勢新聞」明治二十年十二月十日付。
(19)「同右」明治二十一年十二月二日付。
(20)「同右」明治二十一年十二月一日付。
(21)「同右」明治二十一年十二月六日付。
(22)(23)「同右」明治二十一年十二月十二日付。斯友会結成の背景には、当時三重県へ来ることが予定されていた大同団結運動の中心人物後藤象二郎が、栗原亮一に依頼して三団体を調停したことがあった。その結果、斯友会と同志会は明二十二年二月ごろに総会を開いて合併を決定する方向が固まったのである「伊勢新聞」明治二十一年十二月十四日付)。これには斯友会の福地と信藤を委員総代として談判に当たらせることとされた(同右)。
(24)「伊勢新聞」明治二十二年一月十二日付。
(25)三重県庁所蔵『明治二十一年市制町村例規彙纂』。

(26)「伊勢新聞」明治二十二年五月三日付。
(27)「同右」明治二十二年三月三十日付。
(28)「同右」明治二十二年五月七日付。
(29)「同右」明治二十二年七月二日付。
(30)「同右」明治二十二年七月十四日付。
(31)「同右」明治二十二年九月八日付。
(32)「同右」明治二十二年九月十五日付。
(33)同右。
(34)「同右」明治二十二年十月十六日付。
(35)「同右」明治二十二年十一月二十九日付。
(36)「同右」明治二十二年十二月一日付。
(37)「同右」明治二十二年十一月二十六日付。
(38)「同右」明治二十三年二月十一日付。
(39)「同右」明治二十三年二月二十一〜二十八日付。
(40)「同右」明治二十三年三月九日付。
(41)「同右」明治二十三年六月十五日付。
(42)「同右」明治二十三年七月四日付。
(43)同右。
(44)「同右」明治二十三年七月五日付。
(45)同右。
(46)「同右」明治二十三年七月八日付。
(47)「同右」明治二十三年八月八日付。

(48)「同右」明治二十三年二月八日付。
(49)「同右」明治二十三年六月二十九日付

附章一　明和町の自由民権運動と衆議院議員選挙

自由民権運動のうねり――乾　覚郎の活躍

明治七年（一八七四）に板垣退助らによって「民撰議院設立建白書」が左院に提出されてから全国に自由民権運動が広がり、さらに同十三年の国会開設期成同盟の結成により運動は最高潮を迎えた。中央では伊勢の尾崎行雄（改進党）や鳥羽出身の栗原亮一（自由党）などが華々しく活躍した。三重県下でも全国的な運動に刺激されて有力者たちが有志連合会を結成し、多気郡からは斎宮村の乾覚郎が参加した。しかし、当時の本県の民権活動は、他府県とは比較できないほど低調であり、この連合会も非政治的な演説会や学習会といった啓蒙活動に力点が置かれていた。早くから大淀村に存在した滙風社という組織や、浜田村、下有爾村、大堀川新田の人たちも参加していた志勢同盟会（明治十五年結成）なども、党派色を出さない演説会を各地で催した。県下では、民衆への啓発に重点を置くという傾向が強かったことがうかがわれる。それでもこうした結社が興亡を繰り返すうちに、やがては党派を鮮明にして行く指導者的な人々が誕生することになる。

図１　民権運動に尽くした乾 覚郎
（富谷益蔵著『三重県肖像録』（大正11年刊）より）

さきほどの乾覚郎（一八四三―一九〇五）もその一人で、多気郡内での自由党の中心人物として重きをなした。かれは戸長として、伊勢暴動の時には地租軽減のために指導的な活動をし、処分を受けるが、温厚で人情に厚く、金銭に淡白な人として知られていた。自由民権家としての素地は十分に備わっていたと言える。

かれは、明治十二年の第一回県会議員選挙（被選挙権は地租一〇円納入者に限定）で当選したが、翌年に予算減額修正問題をめぐり県令と県会が対立した時に他の三〇名とともに敢然と県会を辞した。すぐに補欠選挙で当選したが、この事件はかればかりでなく関係議員や選挙民（選挙権は二五歳以上、地租五円納入者に限定）に民権運動への自覚を高めたと思われる。その後、かれは同十五年十二月に有志連合会のメンバーによって結成された三重改進党の役員となり、さらに同二十年に有志懇談会へ参加、また翌年の斯友会結成時には発起人の一人となり、評議員に任じられる。ほとんどが不偏不党の全県的な結社で、かれはその中枢を歩むこととなる。二年後の帝国議会開会をひかえて政党への系列化が進み、各選挙区では候補者擁立のための結社が続々と生まれていった。斯友会から政治活動を重んじる三重倶楽部が分派するが、乾は依然として中立の立場を堅持している。かれが自由党員であることを鮮明にするのは、同二十六年六月の三重県自由党支部の結成からである。翌年には金剛坂の櫛谷定治郎や山路斎吉らの支持を受けて、多気郡では初めての政治結社「三郡同志倶楽部」を結成する。そしてこの年の第三回、第四回衆議院選挙で同じ自由党の土居光華と争うことになるのである。

初めのころの衆議院議員選挙

明治二十二年（一八八九）に憲法と同時に衆議院議員選挙法が公布され、翌年七月第一回総選挙が行われた。三重県は六選挙区に分かれていて、多気郡は飯高・飯野と合わせて第四選挙区であった。選挙法では、選挙権は二五歳以上の男子で直接国税一五円以上を納めるものに限られていたから、有権者は総人口の一パーセントに過ぎず、

衆議院議員選挙人員

下御糸村	127人
上御糸村	114人
斎宮村	118人
大淀村	55人
明星村	5□人※

（明治26年3月28日）
※判読不能

衆議院議員選挙有権者

大淀村	51人
上御糸村	107人
下御糸村	121人
斎宮村	117人
明星村	53人

（明治25年2月11日）

人口

大淀村	2,346人
上御糸村	2,505人
下御糸村	2,684人
斎宮村	3,017人
明星村	3,204人

（明治27年8月3日）
（各表とも伊勢新聞より作成）

県下では一万七〇〇〇人、四区では二四〇〇人ほどの有権者しかいなかった。この選挙では伊藤謙吉（大成会）が当選し、斎宮から立った乾覚郎はこれに及ばなかった。しかし第四区はこの後、自由党史上に名高い大物政治家を次々と迎えることになるのである。

この総選挙では民党（野党系）が圧勝したので議会では衝突が絶えず、任期を待たず議会は解散される。次の第二回総選挙（同二十五年二月）は、政府の激しい選挙干渉の中で行われ、そのため板垣退助の懐刀で自由党の要職にあった第一区（津市、安濃・一志郡）の栗原亮一がまさかの敗北を喫する。一方、第四区では、再選された伊藤が途中で辞職してしまい、その補欠選挙（同二十六年四月）で栗原が立候補することになった。候補に挙げられていた乾は辞退し、栗原支持を打ち出した。栗原は難無く当選し、この乾の政治的決断に恩情を抱くことになる。乾は六月に正式に自由党員となり、第三回総選挙（同二十七年三月）で栗原が第一区に戻った後の第四区に立候補した。その乾の前に立ちはだかったのは、同二十一年まで飯高・飯野・多気郡長を務めた土居光華（松阪在）であった。かれは静岡の岳南自由党総理歴任の後、板垣に重用されて中央の自由新聞記者として活躍した人物である。三重県支部は乾を候補と決め、栗原も支援に来るが、土居を推す自由党員もいて、両者は伯仲する。結局一一六一票対一〇四一票で土居に軍配があがる。当時の有権者数は、飯高郡八七三、飯野郡五四七、多気郡一一二一（同二十七年五月現在、「伊勢新聞」による）でかつて郡長を務め飯高・飯野に勢力を持つ土居が乾を上回っていたのである。日清戦争中に行われた第四回総選挙（同二十七年九月）

でも土居が選出された。しかしかれは同三十年に党議違反で党を除名され、政界を退くことになる。乾もこの選挙で自由党を離れ、県会にもどり中立派として活動する。

かわって第五回総選挙（同三十一年三月）には、進歩党の大石正己が第四区で立候補する。土佐出身のかれはもともと立志社・愛国社以来の自由党の重鎮であったが、板垣と決別。やがて後藤象二郎とともに大同団結運動の中心的存在となったほどの人物である。六月の憲政党創立委員となり、隈板内閣では尾崎文部大臣とともに農商務大臣に任命された。

初期の選挙では意外な政党史上の著名人が、この地域を地盤にしていたのである。

附章二　松島博著『三重県議会史』第三巻・第四巻（書評）

一

昭和六十一年に本書・第四巻が公刊され、これにより、第一巻以降の各巻において取り扱われた明治十二年から昭和四十二年までの約九十年に及ぶ三重県議の歴史が、ひと通り概観できるようになった(1)。

既刊四巻のうち、第三巻と第四巻はともに松島博先生のご執筆にかかるものである。県議会というおおやけの機関からの委嘱を受けての単独執筆は、この種の刊行事業としてはきわめて異例のことである。このいち事をもってしても、日ごろ、学問的に厳格公正であり、歴史学者として令名高い先生のご威徳のほどが偲ばれよう。

また、三・四の両巻は、その頁数が合せて実に四〇〇〇頁を超えんとする絶後の大著であって、先生の学問的探究心の旺盛なること、余人の追随を許さぬものがあるといっても決して過言ではない。

なお、本書第三巻については、出版からすでに一九年を経過しているので、ここであらためて紹介するまでもないが、第四巻と執筆者が同じであること、かつ内容的にも連続性を有するものであること、等からここで両巻併せて言及するのもまた意味のあることと思考される。

このような大著を、非力の筆者が紹介することは却って本書の価値をおとしめることにもなりかねないし、もともとその任に堪えうるや否や心もとなしとはしないが、年来の伊勢暴動（明治九年）研究のため(2)『三重県会史』第一巻[3]をひもといた縁で同県議会の動向に関心をいだいてきた者のひとりとして、何とか先生の県議会史研究の跡をたどってみたいという念願から、敢えてここに取り上げた次第である。また初期のころの総選挙の立候補者の大半が、当時の県会議員によって占められていたので、県議会史をひもとくことは総選挙史の研究にも役立つであろう。

ところで松島先生には、これまで、学位論文となった[4]『近世伊勢における本草学者の研究』（昭和四十九年）のほかに、公的機関からの依頼で執筆された多数のご著書がある。逐いち取り上げないが、なかでも、この『三重県議会史』と、『三重県史』（昭和三十九年、共同執筆によるもので松島先生は近代編二六五―四六七頁を担当）、『三重県漁業史』（昭和四十四年）、『松阪地区医師会史』（昭和六十三年）の著述は有名であって、先生の代表的四部作と称することができよう。さらに松阪大学ご退職後は、三重県神社史のご執筆に専念されていたとのことである。その成果の一端は、すでに松阪大学地域社会研究所報の創刊号に寄せられた「明治末の神社合祀について（三重県の場合を中心に）[5]」なる論考によってこれをうかがい知ることができる。

二

まず本書第三巻は、上（約一一〇〇頁）・下（約一三〇〇頁）の二冊から成っており、その構成は次の通りである。

第一章　国政の県政への影響
第二章　地方制度の変遷
第三章　県行政の推移
第四章　県財政の推移
第五章　県の政治情勢と社会情勢

第六章　県会の組織および運営
第七章　県会の実況
第八章　県参事会
第九章　県会における主な問題と事件
第一〇章　県会の施設並びに事務
附表

第一章では、第一次若槻礼次郎内閣（大正十五年一月～昭和二年四月）から第一次吉田茂内閣（昭和二十一年五月～二十二年五月）にいたる歴代二十一の各内閣時代の国策上の特筆事項を簡明に記述し、そしてそのことが県行政にいかに反映したかを略説している。たとえば、昭和七年五月に始まる斎藤実内閣の時代は、日本が国際連盟脱退などで国際的に孤立化が明確になる一方、内政的には農山漁村振興策から時局匡救事業への進展、ならびに戦争（満州事変、上海事変等）景気による国民経済の好転を示した時期である。この頃（広瀬・早川知事の時代）は三重県でも中央の政策が反映し、「戦争景気により、県の予算も従来の緊張一点張りより、やゝ好転の曙光の見られてきた時である」（上巻・九頁）と述べられる。また、米内光政内閣の時代（昭和十五年一月～七月）は、いよいよ戦時体制が固まってきた頃であるが、同県の中野知事も十五年七月には、「政府の方針を体した新年度予算編成において、戦時新体制を強化し、緊縮方針を踏襲、新規事業は極力抑えるところの編成要項を明かにした」（同書・二〇頁）と指摘される。このように国家の重要政策が県施策にいかなる影響を及ぼしているかについての論点を、折にふれ簡潔明瞭にまとめ、また論述多岐にわたる点は必ず後述に委ねられている。

第二章においては、明治、大正期の府県制実施の経緯と経過、昭和以降の府県制改正、県治機構の整備、新憲法下での地方自治法の実施や知事公選制、町村合併等に言及されている。特に、この章での解説によって、県議会に対する知事の権限や立場、県議会の地位等がどのようなものであったか、また明治期から終戦直後にいたる間に、それらがいかなる変遷をたどってきたかという状況が、よく看て取れる。

第三章は、遠藤県政（大正十五年九月〜昭和三年二月）以下八木県政（昭和二十二年三月〜四月）にいたる十七代の県知事の施策を記し、かつそれに対応する県議会の動向にも説き及んでいる。

第四章は、昭和二年度以降、各年度の県財政の推移を丁寧に説明している。政治的背景や社会的条件を考慮しながら、その年どしの財政統計、あるいは予算規模の推移を論評することは、財政学の分野から縁遠い者にとってはなかなか至難な事であるが(6)、ここでも松島先生の解説は寔に要領を得ている。

たとえば、昭和十三年頃は、第一次近衛内閣の時代であって、その発足後間もなくして蘆溝橋事件が勃発し、戦時体制下の中央政府の方針が地方にも徹底されるようになった。政府（内務省）は非常時財政の建て直しを断行するため、地方行政の指導監察にのり出し、地方行財政の行きづまりを打開しようとした時期に当たる。この年度の解説の仕方を参考までに掲げておくと、次の通りである。

県債は増加し、一面地租附加税、特別地税は逓減しているので、事変対策や、県債償還増加額などのふくれたところは、家屋税及び国税附加税の増徴による事とし、尚一部財源を起債に求めて、着任早々の羽生知事は、昭和一四年度予算を編成した。一般会計は、九一四万円、前年度当初の九一一万円に比べて一三万円の増。

最終決算では、歳出予算一、四五八万円に対して、一、二六二万円の決算で、歳入の方は、一、五六九万円の予算に対して一、三三〇万円と二四〇万円に上る歳入の不足であるが、歳出を抑えて六八万円の繰越となっている。

この頃の決算を見ると、前後数年いずれも歳入を多く見すぎで歳入欠陥を来している。税の未収もさる事ながら財産売却や、雑収入、寄附金を過分に見たためであり、又国庫の交附金のあてはずれ交付くりのべ等もあり、そのような歳入不足に対して、県の借入金を抑える、起債をへらす、事業のくりのべ諸経費の節約などで支出とのバランスをとっている。

総予算の一割～一割五分も未執行の予算を組んでいたのであって、当時の県予算編成―執行の状態が、現在の県の予算編成―執行と比べて、如何にあったかを推知する事ができる。

又県会においても、県民の負担の軽減という事が先行し、多少事業がおくれても、止むをえないとして、之を是認していたのである。

そして章末には、昭和二～二十一年の間の県債、起債状況の一覧表と、大正十五～昭和二十二年度の間の⑴一般会計経常部歳入歳出予算表、⑵一般会計臨時部歳入歳出予算表、⑶特別会計予算決算表、等がわかりやすいグラフで示されており、読者にとってきわめて親切といえる。

第五章では、県内の政治・社会情勢に関する各時代の話題になった出来事を六十四節にわたって書き出されている。「大正天皇崩御と昭和改元」（第一節）、「県下の有権者数」（第十節）、「地方制度改正案と男女公民数」（第十四部）等の政局に関する要点をはじめ、労働運動、社会運動および各種の運動についての記述（第二・十九・三十一・三十二・三十八・四十一・五十二節）や、風俗関係記事（第十二・五十五節）等、幅広く拾い出し、紹介されている。戦前の国民生活が戦争の拡大化により、徐々に厳しくなっていく状況や、終戦直後との対比がよく描かれている。

その中でも、殊に興味をひかれた部分は、「労働運動と治安維持法」（第二節）で、大正十一年、十二年と続けて、松阪を中心に、三重県水平社および日本農民組合三重県連合会が結成され、さらに大正十五年に両組織の「斗士達」が連合して三重合同労働組合の結成をみた、というくだりである。松阪という地域が、戦前より反骨の精神が旺盛であったという話は、地元の方達から折にふれて仄聞していたが、そうした思想的背景が奈辺にあるのか、是非知りたいところである。

第六章から後の各章は、いわば本書の本論ともいうべき核心部分を構成している。

まず第六章において、県会の組織と運営についての特記事項を五十六節にわたり解説している。県会の職務権限等を規定した国の規則や、大正十五年、昭和十年等の府県制改正に言及し（第二―五節）、さらに県内各党・会派の勢力・動向（第十一節、第二十五節）、および隣県等との県会議長会議における主要協議事項（第八・十四・二十四・三十六・四十二―四十四節）、そして各年度における県議選挙の実施（第五十―五十六節）等を記している。本県は特に、戦前、尾崎行雄や浜田国松、川崎克等、日本の憲政史上傑出した政治家を生んだ土地柄であるが、かかる国政のリーダー達といえども、その命運は、かれらを支える県会各党派の消長と大きな関わりを持っていた。このことは当り前のことといってしまえば余りにも当然ではあるが、それが本書では明快に述べられている。

第七章は、各年における諸種議案の議事進行の経過を中心に、県会の状況を一頁二段組みで五〇頁から一〇〇頁にかけて詳細に記述されている。全体としてこの章に費されている頁数が実に一六〇〇頁に達しており、著者がもっとも精力を注ぎ込んだ、文字通り本書の圧巻とも称すべき部分である。掲げられている記録、資料は微に入り細をうがち、当時の白熱した議会の議事の有様が、生々しく感じられる。単に議事録等の引用文を挙げるだけでなく、その記述からどのようなことが読み取れるか、といった考察と評価を所どころにまじえながら記述を進めており、本書を個性あるものにまとめ上げている。

たとえば昭和三年県会では、県会議事堂の新築をめぐって尚早論、慎重論が出されたことに関連して、現在の県議会議員の気質と比較して、当時の議員は殆どが、このような自らの居所はまずしくてもよい、それより県民の生産福祉向上に直接役立つ施設に、県費を投ぜられたいと希望していることは、時代の相違、県財政事情の相違のみでは、片づけられない当時の議員気質をうかがい知ることができる。

と記している（上巻・五三二頁）。

また、議員の質問は、これを一々全文紹介することはせずに大方要約文を載せてそれにかえているが、質問内容が重要案件に係り、それによって問題の論点が把握できるものや手際のすぐれた巧弁な質問は、進んでこれを全文掲載している。たとえば前者の例として、昭和十三年県会での亀井正雄議員の質問等がこれに当たり、「亀井議員は原蚕種についての自己の詳細なる調査研究を含めての長大質問をした。がこれによって、原蚕種問題の大要がわかるので全文を掲げる。」（下巻・一四三六頁）として、八頁にわたる質問を全文掲載されている。あるいはまた、後者の一例として、同年県会における岩名秀松議員の質問についても、「その質問は一時間に及ぶものであるが、毒舌家を以て聞える岩名議員の面目躍如たるものがあるので」（下巻・一四〇一頁）という理由で、やはりこれを全文紹介されている。併せて当時の新聞論評（「伊勢新聞」十一月二十五日）が、この質問を取りあげて、

伊山盆地の古豪岩名君民政側を代表して登壇、例によって遠廻し県当局に喰い下り無闇矢鱈に当り散らし、時には知事の態度を生意気だと痛罵するかと思えばなか〳〵丁寧な語を交えたり、知事は官界で十数年身をやつしたが、不肖も県政界に三十余年の身をやつしたと見栄をきって、知事を苦笑させ、公唱廃止問題で「○を売る」とて、聴衆を笑わせたが、当の本人は極めて真面目である。

と評したことまでも紹介されている。

こうした手法をとることによって、できる限り各議員の有する見識や個性を紙面上によみがえらせて、生き生き

とした当時の県会の実情を再現している。

第八章は、明治二十三年公布の「府県制」の規定にはじまる県参事会の職務権限、給与、決議事項等について記している。同会は知事が招集し、または参事会員の半数以上の請求があれば知事は会を招集しなければならなかった。その会議は傍聴を許されず、知事は県会及び参事会での議決を施行しなければならない、等と規定されていたから、参事会の存在は県会との関連で決して軽視しえないものであったことが窺われる。ちなみに、この会議に附される事項は、

歳入歳出予算の追加予算（経常臨時特別会計）
不動産、県有財産の受入れ処分、貸付、借入れ
諸規則規程の改正
起債及償還方法の更正
訴願の裁決、異議の決定

等、特に県会から委任をうけた事項であった。

第九章は、県会における主な問題や事件を三十三項目にわたって取りあげている。これらのうち、近現代の事件裁判史に関心をいだく筆者にとって興味を惹く箇所は、「国府県会副議長の遭難（昭和七年九月）」（第六節）や「羽生次官の舌禍問題（昭和一三年）」（第一七節）等であって、これらは関係史料をさらに蒐集、整理して追究すれば、一つのまとまった研究になる筈である。このほか、戦前の政党史や思想史研究に関心をもつ者にとっても、「農政クラブの誕生（昭和一〇年）」（第一四節）や、「政党支部役員決る（昭和一二年）」（第一六節）、「政党新体制と県政界（昭和一五年）」（第二一節）、「社会大衆党県連合会解散（昭和一五年）」（第二二節）、「政友会支部解散

（昭和一五年）」（第二三節）、「民政党支部解散（昭和一年）」（第二四節）、「大政翼賛会、翼賛壮年団、大政翼賛会協力会議（昭和一五年）」（第二五節）、「翼賛三重発刊（昭和一六年）」（第二八節）等々の記述があり、研究のための好個の素材や手がかりが提供されている。

第一〇章は、県会の施設・建物の移り変りと、県会の事務、事務局について略述している。

三

次に、本書第四巻（一六四〇頁・全頁二段組）の構成は以下のごとくである。

第一編　県政
　第一章　昭和中期の国政の推移と県政への影響
　第二章　地方自治制度の変遷と県政
　第三章　地方議会制度
　第四章　県行政の推移
　第五章　県財政の推移
第二編　県議会
　第一章　県議会の構成と運営
　第二章　政党政派と県議会選挙
　第三章　県議会の活動状況
　第四章　常任委員会、特別委員会及びその他の委員会の活動状況

第五章　昭和中期の社会情勢と県議会
第六章　県議会事務局の組織、運営とその推移
第七章　アメリカ進駐軍について
第三編　資料
附表

第三巻と異なり、この巻は三編から成っているが、各編の枠をはずしてみると、大むね前巻の章立てに準拠して編成されていることがわかる。

前巻の刊行から十六年を経て編まれた本書は、これまた大部の書である。先生が、このように長期の間隔をおいてもなお続刊を著わす意欲を保持し続けられたことは、それだけでも驚嘆に価することといわねばならない。

この巻は、昭和二十二年から四十二年までの二〇年間にわたる県議会の足跡を収めている。(7) この時期は、いうまでもなく、戦後の混乱期から国土の復興、経済の高度成長期へと変転を見た、世界史上でも稀なエポックを画する期間とされている。このような時代背景のもとで、県政並びに県議会はいかなる動向を示してきたであろうか、本巻はこうした点を史実に即して逐一明らかにしている。

第一編全五章は、頁数としてはわずかに五〇頁で要約されており、これをもってしても、本巻が明らかに第二編県議会の叙述に大きなウエイトを置こうとしていることが知られる。ただし、第一章を一読すればわかるように、戦後の歴代内閣時代の国政のあり方が、県の行政にどのように反映したかといった基本的視点は、前巻の方針以来一貫して変っていない。

県政の改革に決定的な影響を及ぼした地方自治法の制定、及びこれに基づいて設けられた地方議会制度について

は、第二章及び第三章に言及がある。そこでは単に法制度だけでなく、その運営の実際についても、時間的推移に従い要約しているし、詳しくは次編の各章に委ねる旨記されている。

第四章は、青木（二二年四月～三〇年三月）・田中（三〇年四月～四二年四月）両県政の推移が述べられている。前者の時代に、戦後改革でもっとも社会的影響の大きかった農地改革により、県や市町村に農地委員会が設置されて農地開放が促進されていった事情にふれている。その他、労働組合の発足も戦後の大きな特色であり、殊に昭和二十五年七月の総評の結成に呼応して、本県では三重県地方労働組合協議会が結成された。

後者の時代は、行政機構の改革が細かく行われ、県政始まって以来の課長級に婦人が登用されたことも記されている。また今日でも未解決の芦浜原子力発電所建設問題は、この県政以来の重要課題でもある。両県政を通して灌漑排水事業、災害復旧事業、防災対策事業等が課題として重点的に行われた。

第五章では県財政の推移を略説する。県民税や、電話加入権税・自動車取得税等の法定外独立税が設けられたこと等にふれる。昭和三十三年はいわゆる「岩戸景気」で日本経済が急上昇した頃であるが、これに反して県財政は「上昇景気ではなく、政府の起債抑制、県税の収入減少など容易ならぬ事態に直面し」、「そこで田中知事は『県財政の自主再建』の方針を打ち立てた」（四六頁）と述べ、県財政のあり方・事情が必ずしも日本経済の進展と符合するものではないことを論じている。(8)

第二編第一章では、新憲法下の地方自治法にもとづいて形成された県議会の構成と運営について説明する。議員の定数について、昭和二十二年四月現在はまだ地方自治法が施行に至らなかったため（施行は五月三日）、旧道府県制により五一名と定められたが、(9)この数字は三重県の場合、地方自治法の規定によったとしても全く同じであると(10)いう（五四頁）。議会の運営に関しては、地方自治法の各条規にそって、その権限、招集及び会期、議長及び副議長、委員会、会議、請願、議員の辞職及び資格の決定、等々の各項目を挙げ、これを三重県の議会に当てはめて説明している。

第二章では、昭和二十二年四月二十五日の県議会議員選挙をはじめ、四年おきに行われた選挙の模様と、当選議員の所属政党政派を記す。またその間に行われた衆・参両議院議員の選挙や知事選挙、市町村長・市町村議会議員の選挙等についてもほとんど漏らさず書かれているので、県議会議員選挙とこれらの選挙との相互の関連性が把握しやすくなっている。昭和三十八年十一月二十一日の衆議院議員総選挙では、「一区では山本幸雄氏（無所属、河野派）、二区で県議を辞めて立った野呂恭一氏（三木派）の新人がゆうゆう、一発勝負で当選したケースは特筆に値する」（九四頁）と評している。県議会で地力をつけた議員が、国政レベルの選挙に打って出ることは間々あることであったが、最初は落選の憂き目をみることが多く、この場合のように「一発勝負で当選」することは珍しい例に属した。

第三章は、昭和二十一―四十二年にいたる県議会の活動状況を八〇〇頁以上の長きにわたって詳細に報告している。この内容を逐一フォローすることは、紙幅の都合でできないが、そのうちのいくつかを見てみることにしたい。

昭和二十一年県会は、戦前に選出された県議の任期（昭和十四年十月〜十八年十月）が、戦時体制下の非常措置として次々と延長されたため、そのまま持ちこされて行われた。結局、昭和二十二年四月の総選挙まで県議選挙は行われなかったのであるが、二十一年十二月四日に公職追放令（同年二月施行）に該当する県議はすべて辞表を提出した結果、議員数は過半数を割ったため、四日以降翌年六月まで県議会は開催されず、参事会がこれを代行していた。したがって、昭和二十一年度と二十二年度の歳出入予算の追加更生などは参事会がこれを決めたのである。戦後県議会は苦難の出発であったことが読み取れる。

昭和二十二年四月に戦後初の県議会議員選挙が行われ、五十一名が当選、この時から県会が県議会に改称された。初の県議会の臨時議会が、六月十六日に新しく民選知事となった青木理事を迎えて開かれた。ここでは、県議会の議席決定、議長副議長の選挙、県議会委員会条例の設定、議会会議規則の改正、各種委員の選任などが行われた。議長は投票ではなく、仮議長（年長の松本松太郎議員）の指名推薦という形で小切間重三郎議員に決定された。ここに民主県議会はようやく船出したが、食糧問題はじめ、戦災復興、戦災者・引揚者援護、失業救済、貿易振興、等々の難問が山積していた。こうした問題についての議事進行の経過が詳しく記されている。

二十三年議会では食糧増産、産業の再建等の問題が目につくのに比して、二十四年議会では教育問題等の議事が多く目につくようになる。

昭和二十九年県議会では、前年に町村合併促進法が施行されたのにともない、県でも町村合併促進審議会が設置され、この件についての議論が見られる。なお、この頃は、国内的には日米相互防衛援助協定が調印され、自衛隊が発足拡充されつつあり、一方日教組が教育二法反対の国民大会を開催する等、保革対立が目立ってきた時期であった。当県でも、農政会、自由党、社会クラブ、民主党、火曜会等の各会派が誕生していた。

昭和三十五年には、「野呂恭一議長が議長一年交替の慣例を破り」（六六七頁）再選されたことで、自民党と三派（農政会、社会クラブ、県政同志会）とが対立し、五月臨時議会は空転、議長自ら調整に入り、八月定例議会で議長が辞職するということが起った。野呂県議はその後、三十八年十一月の衆議院議員総選挙に出馬、当選して県議会をはなれたことは、前述した通りである。

昭和三十九年五月臨時議会において、初めて、竣工なった新議事堂（現在に至る）で県議会が開かれた。八月の臨時議会は、「原子力発電所の設置問題について」（八三四頁）の議事が行われ、議場が沸騰した様が生々しく語られ、十日から十一日未明にかけて「異例の徹夜会議であった」（八四〇頁）と述べられている。この問題は平成十三年に北川正恭知事の断で一応の決着をみたが、谷口紀勢町長は誘致をあきらめてはおらず、時折、マスコミの話題にも上るが、ことの発端、経緯、経過等は本書をひもとくことによって、大むねこれを了解することができるのである。

このように、今日までほとんど垣間見ることのできなかった戦後期県議会の動向、なかんずく各種議案審議の具体的な有様が、本書の公刊により手近にこれを通覧できるようになったことは、県政史研究者のみならず、一般の県民にとっても非常な恩恵であるといって差支えない。

第四章は、地方自治法第一〇九・一一〇条にもとづいてつくられた三重県議会委員会条例により設置された常任委員会、特別委員会、その他の委員会の活動状況を記述している。常任委員会は当初、総務、教育民生、経済、土木、農地、警察の六つであったが、昭和二十三年六月に総務、民生、教育、経済、労働、土木、衛生、農地の八つとなり、その後も多少の変改があり、四十一年には総務企画警察、商工労働、厚生、農林水産、土木、文教の六つになっている（九二九頁）。各委員会の委員の割り振りは、あらかじめ議長が各会派の意見を勘案してこれを決め、年度はじめの議長・副議長等役員選任の臨時会でこれらを指名することになっている。それらの委員長、副委員長は、新人員の決まった委員会の互選ということになっているのであるが、実際に各委員長の割り振りは重要な問題であり、これについて各会派がしのぎをけずることを、本書は強調している。

特別委員会は、必要に応じて議長が議会に諮って設置され、ことが終わり、かつ継続審査がなければ直ちに廃止となるものである。この点の詳しいことは、本書九二九―九三〇頁に記されている。

その他の委員会としては、議会の運営の円滑をはかるための議会運営委員会（昭和二十四年三月三日制定の議会運営委員会規定により設置）が挙げられる。

第五章は、二十二年から四十二年四月までの社会情勢と県議会の動きを、年次を追って要約している。この部分は約三〇頁と短いが、日本社会の動静がどのように県政に関わってきているかを端的に示す項目として、目を離せない箇所であり、筆者としてもこの章には、大いに関心を寄せるものである。

昭和二十二年は、有名なマッカーサーの指令で全官公庁労働組合共闘委員会の二・一ゼネストが中止させられた年で、占領軍の各種規制が厳しくはたらいた時期である。公職資格訴願審査委員会官制の公布により、この年四月に実施される県会議員の候補者は、事前の資格審査を受けなければならないということになった。これにより社会党は県議候補として一六名を、共産党は一四名を決めている。

アメリカ軍政部は、県の施策方針を批判することはあっても、大むね選挙については余り口出しすることはなかったらしい、がそれでも、「地方団体の長には凡て私人を選べ」（「伊勢新聞」昭和二十二年一月）との警告を発することがあったらしい。これについて松島先生は、以下のように指摘されている（九三三頁）。

当時の市町村長などに有力者いわゆる顔役が多く選ばれる傾向に反発して出したのであろうが、選挙そのものも民主的に行われるのであって、その結果がどうあろうと民意の反映と見るべきものであるが、現在の批判眼からすれば余計なおせっかいであると、当時を顧みて想うのである。しかし、アメリカ軍政部とすれば、やはり気に入らなかった現象と見える。

昭和二十五年六月に朝鮮戦争が勃発し、これをきっかけにして、八月警察予備隊が設置されたことは周知のことである。この頃、地方政治はアメリカ軍政から離れ、干渉を受けることがなくなった。これについてのいきさつが記されている。

昭和二十七年の第二期青木県政では、産業構造を農業から工業に移行させ、「県の自主性と財政力を確立させることを目標とし」、「その施策の一環として宮川総合開発事業が計画され」（九三七頁）、六月に宮川開発建設部ができて総合開発の第一歩を踏み出したのである。これは当時、県政の目玉として立案、推進されていったことが読み取れる。

昭和三十年には、左右両派に分裂していた日本社会党が、両派の統一成り、一方自由党と民主党が合同して自由民主党が結成された。またこれに呼応して、民主党県議団は全員が自由民主党に入党、同時に農政会に提携を申し入れ、翌年この提携を確認、決定した。県議会各会派に大きな変動があったことを述べている。

昭和三十五年に民主社会党が結成され、県議会でも離党者の相次いだ社会党は、勢力が激減した。このため、議会の新勢力分野が、自民党二八名、県政同志会（民社系七名含む）一〇名、農政会八名、社会クラブ六名となり、自民党県議が他の三派との話し合いがつかないまま議長（野呂氏）を単独で再選させるという椿事をかもした（前記）。さらに、昭和三十六年、農政会の八名は自民党への入党を決めたため、自民党は県議会における絶対多数を占めるに至った。以来、自民党が県議会において主導権を掌中にするのであるが、そうしたいきさつが本書の記述によって大方判明する。

昭和四十年頃には、四日市の公害問題が取りあげられ、厚生大臣がこれを視察した後に、「予想以上にひどいと語り、公害防止事業団を九月頃発足させたいと語った」（九五八頁）事情について、述べられている。

また、芦浜原子力発電所の問題は、その前年に大きく騒がれたため、この年に科学技術庁事務次官が来県して、県議事堂で議長はじめ商工労働・農林水産常任委員一八名と懇談、「一、政府は安全性をたしかめて許可するので心配はない、二、現地調査を十分にしなければならない、三、漁業に影響はない」と語り、ついで伊勢市で、自民党県連主催のもとに講演したが、漁民ら約一〇〇名の者が退場するというデモンストレーションがあった旨を記載している（九五八頁）。そして、十二月定例会では、「原発に冷却期間を」との決議案が可決された（九五九頁）。さらに四十二年に至り、原発問題は、推進派の紀勢町長がリコール運動のさ中辞職し、柏崎自治会が町議会に解散を請求するなどで深刻な情勢となった（九六一頁）。こうした一連の詳しい記述によって、この問題の経過がよく把握でき、対立の根が深いことが分かるのである。

第六章は、県議会事務局の組織と運営、その推移等について述べられている。昭和二十二年以前の様子は、第三巻下の記載を引用してこれらを紹介し、二十二年以降のものと対比している。

昭和二十三年七月三十日の県議会において、三重県議会事務局条例が議決され、九月四日に公布施行、二十五年五月地方自治法の一部改正により県議会に事務局の設置が規定され、五月十五日から書記長の呼称が事務局長と改められた。以下その変遷の過程を四十五項目にわたり箇条書きにされている。

第七章は、アメリカ進駐軍の状況を、佐々木仁三郎の著書『三重県終戦秘録』や、『三重県史』（昭和三十九年版）等により記されている。

第三編資料は、これを抄録すれば、一議会関係法規、四請願・陳情の結果、八県行政機構の変遷、九知事、副知事、出納長及び部課長名簿、一〇市町村合併等の状況、一三年度別決算の状況と県議会議員の報酬、一四県有財産調、等々が詳細に掲載されている。

付表は、年表、及び県議会議員略歴がつぶさに記録されている。

四

本書を通読してまず感じる点は、戦前、戦中、戦後を通して県議会の実際の歩みをそばで観て来た者でなければ、本書のような書物はおそらく執筆できないであろうということである。県議会議員の一人一人が、その発言の一字一句がなぜか個性をもち生き生きと描かれ、その年どしの社会の情勢や政治経済の動きがこれまた生々しく描写されている。それは著者が、同時代に生きた人々の痛み、辛みを同感できたからではなかろうか。先生は第四巻の「あとがき」において、次のように感想を述べておられる。

県議会が民主的な運営をもって県民の意を反映し、大いに活動されたこととは感銘すべきものがある。県議会史は往々にして議事の機械的な羅列に過ぎないことがあるので、この点に留意した。住民の信望を負って所属会派にあって個性のある質問や意見を議場で吐露され、また、災害に当たっては実地調査などに草鞋脚絆で踏査されたその県議諸氏の面目を本議会史に躍如とさせたい。それによって各議員がそれぞれの政治使命を果たされたことを後世に伝えたいということをひたすら念願して執筆したつもりである。

時代の環境や条件に同情できなければ、史家としての素養を欠く、というのは筆者が学生時代（法学部ではあったけれども）に学んだ事柄であるが、本書は文字通り、「生きた県議会史」の範たるに相応しい書であるといっても過言ではなかろう。

またそれゆえに、おそらく直面されたであろう厖大な資料の山を前にしても、それらの資料価値や記載内容の如何を判別することは、先生にとってさほど難しいことではなかったのかもしれない。それは、執筆期間が驚くほど短いことから推察されるのである。例えば、第四巻の執筆・調査の開始は昭和五十九年四月で、翌年十月には脱稿しておられる（あとがき参照）。資料の分類・整理・解読、並びに調査・資料採訪だけでも大変な作業であるのに、大学での講義・雑務と並行しながら、これだけ大部な書をわずか一年七ケ月で脱稿せられたことは、吾人の想像を絶するものがある。この間の事情について先生は、

松阪大学教授としての職を持つ私が、議会史のみに専念することはできず不安があったものの、身に余る光栄と心得、爾来二カ年、可能な限り県議会編さん室に出向き、また各地に資料を訪ね、今は高齢となっておられる当時の議員諸氏の話を聞くことに努めた。

と述べておられる（第四巻「あとがき」）。資料渉猟や古老の聞き取り調査等の難しさ（その反面どういう新資料が出てくるだろうか、といった好奇心、楽しさはある）は、筆者も日頃から体験してよく知っているが、そうした苦労を一字たりとも語句に表さず、淡々とした口調でことばを結んでおられる。

筆者は松阪大学開学以来七年間、松島先生と同じ職場で親しく接して頂き、学問的にもご指導を賜って来たが、本書（第四巻）ご執筆の期間においてその著述のことは、ついに一言も先生の口から耳にすることはなかった。また講義終了後も、どこへ何をしに行くということは何一つ漏らされなかった。今にして思えば、県議会編さん室に出向いて、ただひたすら机に向って黙々とご執筆に専念されていたことが了解されるのである。

注

（1）既刊分の県議会史が取り扱った年代の範囲に言及すると、第一巻（昭和十七年）は明治十二年〜三十年、第二巻（昭和二十八年）は明治三十一年〜大正十五年、第三巻上・下（昭和四十五年）は昭和二年〜二十二年、第四巻は昭和二十三年〜四十二年、等となっている。

（2）筆者がこれまで公表した伊勢暴動研究については、「明治九年・伊勢暴動に関する裁判史料」『松阪政経研究』第四巻（昭和六十一年）・六〇九頁以下、「伊勢暴動における刑種別人員とその関係地域（未定稿）」『三重県史研究』第三号（昭和六十二年）・三三頁以下、「伊勢暴動の処理過程についての若干の考察」地方史研究協議会編『三重―その歴史と交流―』所収（平成元年）・一九七頁以下、「伊勢暴動裁判の一考察―暴動関係者の鎮撫、逮捕、審理を中心に―」手塚豊編『近代日本史の新研究』Ⅷ所収（平成元年）、上野『近代日本騒擾裁判史の研究』（平成十年・多賀出版）等を参照せられたい。

（3）『三重県会史』第一巻（昭和十七年）・九四頁以下。なお、同書には「此暴動は伊勢伊賀志摩に亘って蜂起し」（九五頁）とあるが、伊勢暴動が志摩地方に波及した形跡は、現在のところ確認できない。

（4）松島先生は、昭和四十七年三月、日本大学にて文学博士の号を授与された。

（5）松島「明治末の神社合祀について（三重県の場合を中心に）」『松阪大学地域社会研究所報』創刊号・平成元年・四八頁以下。

（6）松島先生には中世における物価動向の研究として、「古代における物価の研究」『松阪政経研究』創刊号・昭和五十七年・一頁以下、「鎌倉時代における物価の研究」『松阪政経研究』第二巻第一号・昭和五十八年・一頁以下、「室町時代における物価の史料―田畑売買における石・銭を中心として」『松阪政経研究』第四巻・昭和六十一年・七頁以下、等がある。

（7）従来の県会の名称は、昭和二十二年五月の地方自治法により、県議会と改められた。また県会議員の称も県議会議員に改称された。

（8）この点は、昭和四十一年度の項でも、「全国的には、四〇年頃から本格的な公債政策の導入やベトナム特需によって、景気は次第に上昇して四五年頃まで所謂『いざなぎ景気』となった。経済も高度成長の時期を迎えた。しかし、本県の財政は三八年度以来県税収入の伸び悩み、公債費の重圧、人件費や直轄事業分担金の増嵩等により、人件費を初め諸経費を節約したにも拘らず累年若干の赤字を出してきた」とあり、三重県の財政事情の一班を知ることができる。

(9) 道府県制の第二章第一款の組織及び運営の第五条。
(10) 地方自治法第六章議会第九〇条。

第四部　人物の登場

——社会を陰で支えた偉人たち——

第七章　天保年間における山田地図の作者高山孝重

一　はじめに

近世における伊勢地方の科学技術、とりわけ測量技術の水準を推し量るための調査研究の一環として、近時、私はこの地方の地図[1]・絵図の類いを収集することに努めてきた。そうしたおりに、奈良県在住で先祖が伊勢出身の中瀬弘氏が、江戸時代の山田地方をはじめとする数点の絵図等を所持されていることを伝聞し、さっそく調査に赴いた。またこれとほぼ時期を同じくして、三重県多気町の岡井清司氏が山田地方（伊勢神宮外宮周辺）の詳細な地図を所蔵されているとの報を受け、これも併せて調査研究の対象にすることとした。

これらの地図・絵図を見てみると、ともに別々の家に伝来するものではあるが、もとは江戸時代に伊勢神宮の大内人をつとめる家柄にあった高山氏に縁のあるものであることが判明した。つまり、前者の地図・絵図にはすべて「高山氏蔵」の蔵書印が押捺されており、その所蔵者中瀬家に伝承される系譜から四代前の高山孝重に関わるものではないかと推測されるし、後者すなわち多気伝来の地図にもその詞書（後掲）からそれが孝重の製作によるものであることが瞭然である。今回、中瀬・岡井両氏のご厚意により、これらの実物あるいは写しをお借りし、手許において精査する機会を与えられた。その学恩に深謝するものである。

本章では、叙上の江戸後期製作にかかる地図・絵図と、その作者とおぼしき高山孝重について、これまで判明した範囲で論じてみたいと思う。

二　高山孝重とその家系

初代（大内人職）
広重
正徳五年（一七一五）生
安永元年（一七七二）
十一月二十七日没
行年五八歳
妻とら
寛政七年七月四日没
行年七六歳

二代（同上）
根重
寛延二年（一七四九）生
享和元年（一八〇一）没
行年五三歳
妻たか　天明三年七月六日没
行年二九歳
後妻喜代春（世古直貞女）
寛政五年九月十日没
行年三九歳
後後妻つま（村田道忠女）
天保二年四月二十六日没
行年七五歳

三代（養子）
賢重
明和七年（一七七〇）生
寛政十一年（一七九九）没
行年三〇歳

四代（同上）
孝重
天明六年（一七八六）生
天保十二年（一八四一）一月十八日没
行年五六歳
俳名素行

五代
興重
文化八年（一八一一）生
文久元年（一八六一）没
行年五一歳

重助
文政九年（一八二六）生
明治二十二年（一八八九）没
行年六四歳
法名　高山乃岩根彦大人（注連指墓地）
妻つね　八日市場町坂田重太郎長女
天保六年（一八三五）二月四日生
明治二十七年三月十一日没
法名　坂田八束穂乃刀自（笠木墓地）

- 長男　友助
  嘉永三年（一八五〇）四月十五日生
  明治三十年七月八日没
  法名高山乃松根彦大人（笠木墓地）
  妻みね　明治三十三年一月十一日没
  （笠木墓地墓碑）
  - 長男　太郎
    明治十九年一月四日生
    昭和十八年十月六日没
    行年五八歳
    法名　安山道養善士（笠木墓地）
  - 次男　次郎　早世
    明治二十年二月五日没
  - 三男　三郎　早世
    明治二十八年九月十八日没
  - 長女　そで
    明治二十一年十二月十三日生
    （薬王寺住）山路八太郎に稼す
- 次男　菊次郎
  安政六年（一八五九）五月十三日生
  妻よね　山田川崎町横山三五郎長女
  明治二年十二月四日生
- 三男　弘助（中瀬家へ養子）――いと――弘
  慶応元年（一八六五）十一月六日生
  昭和二十年十二月二十日没行年八一歳
  妻かね　多気町矢田西谷久兵衛娘
  明治三十年五月二十二日没行年三七歳
  後妻きぬ　昭和二四年九月一日没行年六八歳
- 四男　祥助（山本家へ養子）
- 五男　七郎（有家家へ養子）
  明治八年十月二十日生
  明治四十二年七月三日廃家届出　同日
  吹上町二一九番地有家くすと婚姻（度会町役場除籍原簿）

もともと高山孝重については資料が乏しい状況のなか、かれの墓所が伊勢市宮大世古墓地内にあることが分かった。その墓石にはつぎのように記されている。(2)

（右側面）　天保十二辛丑正月十八日

（正面）　大内人孝重

（左側面）　父者根重母者世古宜（直か）貞女高山四世重蔵
後改重蔵幼名安行享年五十六

これによれば、高山孝重は天保十二年に五六歳で没しているところからして、かれは天明六年に伊勢大内人根重の子として生まれたことが分かる。

また、同墓地には孝重以前の氏人の墓も存在することが分かった。ただし大世古墓地は元々刑務所のあった所で、地元では新墓と呼ばれており、市内のいくつかの墓地がこの跡地へ新しく移されてきたのであるが、高山一族の墓がここへ移されてくる以前は曽根（伊勢市）に旧墓が存在した。したがって、このことから高山氏は、曽根かその近辺に住居を構えていたのではないかと推測される。そして孝重の子重助の墓は三重県度会町の注連指（しめさす）墓地に、重助の子友助のそれは多気町の笠木墓地にそれぞれ存することが判明した。(3)

これらと中瀬家伝承の系譜等をもとにすると、高山氏の系図はおおよそ上掲したようになる。

高山孝重とその家系は上記のようであるが、それ以上にかれのことを明らかにできる資料はいまのところ後掲の絵図・地図だけであって、伊勢神宮関係資料にもかれの係累の家にも見い出すことができない。

なお、伊勢神宮の大内人の多くは摂社・末社の宮司を勤めていたといわれている（池田仁三氏談）。そうだとすれば、孝重もその職に任じていた可能性は高いが、いまのところその手がかりはない。

三　天保二年正月刻「両宮摂末社順拝絵図」

高山孝重が伊勢神宮の大内人としていかなる職務に任じていたかは、拠るべき資料があまりにも少なく、ほとんど知るすべがないが、伊勢在住の方が所蔵されている「両宮摂末社順拝絵図」（図1）に、

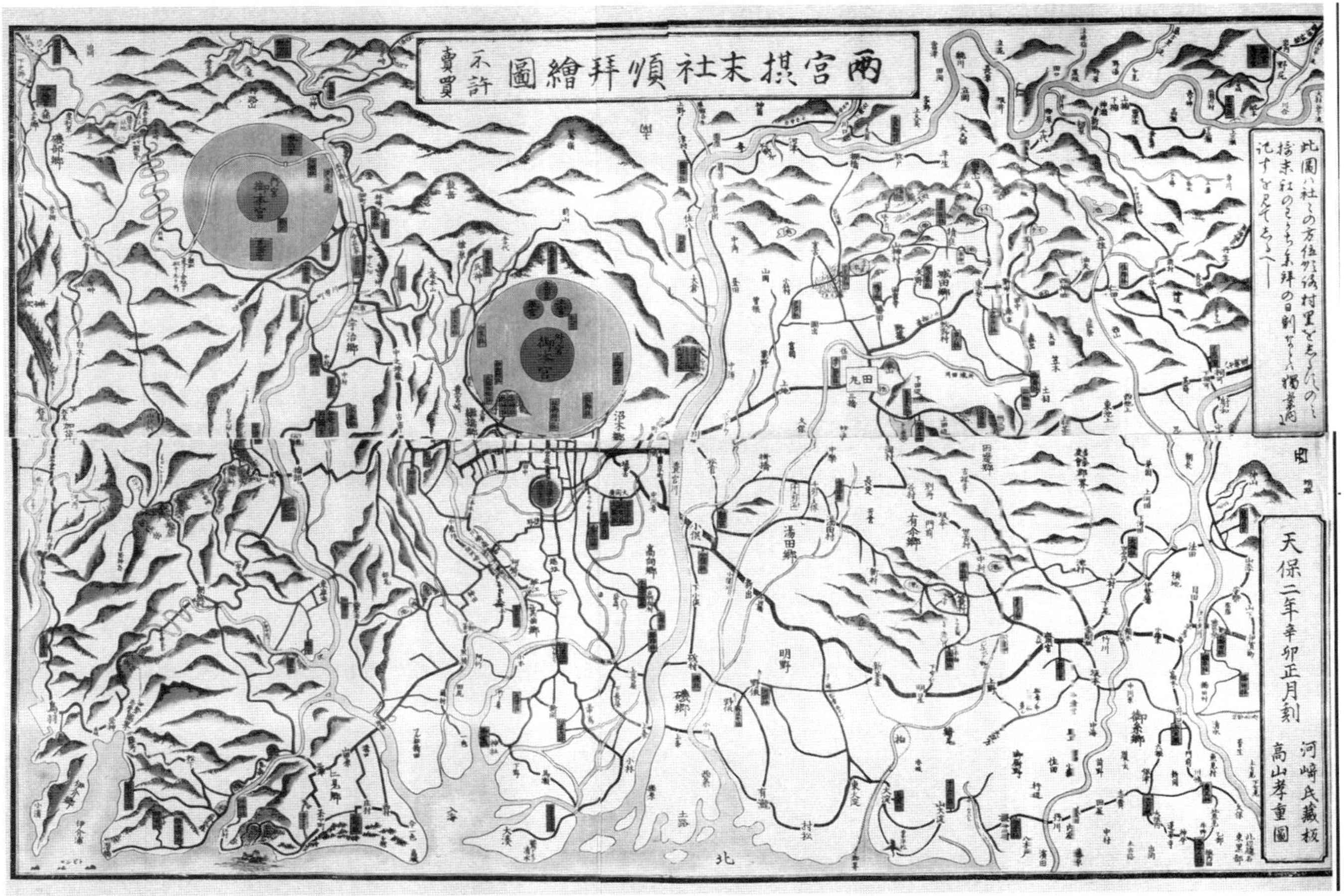

図１　「両宮摂末社順拝絵図」（個人蔵）

天保二年辛卯正月刻　河崎氏蔵板
高山孝重図

と見える。これによりかれが、神宮へ参拝する人達のために、天保二年に、宇治山田市街とそこへ至る村々の道程を描いた絵図を作成し、版行に供していたことが分かる。そしてまたこの絵図には、かれの筆になると思われる次のような注記が書かれている。

此図ハ社々の方位順路村里をしるすのミ
摂末社のわかち参拝の日割なとハ独案内に
記すを見て志るべし

この文中の第一行「この図は社々の方位順路村里を記すのみ」の言い回しから考えて、孝重が参拝案内図としてのこの絵図を、参拝者のために決して親切な、精確な図とは見ておらず、不十分と見なしていたふしがある。後に掲げる詳細を極めた地図の作成にとりかかる動機は、すでにこの時点でかれの中には芽生えていたと私は考える。

四　「天保年間分色山田之図」とその他の絵図

一　次に「天保年間分色山田之図」と題簽の貼られた山田市街の絵図が存在する（タテ一〇六二㎜・ヨコ五三二㎜）（図2参照）。

これは中瀬弘氏の所持にかかるものである。中瀬氏は高山重助の三男弘助の孫に当たられる方である。弘助が中瀬家へ養子に入ったために中瀬姓を継いでおられる。同家にはこの絵図とあわせて全部で四点の絵図および地図が存在するが、いずれも「高山氏蔵」の蔵書印が押捺されており、これらが孝重から重助へと伝えられ、しかるのちに弘助の家にもたらされてきたものと考えられる。何ゆえ孝重の長男友助や次男の菊次郎の家に伝来しなかったのかについての詳しい事情は知り得ない。遺産わけによる分散ではないかと私は推察している。

二　この絵図以外のもう一本の「山田町々古絵図」（タテ一〇四四㎜・ヨコ一四六〇㎜）（図3）には「往古ノ図ノママ天保九年戊戌孟夏写之」という注記が図の左端にある。もともと絵図は領有地を確定するうえで重要なものであり、古代以来描かれて来ているが、この絵図も中世から江戸初期にかけての伝統をひくものではないかと推察される。なお、これには「高山氏蔵」のほかに、「坂田図書」の蔵印がある。坂田は、前記した家系図にある様に、重助の妻の実家である。

三　さらにもう一点、「志摩国五十六ケ村図」がある（タテ九六四㎜・ヨコ一三二五㎜）（図4）。図の右上端に「志摩国五十六ケ村図」と書入れられ、「高山氏蔵」印のほかに、「□□《不読》室」のタテ長の蔵印も存するが、これは判読できない。

これの作成年代は不明であるが、半島や島々が描かれ、そのなかに半島間の距離が、たとえば「一り半」といったように、つぶさに書き入れられている。この計測をどのように行ったかは分からないが、孝重が測量を実施して書いたものとすれば、きわめて興味深い資料であるということができよう。しかし、このことを示す記述や、周辺の資料がいまのところ何一つ見出すことができない。

四　次なる地図は城下町図（図5）であるが、標題が記されていない。「高山氏蔵」印以外にいっさい文字が記されておらず、一体どこの城下町を描いたものか、不明である。

しかしその内容はかなり精巧に描かれており、細かに実測されたものではないかと考えられる。これまでの経緯から考えてみても、この作者が高山孝重と推定されるが、そうだとするとかれがこのような城下町を詳細に描くこ

図 2 「天保年間分色山田之図」

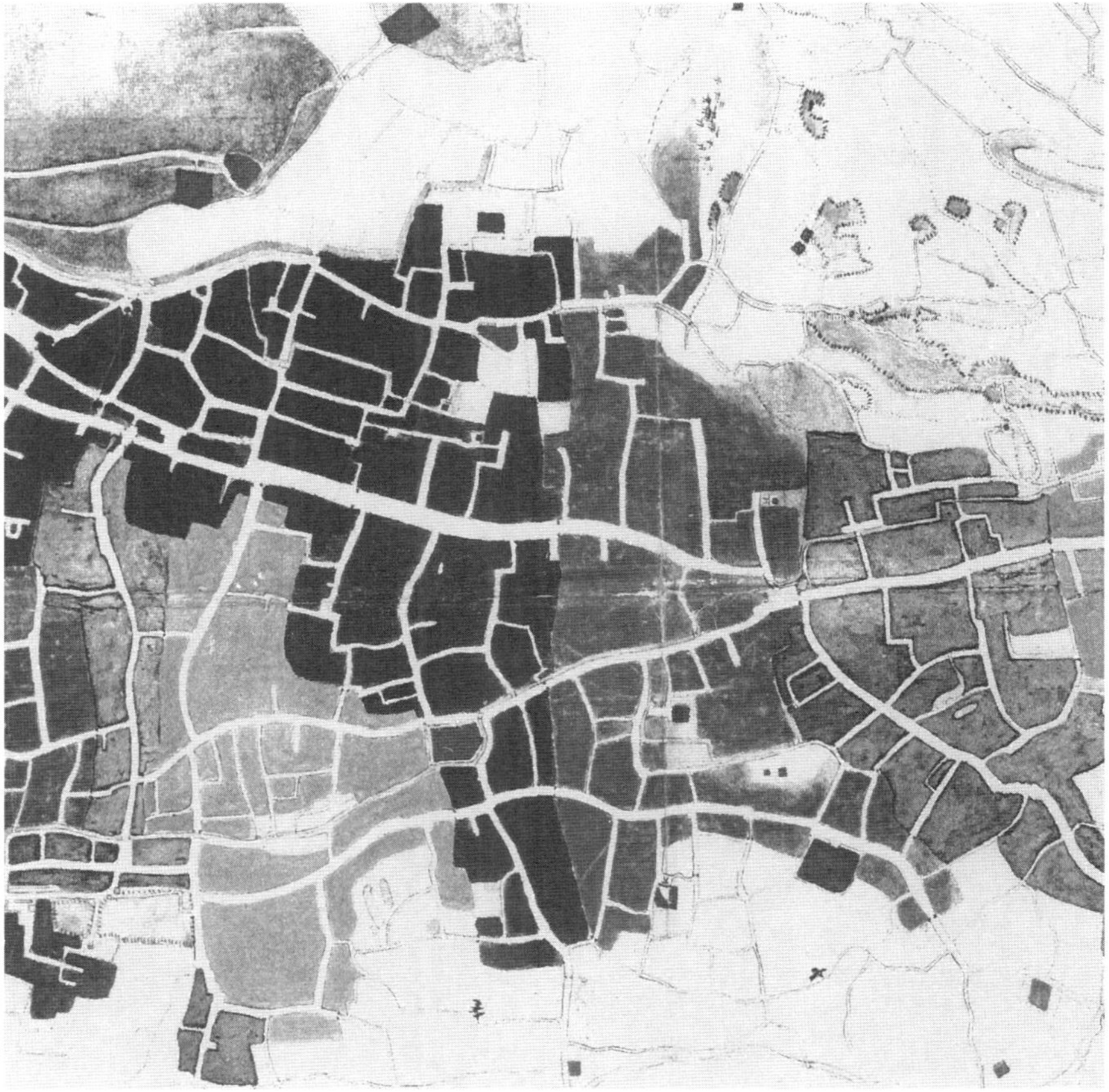

図 2 の題簽(上)と拡大図(左)

図 3　「山田町々古絵図」（左端に「往古ノ図ノママ天保九年戊戌孟夏写之」「高山氏蔵」「坂田図書」の印）

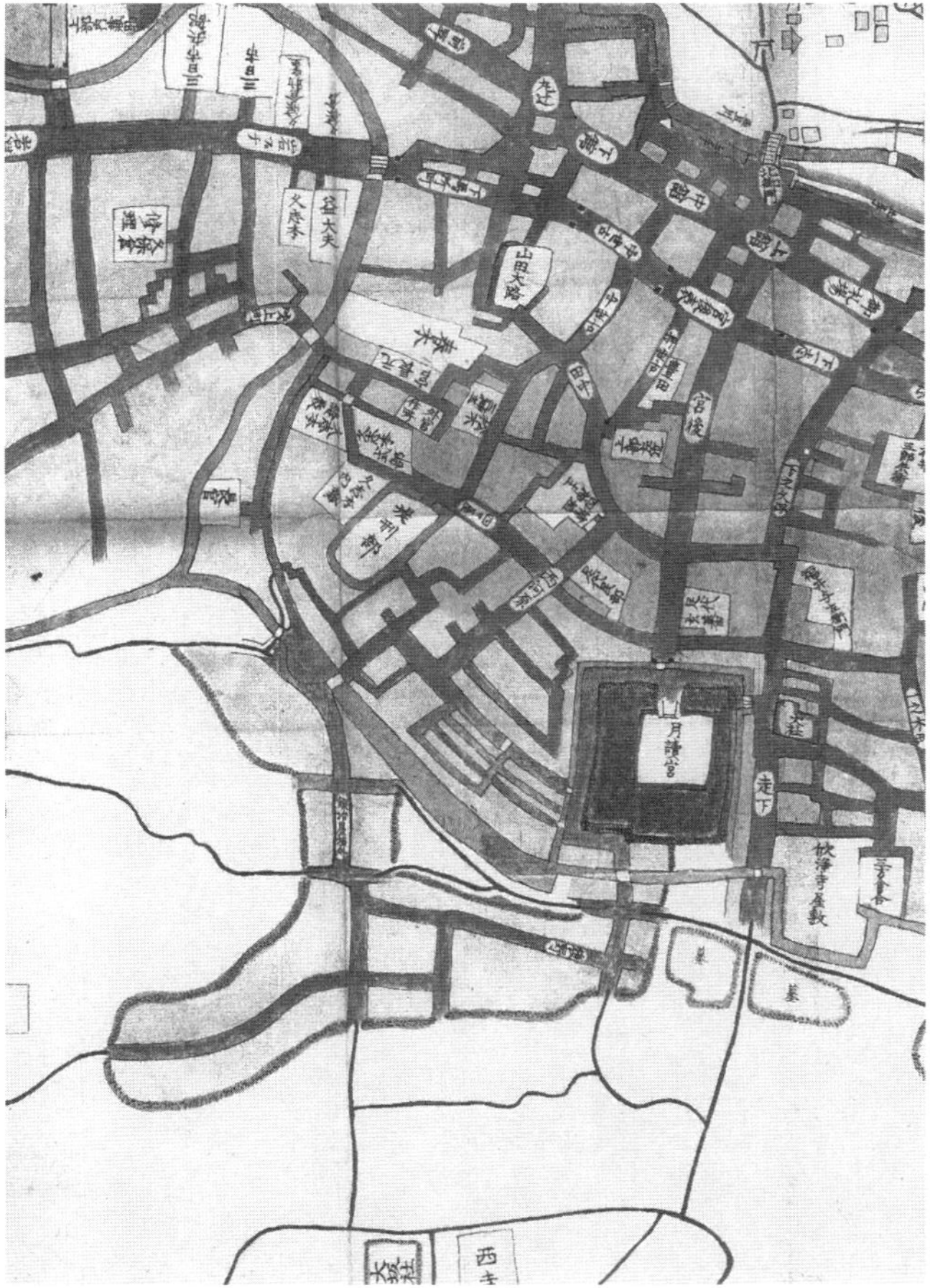

図 3 の題簽(上)と拡大図(左)

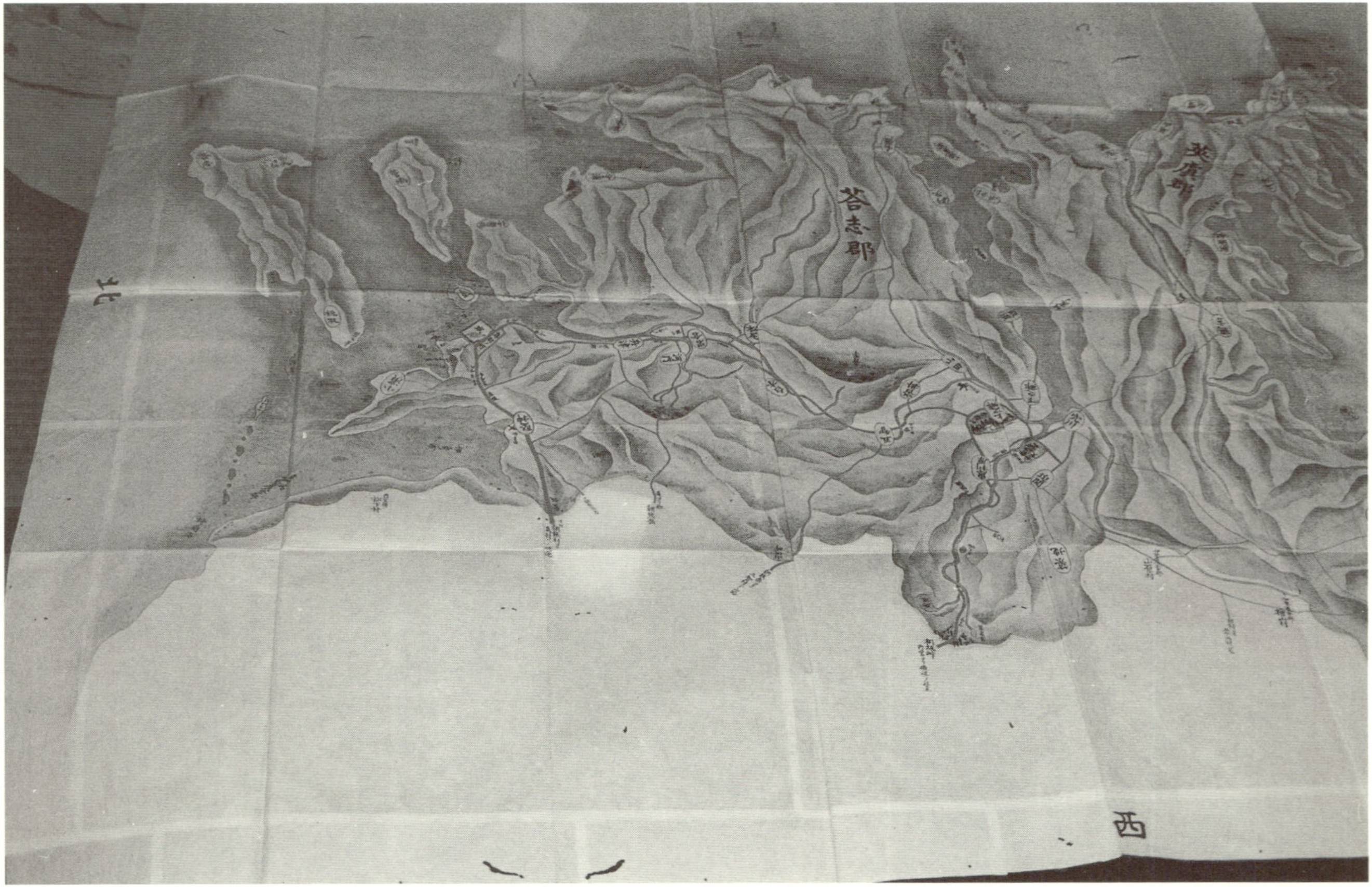

図４　「志摩図五十六ケ村図　高山蔵」（右上端に「志摩国五十六ケ村図」「高山氏蔵」印の外「□□（不読）堂」印あり）

図4の拡大図

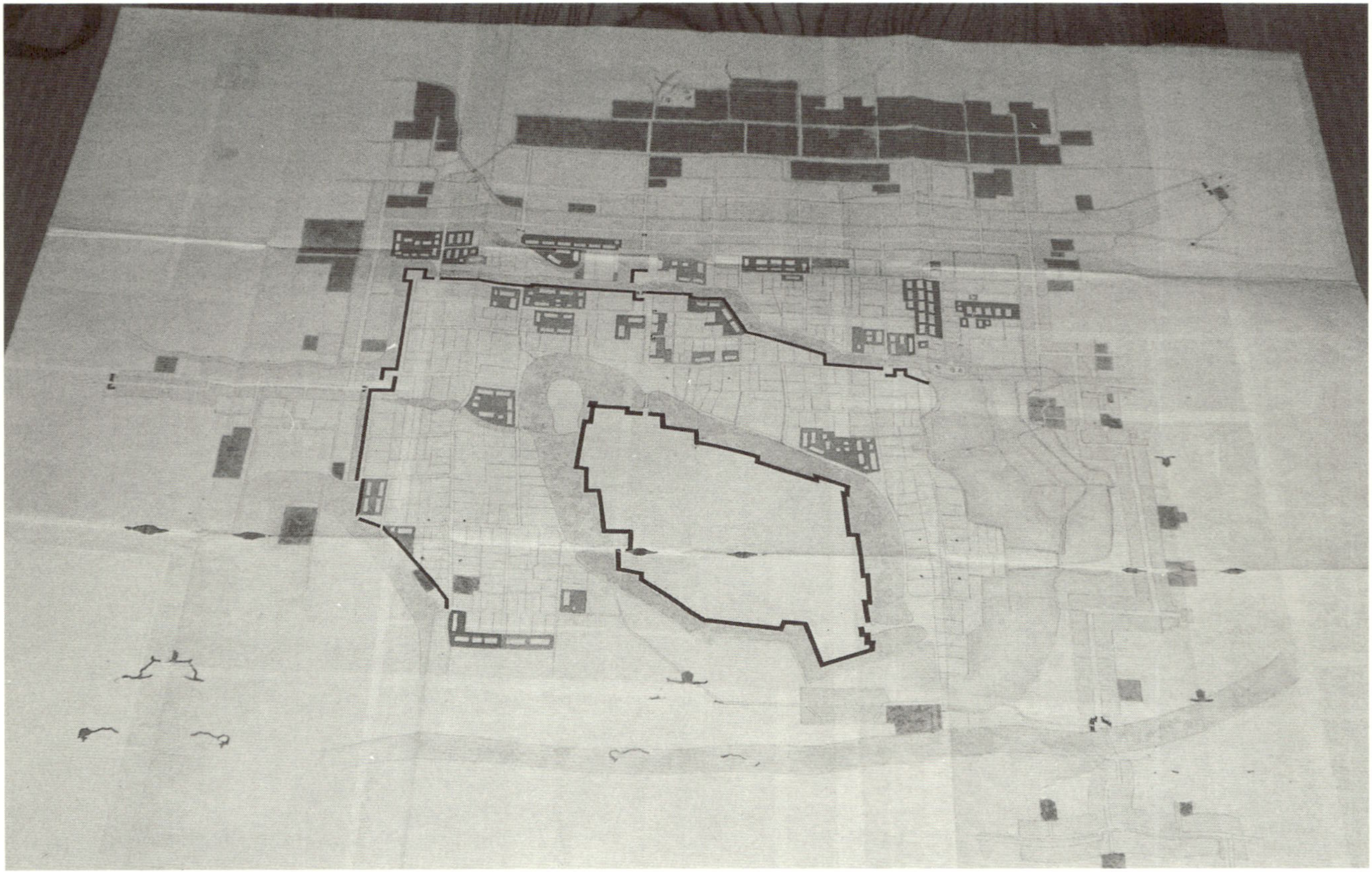

図５　城郭と城下町図（「高山氏蔵」印）

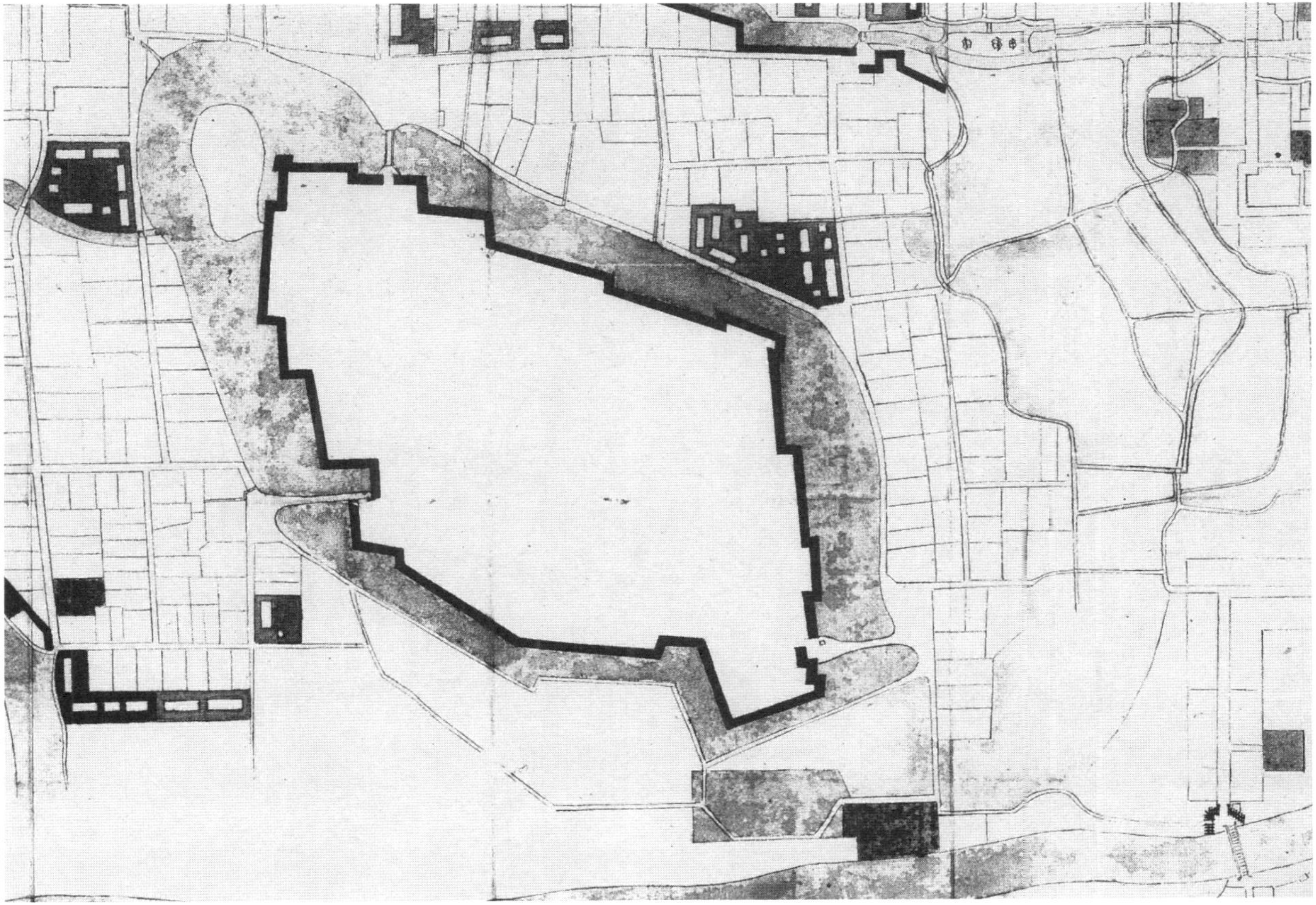

図 5 の拡大図

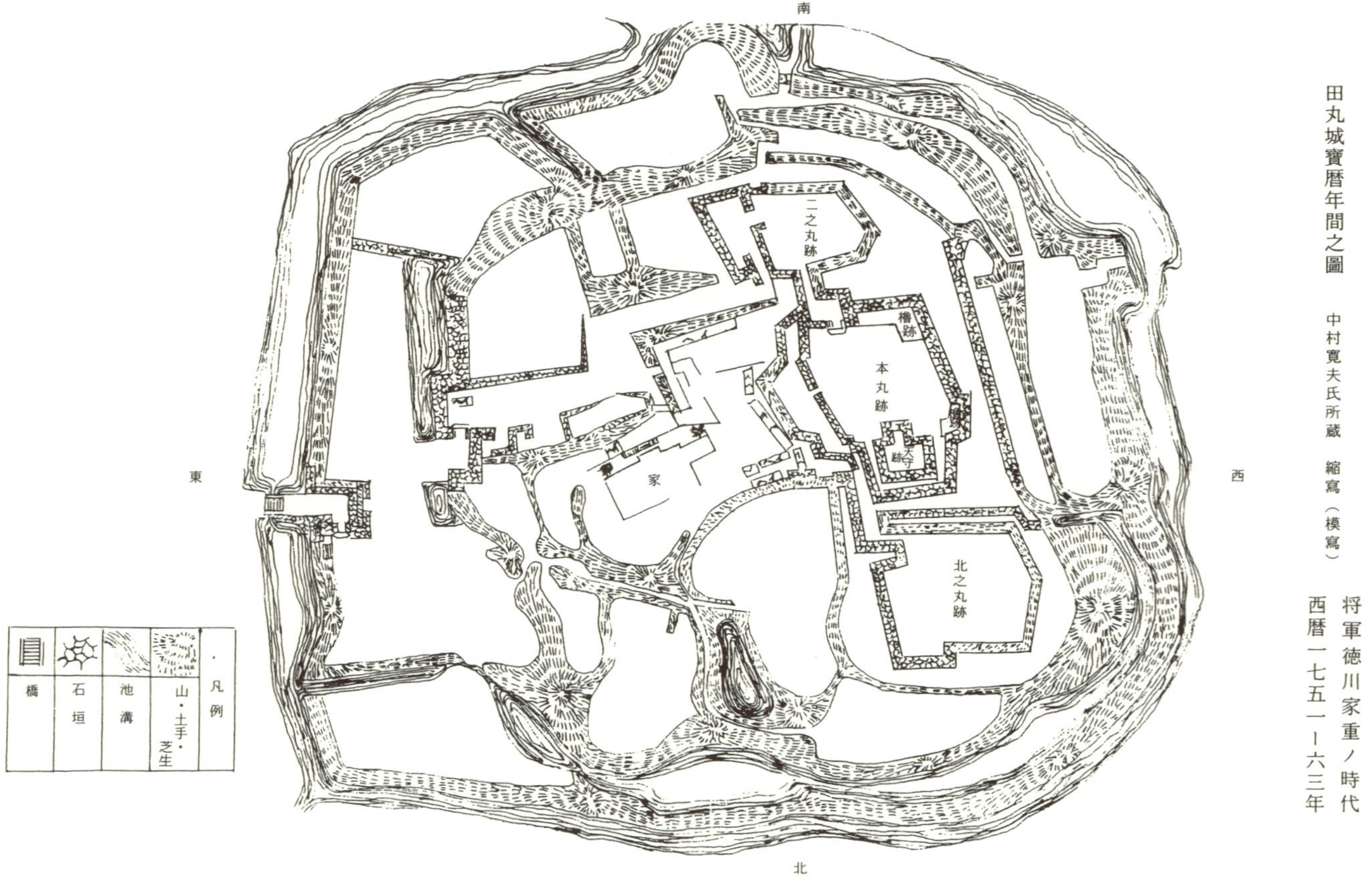

図６　**「田丸城郭図」**（中村寛夫旧蔵、金子延夫著「田丸城郭抄」所載〈玉城町教育委員会刊・昭和49年〉より転載）

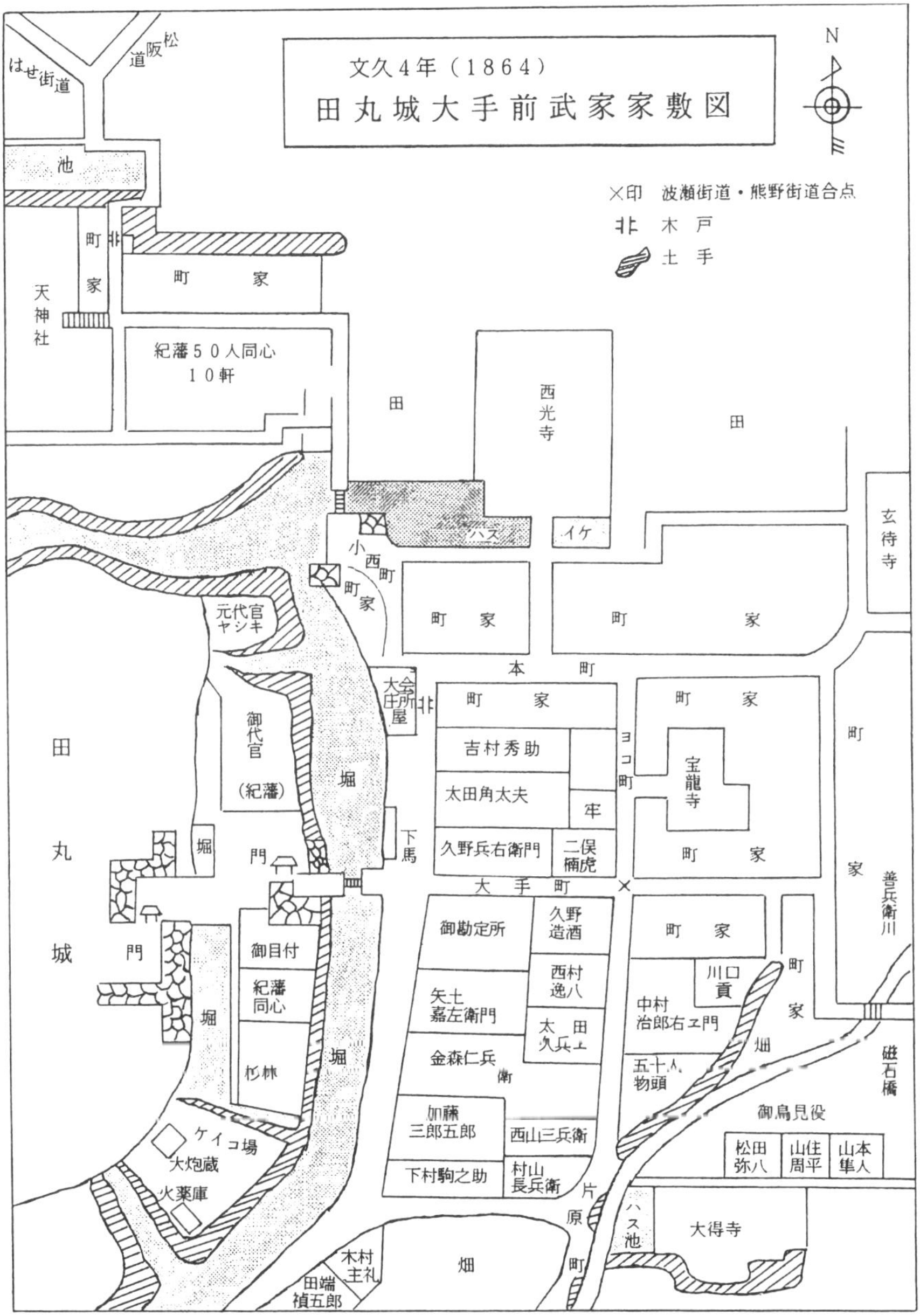

図7　「田丸城大手前武家屋敷図」（同前）

とが可能な地域はかれの居住する地からそれほど遠く隔たった所ではないと思われる。したがって私は、ここに描かれた城下町は城郭がいまも往時の姿をある程度とどめている田丸城下ではないかと疑うが、未だ確証は得られていない。中村寛夫旧蔵の宝暦年間の「田丸城郭図」（図6）、および「田丸城大手前武家屋敷図[4]」（図7）等と比べると、いささかこれとは異なるようである。

いずれにしても、以上の四点は、次節に掲げる孝重製作の山田地図の前段階において、かれによって作成されたものであると、私は推考する。

五　岡井家所蔵「山田地図」の成立と孝重・重助父子

まずここに掲げる地図（図8）を「山田地図」と呼んでおきたい。これが、何ゆえに岡井家に伝わったかについて一言述べておく必要がある。

第二節において言及した高山系図に見えるように、孝重の後を継いで家職の大内人となったのは興重であった。しかし興重にはその後後継者が存在しなかったらしく、それは大世古墓地やその他の墓所にその子孫の墓が皆無である点から推察できる。神宮大内人としての高山氏の地位と職とはこの五代興重で絶えたのではないかと思う。

この興重より一六歳も年の若い弟の重助は、分家として、何かに職を求めて身を立て、八日市場町在の坂田重太郎の長女つねと結婚した。その重助が明治二十二年に現度会町の注連指で息を引き取った後、生活に窮したつねとその五人の子供を引き取り、生活の面倒を見たのが笠木（現多気町）の岡井家であった。高山家と岡井家とのあいだにどのような縁故があったかについて、詳しいことは分からないが、大世古墓地の高山家の墓所近くに岡井家の墓所があることなどから、両家はかつて地縁ないし血縁で結ばれた緊密な関係にあった可能性が考えられよう。またあるいは、これはまったくの憶測ではあるが、高山重助が戦国時代の北畠氏ゆかりの注連指に生活の拠点を求めて移動し、さらには笠木御所に北畠家臣のひとりとして高山家屋敷跡の伝承地があることなど、直接的ではないけれど高山家の周辺の状況から、この家は古くから笠木に縁故があって、それに基づき、このことを熟知していた岡井家が、生活に困窮していた高山家を引き寄せたとも考えられる。(5) いずれにしても、叙上の地図をはじめとする孝重関係の諸資料は、孝重から重助に伝来し、さらにそれらは高山家が岡井家に引き取られた後は重助の子供である友助に伝わった。しかしつねが明治二十七年に没して間もなく、友助も明治三十年に他界してしまった。それがために孝重以来の諸資料は岡井家に残されることになったと考えられる。(6)

また、孝重関係の資料のうち一部は、友助の弟弘助が中瀬家に養子に入るときに遺産わけかなにかで持たされたのではないかと考えられ、前節で述べた四点の地図・絵図等が中瀬弘氏のお宅に引き継がれたのはそのためであろうと思う。

さて、ここに取り上げる山田地図は、タテ一七〇〇㎜、ヨコ二三〇〇㎜の大型のものであって、山田市街がほそい路地を含めて見事に詳細かつ精確に描かれている。前掲した天保九年書写の絵図以降に成ったものとすれば、これが製作されたのは、おそらくはそれから後の天保九年から亡くなる十二年までのあいだではないかと推測される。

この絵図の表紙には、

先考孝重天経氏
遺稿山田街々附
野径百歩当寸之
絵図高山氏所蔵

図8の表紙

図8「山田地図」（岡井清司蔵）

（亡父孝重天経という人物の遺稿は、山田の街々とその周辺に附いている野（田畑）とを含めて行程百歩これをもって付に当てた絵図である。高山氏の現蔵する所）

と書かれている。このことから考えてみて、この文章を記したのは、孝重を「先考」すなわち亡父とするかれの子であることは間違いない。それは現在私の認識できる範囲では、先の系図から知られるところの興重か、あるいは重助のどちらかということになろう。しかして、この両人のいずれの人物がそれに該当するかといえば、下に掲げる資料（重助の遺稿）から私は重助の方が蓋然性が高いと思う。(7)

なお、この文面に孝重を天経の氏と称していることの意味はさまざまに解釈されるであろう。たとえば、天の道にも通じたすばらしい人（『孝経』に、子いわく、それ孝は天の経なり…、とある）ということに発するとも考えられるし、また天の道（太陽・星の位置すなわち天文学）から地の道（子午線）を理解した人物とも受け取れよう。

先述した岡井家所蔵の友助所持本の中から、重助の書き残した十六枚（二一項目）にわたる遺稿が発見されており、(8)その中に地図に関する次なる言及がある。

赤水翁輿地図余既文而行之　末期年殆遍海内其為精確世固知之矣　但方幅頗濶是以旅途学窓人病艱于其展焉頃曾生応聖縮以九官法収入于尺幅内　而其方位迂直毫不謬原図也　夫然後馬上轎中可閲之於旅途　灯前碩側可展之於学窓不亦便乎　勧令亦刻而与人共之

これの意味するところは大略以下のようになろう。

赤水（長久保）翁の輿地図は私もそれを文面にして版行したが、江戸の末期にはほとんど遍く国内に広まり、その精確さも確固たるものとして世間に知れ渡るようになっていた。ただしこの地図は紙幅が大変に大きすぎたため、旅の途中にある人や学窓にある人がこれを使用するときにこれを広げて見るのがはなはだ困難である

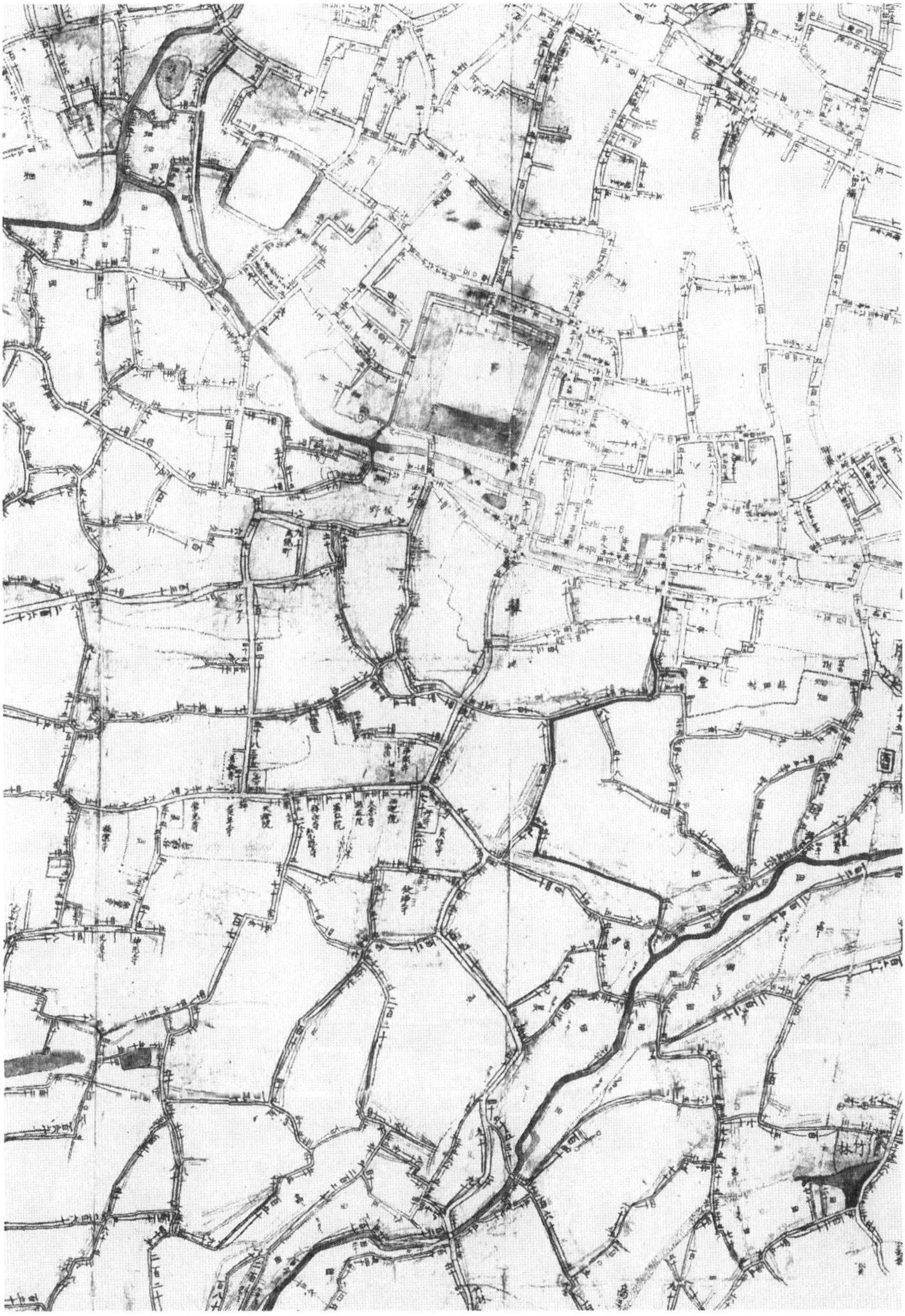

図 8 の拡大図

と嘆いた。そこでいずれのころか中国の天子の命に応えて生まれたとされる九宮法[注]を用いて縮小したところ、方位や迂回路、直路などについても原図といささかの狂いも生じることなく、尺寸の大きさに収め入れることができた。そうしたならば、その後には、馬上においてもかごの中においても見ることができた。旅の途中や行灯やすずりの側にこれを広げることができればまたそれも勉学に便利ではないかと、友人と共に縮小した地図を版刻し、人々に勧めたのである。

注　習字の技法で、手本に方眼の罫を引き、拡大または縮小した罫を引いた下敷きを利用して字を大きく、あるいは小さく書き写す方法

つまり重助は、おそらくは父孝重の影響からか地図に関しての造詣が深く、原図を縮尺して利用者の役に立つものを作図までしていたというのである。

このことから一歩進めて、重助は少年のころから孝重の地図の製作を目の当たりにしながらこれを学んできたか、あるいは時には父に随伴して地図の作成を手伝っていたかもしれない、と私は思う。孝重が没したのは天保十二年であるが、この時点での重助の年齢は一四、五歳である。先に私は「山田地図」の作成年代を天保九年から十二年の間ではないかと推測した。そうだとすればこの間、重助は一一、二歳〜一四、五歳の年代となる。年若いが十分に孝重の学問を摂取しうる年齢に達していたと考えられる。

この点が裏づけられるかどうか、未だ直接証拠には恵まれないが、このことに関して「山田地図」を細かに観察すると、一つ気掛かりなことがうかがえる。それは「山田地図」の中に見られる地名や里数を記した筆跡についてである。そこには、大人と子供の二種類の筆が混在しているやに思われるのである。子供らしく思われる書体ははたして重助のものかどうか。この点を重助の筆跡が確かな前掲遺稿の文字と比較することは、多少無理があろう。

なぜならば重助遺稿は明らかに明治以降の作文であって、[9] 維新のころかれはとうに四〇歳を過ぎており（かれは明治二十二年に六四歳で没している）、老境に達したころのかれの筆跡と一〇代前半の筆跡とでは比較の対象にならないからである。

しかし「山田地図」に年少者の文字が記入されているという観測は、この地図の成立を論じる場合になおざりにはできない問題であると思う。

六　むすび

さて、日本全国地図の作成といえばだれしも伊能忠敬を思い浮かべるであろう。かれは文化二年（一八〇五）ごろ伊勢・志摩地方の測量に来ているので、あるいは当時一九歳ぐらいであった孝重との接点があったのではないかと想像されるが、残念ながら現段階においてこれをうかがい知る資料は見出せない。しかし、孝重の少・青年期と伊能忠敬の伊勢地方測量旅行の時期が重なることは軽々に看過できない事実であって、両者には接点があったかどうかという点に関心を持ちながら研究を深めて行きたいと思う。はたして孝重は伊能の影響を受けたのであろうか。それとも伊勢地方に発達した天文・暦学の研究者グループの中にあって、孝重は独自に地図学の勉学に勤しみ、発展を遂げたのであろうか。

それにしても、かくまでに精緻な山田市街地図を孝重はどのようにして製作しえたのかはなぞであるが、またそのことと同時に、神宮がこれに許可を与えたことについても疑問がなくはない。元来、このように詳細な領地の地図・絵図は機密事項に属していたはずであるからである。

なお、友助に伝わった岡井家所蔵の「山田地図」は少し書き直しの部分があったり、修正のため上から貼り付けてあったりする箇所も見られる。したがってこれはいわば控えとして高山家が所持していたものであろうと考えられる。そうだとすれば、この地図の正本はまた別に存在しており、それが存在する場所としては神宮本庁以外には考えられない。しかしいまの時点でその有無を知るすべはない。

ちなみに重助の子友助については、その学問の一端を知らしめるかれの「履歴書」が岡井家資料の中に残存する。この「履歴書」は明治二十年に書かれたもので、かれが三七歳の時のものであった。その修業の欄の記入を見ると、「安政五年二月ヨリ明治八年一月マデ度会郡山田市中之□町丸岡宗太夫同所八日市場町森井順悟及父高山重助等ニ就キテ読書習字数学等ヲ学ビ傍画法を同所浦口町中川梅嶋ニ学ブ」とある。書き入れには、さらに具体的に年月を区切って、学問の伝授について

元治元年五月ヨリ明治八年一月マテ父高山重助ニ従ヒ読書習字算術等ヲ学フ　慶応元年五月ヨリ明治六年一月マテ同所浦口町中川梅嶋ニ就キテ画学ヲ修ム

と記している。つまり友助は、幼少のころより父からは読書・習字・算術等を、中川梅嶋からは画法・画学を就学していたとされる。生活はさほど楽ではなかったと思われるが、そうした中で重助がその子友助に対して上記の諸学問を身につけさせようとしていたことがうかがえるが、はたしてかれが孝重以来の地図や絵図の作り方までをも伝授させようとしたかどうかは定かではない。かれが友助に教授した習字や算術、及び学ばせた画法等はともに地図・絵図の作成には欠かせない基本的教科であることは確かである。だが伝存する友助所持本からは測量技術や地図・絵図に関する資料は見出せない。

以上、最近出現した江戸時代後半の宇治山田地方の地図・絵図とその作成者と思われる伊勢神宮大内人高山孝重およびその子重助について、いささか推測を重ねたきらいはあるが論じた。実のところ肝心の孝重に関しては余り

にも資料が乏しいため、本章を草することが躊躇されたのであるが、伊勢地方の測量技術に関する調査研究が他地方に比べると出遅れの感が否めないので、あえて公表に踏み切った次第である。

注

（1）江戸時代には今日にいう地図というのも絵図と称していた場合がある。したがってここでは地図・絵図という言い方を使うことにする。

（2）解読に当たっては池田仁三・中村澄夫両氏（伊勢市史編さん係嘱託）にお世話になった。高山一族の墓所を探し当てられたのも両氏である。ご教示に対しその学恩を謝す。資料中の「重蔵後改重蔵」は、どちらかは判然としないが「重蔵」をそれぞれ「じゅうぞう」「しげぞう」と読むという。

（3）この点も池田・中村両氏のご努力によるところが大きい。なお、私はたまたまそのころ伊勢国司で戦国大名でもあった北畠氏に関係する城館跡を調べ回っており、多気町笠木に在住の山路（旧姓松井）弘子氏の案内で笠木御所を度々訪れていた。本来、松井氏や高山氏などは北畠氏の近辺にいた武将で笠木御所内に屋敷を構えていた、と聞いており、同御所の簡単な見取り図には、笠木の郷土史家により両氏の屋敷地が推定で書かれている。松井家は御所内に昭和の初年まで住まわれていた。なお山路氏は友助の長女その長男八十八の子忠(妻弘子)の系統。

（4）これらはいずれも金子延夫著「田丸城郭抄」所載（玉城町教育委員会刊・昭和四十九年）のものを参照。

（5）重助の子友助がねむる笠木墓地は元来笠木御所に付随する墓地であり、北畠家臣ゆかりの氏族が多く埋葬されている。

（6）岡井家には友助が所持していた文献や文書がいまも大切に保存されている。

（7）興重に関する資料はいまのところ一つも残存していないので、明言できない。今後も資料追究を行っていきたいと思う。

（8）この遺稿は一六項目からなっており、明治の教育や政体および官吏の批判、そして当時の風潮などさまざまなことがらを漢文でしたためてある。すべて自筆である。各項目の後に時々「高山重助」をはじめ「高山重輔」「高山重祐」といった署名がしてある。現在、伊勢市史編さん係に寄託されており、同室の池田仁三氏のご配慮で見せていただいた。その学恩を謝す。

（9）二一項目に及ぶ重助の遺稿が明治の何年ごろに成立したかについては、現在調査中である。下記の15の文章に「方今我邦ノ方向開化ノ端」の語句があるから、明治二年以降の作文であることは確かであろう。ちなみに、他の遺稿を掲げると以下の通り。なお、原本は訂正・書き入れがあり、いわば中書本とみなされるが、ここでは最終訂正校を記す。各文末の「一倒八失」等は文の訂正箇所の数を示す。「作」「復」「訳文」等の書き入れについて、詳しいことは分からない。

1学校乃風化之本　俗吏多忽焉不以為務是不知天秩民彜一切治道皆出此焉　暇則卒僚菜以観講習　或生徒有未済稟気有未充祭物有未完教養有未至激勧有未周者皆敦篤以成之久則可弦誦之声作而礼義之俗所興

復　　紙十六葉

2鰥寡孤独王政所先聖人所深憫其聚居之所暇則親莅之或遣人省視若衣糧若薬餌吏不時給者糾治之

四十二言

3治官如治家古人有此訓矣蓋一家之事無与緩急巨細皆所応知焉有所不知則有所不治

作　　三十六言

4竹中重治曰ク馬ヲ購フニ於テ一ノ用心アリ　蓋シ其価貴キ者必駿足ナルベケレバ敵ヲ追フニ速ナリ　然リ而シテ若シ敵ト槍ヲ合セ或ハ組討ヲ為ント欲シ　其馬ヲ騎離サントスルノトキ自ラ愛惜ノ情作ラン　又其駿速ナルニ因テ馭人モ亦之ニ後レン　其愛惜ニハ心後レ疾速ニハ馭人後ル　是両ナガラ不覚ナラズヤ　此不覚ヲ取ンヨリ寧ロ其価ノ賤キ者ヲ購ヒ期ニ臨ミテ捨ベクハ之ヲ捨テ　而シテ後又更ニ之ヲ求ルモ亦易カラズヤ

作

5近侍寵臣成瀬等数人同日賜㆑食邑皆万石唯安藤帯刀受㆓横萱㆒独五千石厥後嘗テ訪㆓予諸侍㆒曰汝等皆為㆓万石侯㆒為政何如成瀬避座頓首曰臣等受恩皆万石唯帯刀独五千照公聞㆑之大愕曰吾乃以㆓横萱㆒為㆓万石㆒也汝等勲労一禄豈

有二差等一然リ而シテ直次不レ形二于辞色ニ一有十有余歳亦不ヤレ貞乎即日命シテ増レ邑併計テ二五千十余年ノ租ヲ一
賜レ之於レ是安藤氏独リ富ム

復

6士農工商ノ四職各其学ブ所アリ　本邦ノ俗多クハ其学フ処士工ニノミ在テ農商ニ於テ之無キモノ、如シ　豈何ソ然ランヤ　四職ノ中農ハ最其本ナリ　学ハスンバアル可カラズ　其学ブベキヲ学ビ尚其風土ニ適フベキヲ察シテ能ク培植ニ注意セバ光温之ヲ祐ケ雨露モ亦之ヲ補フトキハ一粒万倍ノ収納亦疑フ可カラズ

作

7小野ヲ城ノ山里ニ置キ茶禿梅松ヲシテ之ヲ守ラシム軒前新ニ松数株ヲ植ウ　既ニシテ蕈ヲ生ス　其実ハ外ヨリ之ヲ移セルナリ　梅松採リ以テ之ヲ聚楽ノ第ニ献ス　公笑ヒ曰ク吁孤ノ成□能蕈ヲシテ数月間ニ生セシムルカ其狃屢献スルニ及ビ則又笑ヒ曰ク止メヨ止ヨ蕈ヲシテ多ク生セシムルハ太タ不可ナリ

訳文　三月三十日　高山重輔

8重学浅説一書巳印入叢談中今単印以行言物之長短大小為度量之学言物之軽重為権衡之学質言之則曰重学　重学之理極深玆就日用器具最浅者論之故曰浅説於初学良便云

一倒八失

9使楚人聘之陳蔡大夫謀曰孔子用於楚則陳蔡危矣相与発徒囲之於野孔子曰詩云非兕非虎率彼曠野吾道非耶吾何為於之子貢曰夫子之道至大天下莫容

復文

10嗚呼海有鯋鰐山有彪狼天昌生乎此盖獣蓄殖日積月多若不相残相殺勢必逼人無地必不得巳而有虎鰐焉皆為化工之深意所謂無物不信世用者也

六十四言　無倒八失

11人世復有火盗之災然而思念毎不安仏者所謂三界無安猶如火宅盖是歟皆可以有禁人心之驕恣怠惰

復

12（本文の「赤水翁」で始まる文章）　復文　　六倒十失

13去林処土殆五百年区々ノ遺墨数行後世保護シテ宛然如新彼ノ人品庸劣ナル者雖伐山石大書而深刻之故《モトヨリ》有踣之者
成化戊戌二月十六日観ル沈啓南所蔵示簡ヲ因而題
復文　一倒七失　高山重輔

14民或失則伐鼓集衆親臨以救之惻隠之心人所共有誠能鼓舞以作其気雖仇人亦将焦頭爛額而相趨患難矣
復　四十五字　一倒五失

15国家ノ政体ニ於ルヤ憲法ヲ立テズンバ之ヲ行フベカラス　其憲タルヤ賞罰ヲ正クシ以テ普ク士民ノ心ヲ得ルニア
リ　士民ノ心ヲ得ルハ上ミ能仁慈ノ道ヲ行ヒ以テ下ニ及ホスニアリ　方今我邦ノ方向開化ノ端ニ基ツキ英傑輩出
シ漸々国家ノ憲法ヲ立テ士民其業ニ怠ラズ　国力隆盛ノ日遠ニアラサルベシ
作　高山重助

16亜米利加州猴類甚繁山園菓木熟時多竊掠一空其竊之法先使一老猴登高瞭望然後連群列隊而立登木摘菓者数猴取次
遞傳頃刻盡其一樹亦顧而之他
二倒八失

17時遇園丁巡獲老猴疾呼報警一鬨而散無踪影若老猴忘報帰巣之後衆猴共撃殺之其□猾如此　高山重祐
復文　一倒四失

18西人著書唯論其才調優長詞意温雅而巳或喜作曲或喜作詞或喜作史○皆任其性所近○情之鍾情性既真○然後発為文
章可以立説於天下読之者使色然而喜聆之者曜然而心服也　高山重介
復文　四倒十四失

19阿爾蘭ハ英倫蘇格蘭ノ西ニ在リ　海港隔絶シ別ニ一島ヲ為ス　南北約シテ七八百里東西約シテ四五百里古時土蕃
ノ部落タリ　英人南宋ノ時ニ於テ之ヲ収服ス　地瀦沢多ク河流甚タ短シ土モ亦磽瘠ニシテ石炭ヲ産スル　甚富メ
リ　又鉛錫鋼鉄ヲ産ス　其民粗豪閒爽ニシテ飲酒勧会遠図無シ　英人募リ以テ兵ト為ス　陣ニ臨ンデ衝突ニ敢ミ
退縮ヲ以テ恥トス　故ニ英ノ水陸将領半ハ皆阿爾蘭人ナリ　俗洋教ヲ尚ビ肯テ西教ニ従ハズ　英人之ヲ悪ミ而シ

テ之ヲシテ改革セシムル能ハザルナリ　地三十二部ニ分ツ

訳文　（阿爾蘭はアイスランド、蘇格蘭はスコットランド）

20余見高寿之人多能善養精神不妄用之其心澹然無所営求故能培寿命之源然世間名利色欲之類澹而不求可也　読書窮理者老不惓若徒貿々玩愒寿若彭聃何益之有

六十七字　一倒六失

21人平日能不レ殺生亦是レ佳事。一切果報姑置勿論。但生動遊戯一旦斃之刀俎自所不忍。今人愛惜花打者遇被摧折猶懊悩竟レ日況血気之倫乎

復文　五十六字

付記　貴重資料の閲覧にあたっては、中瀬弘氏（奈良県王寺町）、岡井清司氏（多気町笠木）、伊勢市史編さん係、池田仁三氏（伊勢市）等のお世話になった。深く感謝の意を表したいと思う。

第八章　幕末・維新期亀山藩黒田孝富小伝

――その出自を中心に――

一　はじめに

明治維新は、徳川幕府治政二七〇年の長きにわたる封建的幕藩体制の崩壊・終焉と、新政権樹立をめぐる大政治改革であり、それは薩長土肥などの西南雄藩の下級武士の主導によって成し遂げられたものである。

このような変革と激動の時代にあって、全国諸藩の藩政は大きく揺らいだ。ことに嘉永期のペリー来航後の各地各藩の動向には、時代の変節を予見する激しいうねりが巻きおこりつつあった。

わけても私が注目したいのは、時代の荒波に翻弄され、ともすれば大勢のうずの中に捲き込まれがちな小藩において、藩論を領導し、それを堅持して藩の命運を方向づけた武士達の活動の足跡である。

ここに取りあげる伊勢亀山藩士、黒田頑一郎孝富(1)は、維新史上ほとんど無名に近い存在といってもよい人物である。その父祖は、もともと浪人の身であって、他所から亀山に移り住んだ身分の低い武士の出でありながら、かれはすぐれて突出した活躍をみせ、東西を奔走して維新期の小藩の国運を左右した傑物である。

またそれ故に、郡代奉行に大抜擢されて間もない明治元年に、反対派から襲撃をうけて悲運の最期を遂げることになるのである。どのような思想的立場をとり、行動をしたとしても敵をつくってしまう、それがこの時代の姿であった。

亀山藩は六万石の小藩ではあるが、藩主石川氏は早くから徳川家に仕えた名のある譜代大名であった。それがために同藩は、大勢としては終始佐幕の立場を変えることはなかった。それは三百諸侯中の一小藩が、徳川家による封建的治政のうちつづく長年月の間に生き残るすべとして培ってきた慣例的な藩是であり、それが崩れれば、当然のことながら何もかもが消え去る、という程の重い意味をもっていた。

こうした因襲にひたり切った藩の風潮がいかんともなしがたく藩下の形勢を占めるなかで、黒田孝富はいつからか勤王の姿勢を持つようになる。

そしてついには一徹なまでの果敢さで決定的局面での藩論を動かし、藩を朝敵の汚名から救うとともに、新政府の政権樹立に向けての一翼をになうはたらきを藩をして行わしめるのである。この点については少し説明を要するであろう。以下に略述する。

王政復古の大号令によって発足した明治維新政府が、最初に直面した難題は、大号令の直後に勃発した戊辰戦争での軍事上の陸上輸送の問題であったが、亀山藩はその機に際して、率先して、桑名討伐をはじめとする佐幕諸藩追討のための嚮導および兵糧の調達、休泊施設の提供等々の輸送需要の取りまとめを負担し、実行しているのである。いうまでもなくこれには、黒田の活躍によるところ大であって、裏面でのかれの奔走がなければそうした役廻りは亀山藩には与えられなかった、と見るべきであろう。もちろん、かれのバックボーンとなった近藤鋒山や数人の同調者を忘れるべきではないが、三条実美や薩長中枢との接渉の場面にはつねに孝富が不可欠の中心人物であった。

『復古記』東海道戦記によれば、橋本実梁を東海道鎮撫総督参与とするこの方面の追討軍が、陣容をととのえ、桑名討伐に向けて大津を進発した慶応四年（明治元年）一月十八日の陣立ての内訳は、次のようである。(2)

嚮導　亀山藩（約一五〇人）
先鋒　大村藩（五七人）　備前藩（二九五人）　佐土原藩（六六人）
　彦根藩（四四〇人）　水口藩（約一五〇人）　膳所藩（一九九人）
本陣　肥後藩（二八三人）
後陣　因幡藩（四一〇人）
　通計　二〇五〇人

この時の征討軍総勢二〇五〇人のうち、亀山藩はその七・三パーセントに当たる兵員を供出し、しかも嚮導という過ぎたる任務をおびている。このことは、裏をかえしていえば、朝敵の汚名を挽回する必要からとられた同藩の窮余の一策であり、この直前に、藩がいかに窮境に立たされていたかを如実に物語っているのである。この重い役を親征軍に申し出たのは黒田孝富であった。(3) この一事により、まさに藩は間一髪のところで追討の対象から除外され、救われたのである。

さらに、同年一月二十八日の桑名城接収後、新政府は、二月九日の大総督府（大総督有栖川宮）の編成に先立ち、六日に橋本実梁をあらためて東海道先鋒総督兼鎮撫使に任命するとともに、翌七日には海陸軍務局、会計事務局の連名で三河の吉田藩および亀山藩に対して東海道総軍の兵糧差配ならびに輜重運送の取り計らいを命じた。(4) 以下の通りである。

今般御親征ニ付総軍兵糧差配輜重運送付添取計被仰付候事
　松平刑部大輔（吉田藩主）
　石川宗十郎（亀山藩主）

右此度御親征ニ付其藩東海道先鋒諸隊之輜重運送取計被仰付候旨御沙汰候事
　総軍米糧輜重方心得
一総軍之小荷駄ハ各我藩々之手ニテ運送致候ヘトモ若シ出張藩々ヨリ相頼候ヘハ請取運送致可申事
一日々通行之時ハ諸隊之兵食ハ其駅ニテ取設置候テ滞陣ニ相成候ヘハ総兵糧方ニテ兵食之世話取計可致　尤金米共是迄徳川領地ニ貯蓄有之分ハ取越相用不苦候事
但シ会計事務局ヨリモ役人差添ニ相成候事
　（中略）
　二月七日
　（下略）

すなわち、亀山藩は他の一藩とともに部隊に随従して輸送の需要を取りまとめるという重い任を与えられることによって勤王の意志を示したのである。新政府の側も未だ政権基盤は脆弱であったから、こうした亀山藩の果たす役割はなくてはならぬものであったに違いない。

こうした一連の同藩の動きとその決断の背景には、終始、黒田孝富がもたらす政府意図の状況把握と、藩首脳への情報提供とが存在した。

本章では、この黒田孝富の出自ならびに家系について、現在判明する範囲で追求しようとするものである。したがって幕末・維新期のかれの活動、およびかれの暗殺事件についてはいずれ稿をあらためて述べたいと考える。

黒田孝富の伝については、すでに明治期以来、稲垣茂郎氏の著になる『維新勤王黒田孝富君伝』（明治四十年）、あるいは大西源一氏執筆の『勤王家黒田孝富小伝』（昭和十二年）が刊行されており、また、未刊ではあるが、孝富の長男である黒田甲子郎が晩年にまとめた「黒田寛一郎伝」（昭和十一年、写本）がある。さらには山田木水『亀山地方郷土史』第三巻（昭和四十九年）、原喜一・西口嘉雄『幕末の伊勢亀山藩』（昭和五十七年）でも、孝富に関してかなりの頁をさいて記述がみられる(5)。

先に掲げた伝記的著作の類には、今日では探し求めることの非常に困難な資料が用いられた形跡を読み取ることができる。これは著述当時にはかなりの資料が伝存していて、これらの蒐集が幅広く行われたためであるが、そうした貴重資料の行方は、今となってはあまりよく知られていないのである。

したがって、小論においては、限られた資料的状況ではあるが、いささかの新出資料にもとづいて、あらためて黒田孝富の伝記を再構成するための手がかりが提供できれば幸いと考えるものである。

二　本　論——黒田氏の系譜——

前節で掲げた孝富に関する稲垣・大西両氏の伝記的著作は、当時、相当の資料蒐集が行われ、まとめられたものでそれぞれに新知見が見出される貴重な基本文献である。しかし記述の根拠となった出典を逐いち明示されていない点は、誠に残念である。そのために、著述された時には存在したであろう「孝富日記」をはじめ、稀少な価値を有する記録や古文書・書簡等は、現時点で所在不明であって、その存否さえあやぶまれる状況である(6)。

したがって、孝富の先祖に関しての稲垣氏や大西氏の記述は、今日の学問的観点からすると、かなり概略的なものでたしかな典拠をもとに史実を裏づけることは難しいかもしれないが、これに頼らざるをえない部分も他方で存することは否めない。

孝富の代をさかのぼる黒田氏の系譜について、両氏の所説を見比べてみると、それぞれ以下のごとくである。ま

ず、稲垣氏は次のように述べている。(7)

その昔天明の頃、新たに召抱へられたる九石二人扶持の小侍に黒田蛙潜といへる俳諧師ありて、彼れの祖先はもと堀尾吉晴の一門なりしも、吉晴没して跡目を嗣ぐべき嫡男なく封土没せらるゝに及びて住み馴れし石見地を立出で、姫路の片田舎なる或る知辺を辿りて、浪人の詫棲ひに永の歳月を送り、其の子孫流れ流れて大垣に移り、桑名領の豊田村に転じ、更に藤堂領の大黒田村に移りて郷士となり、村の名に縁みて苗字をも黒田と改め、聊か算筆の素養もあれば、それを資本の貧しき生活に辛くも一家の餓を支えたるが、伝手なりて亀山藩に召抱へられ、勘定方の下役を勤むる身とハなりぬ、然るに此の人不幸にして夫婦の間に一子だもあらざりしかバ、桑名領の豊田村なる親族中より一児を貰ひ受けて跡目となし、己が名の富嘉治といふを譲りて勘定方の下役を継がしめたり、養子富嘉治といふは養父に似ず子宝多き人なりしか、その長男を庄蔵と呼び、家に伝はる算盤の道に疎かりしも、幼少の頃より手習を好みて書を能くせしかば志学の頃より御茶坊主として召出され、二十歳の頃には物書役に転任せられぬ、依て名をも寛一郎と改めて日々権門の為めに書記の労を執られしが

…………

稲垣氏の表現形式は文学的であり読む者をしてひきこましめるおもしろさはあるが、史実に即していうならば、氏の論のなかには誤解があって、例えば堀尾吉晴の跡をついだのは子の忠氏であり、さらにその子の忠晴が同家を襲っており、吉晴の代で堀尾氏が滅んだのではない。(8)「嫡男なく封土没せら」れたのは忠晴の代に及んでからである。また稲垣氏の記述では、黒田氏の各世代の別が曖昧模糊としており、孝富の祖父孝明を軸に論がなされているが、黒田を名乗ったのはこの孝明からとも読める文章となっていて、読者を誤らせかねないうらみがある。そしてさらに、後述するが、稲垣氏所説の通り、孝明はその子に男子なく養子をもらいうけているが、孝明自身もまた同

じく「豊田村なる親族中」から黒田家に来た人であったのである。

また大西源一氏は次のように記している。(9)

其の祖先は、豊臣秀吉の臣松田左近吉久と称し、秀吉が堀尾吉晴を出雲隠岐二十四万石に封じた時、附家老として吉晴に附随せしめられ、禄七千五百石を領してゐたが、寛永十年、堀尾家が没落した為め、浪人の身となつた。其の後堀尾家の再興に力を尽したけれども、終に酬いられなかつた。かくして幾世かを経たが、たま〳〵亀山藩主石川氏が、堀尾家と姻戚関係あるの故を以て、其の縁故によつて、総慶公に仕へることゝなり、宝暦五年、五石の扶持を給せられた。

寛一郎孝富より遡ること四代の前に、黒田浅右衛門孝好なる人があつた。其の養嗣子富右衛門は、町同心となつて、九俵二人扶持を給せられ、富嘉治の代に至つて、算術稽古世話役を命ぜられ、九石二人扶持に取り立てられることゝなつた。それは安政六年のことであるが、此の富嘉治孝豊こそは、実に寛一郎の父であるのである。

大西氏の記述はさすがに今日私たちが目にしうる史料の裏づけを以って論じられているようである。しかし、孝富自身の伝記が中心であるためか、その祖先についてはあまり深くは追求しておられないのである。

そこで本節では、判明する範囲でその系譜を辿ってみることにする。

(一)　曾祖父孝好以前

黒田氏が、亀山藩石川家に仕えるようになるのは、孝富の曾祖父浅右衛門孝好の代になってからである。それ以前の事歴については史料が乏しく、かろうじて過去帳の類に頼らざるをえない現状である。これのみを用いて論じることが史学上の方法論として決して正しいとは思わないけれども、他によるすべがない以上しばらくこれに依拠し、後考を俟つよりないと考える。

孝好の父孝久は、もと堀尾の姓を名乗っていたことが『黒田家過去帳』に見えている。(10) これは、その四代前の祖氏政（松田左近吉久の嫡子）の室が堀尾吉晴の息女であり、吉晴の孫忠晴で嫡子の絶えた堀尾家の家名を絶やさないようにするために、それ以来この子孫が堀尾の姓を称したことに由来するもののごとくである。

氏政の父は松田左近吉久といい、天文十二年（一五四三）に生をうけ、豊臣秀吉に信を得た武将であったが、堀尾氏のつよい要請で、堀尾氏が出雲の地を領した際に附されてこの地に赴いたのである。秀吉死後は堀尾氏が徳川家に組したのに従い、吉久もこのもとで活躍した。慶長十七年（一六一二）に七〇歳で没した。(11)

氏政は没年から逆算して、天正十二年（一五八四）頃の生まれと思われる。『黒田家過去帳』には「始姓松田忠賞ニ依テ堀尾ト云」とあり、堀尾因幡氏政を称したようである。しかしこれが正式な改名理由であったかどうかは疑わしい。かれは堀尾忠晴が没したと同じ寛永十年（一六三三）に、おそらくは主君に殉じて、五〇歳で卒しているが、堀尾の血をうけつぐ子の忠弘に、堀尾の家名存続の思いをたくす意図から堀尾姓を称しだしたのではあるまいか。

かくして氏政の子忠弘（幼名金蔵）は、これも『黒田家過去帳』によれば、かれが三歳の時に堀尾家の証人となり江戸に下ってそこに住まうことを余儀なくされ、将軍家より三〇人口を与えられた。その年代は定かではないが、大坂の陣が始まる以前のことであったと思われる。忠弘は、忠晴とともに堀尾吉晴の孫に当たる。忠の字は主君忠晴の忠に通じ、ひいては将軍秀忠の一字をもらいうけたものと考えられる。

これにより、雲州にいる氏政の嗣子に氏政の次弟久深が養子として入った。久深は初め、堀尾忠兵衛と称したと

『過去帳』には見えている。かれは氏政とともに大坂の陣の際は鳴野に出陣。その後堀尾忠晴が没し、名実共に堀尾の嫡系が絶えたため雲州を離れ、酒井修理大夫忠直に仕え、本知一二〇〇石を給せられ組頭役に任ぜられた。[12]

忠弘の子久次（幼名貫一郎）が成長するに及んで久深の養嗣子となり、父と同じく、延宝元年（一六七三）に酒井忠直に仕えた。当初、松田の姓を称し、源左衛門久次と名乗ったが、のち堀尾を称した。[13] しかし新参の時に「大勢御暇の節同様ニ御暇」を与えられ、歴路銀を拝領し、しばらく流浪の身となったが、天和三年（一六八三）、「堀尾家の由緒ニテ」「石川家ニ奉公」することとなった。この『過去帳』の記載は、おそらく、堀尾吉晴のもう一人の息女が石川忠総の正室となっていた故に、同じ吉晴の血を承け継ぐ久次との縁故を指しているものとみられる。[14]天和年間、石川家は忠総の孫昌勝が後を継ぎ、山城国淀藩（六万石）を治めていたから、久次が仕えたのは、この淀城主昌勝[15]であったと思う。

久次の三人の男子のうち、長男忠久について『過去帳』は「大本家」と記すだけでその系統にふれていない。[16] 黒田氏に繋がるのは久次の二男孝久である。かれは寛文五年（一六六五）の生まれであるから、父久次が石川氏に仕えた天和三年には一八歳で、おそらくは元服を済ませた一人前の武士となっていたはずであるが、次男故か、石川家に仕えず、流浪の身となった由『過去帳』は示している。堀尾源三郎孝久を名乗っていたかれは、浪々の末に伊勢国飯高郡大黒田村（現松阪市大黒田町）に至り、その居住地にちなんで黒田と改姓し、その名を源蔵、また退蔵と称したらしい。やがてかれは桑名城主榊原式部大夫に奉公し、榊原氏が姫路（一五万石）へ国替になった時（宝永元年＝一七〇四、榊原政邦の時）にこれに随伴、病を得て退身した後、元文五年（一七四〇）当地で死没した。享年七六歳であった。[17] 榊原氏に仕えた経緯は詳らかでない。

孝久には二人の男子があり、一男は黒田喜兵衛吉孝といった。その生年は不明である。かれは酒井雅楽頭に奉公し、安永八年（一七七九）に卒したと『過去帳』にはある。酒井雅楽頭の家は寛延二年（一七四九）、忠恭の時に前橋から姫路に国替となった大名であり、姫路の榊原氏が寛保元年（一七四一）に政岑が遊蕩を理由に隠居し後継の政永が越後高田に移された後に姫路に入ってきたのである。したがって本家の吉孝はそのまま姫路に居住しつづけたのではないかと考えられる。

孝富の直接の祖に当たるのは孝久の二男で浅右衛門孝好なる人物である。孝富の曾祖父である。

（二）　曾祖父黒田孝好

孝好は享保十三年（一七二八）に呱々の声をあげた。[18] 庄蔵また浅右衛門と称した。[19] 父孝久の生年が寛文五年（一六六五）であるから、孝好は実に還暦を過ぎてからの子ということになる。また兄の吉孝も、没年は孝好と比較的近い（吉孝は安永八年＝一七七九、孝好は天明八年＝一七八八にそれぞれ卒す）ので、二人は実の兄弟と見ていい。ただ、この二人の兄弟は孝久の高齢時点で生まれたことになるが、それは孝久の流浪の長き故かどうかは定かでない。ただ、孝久の妻（法名妙真尼）の没年は明和八年（一七七一）と『過去帳』に見える。この女性は年齢的にも二人の母親と考えてよさそうである。したがって、孝久はかなり年をとってから妻をめとり、二人の男子をもうけたことになろう。

孝好は、宝暦五年（一七五五）に亀山の石川家に奉公先を求めてここに移り住んだ。かれ二七、八歳の時である。『過去帳』では「旅用金トシテ白銀二枚拝領」とあり、おそらくは姫路の兄のもとをこのようにして辞したのであろう。

時に亀山藩主は石川総慶（在職一七四四―一七六四）の代になっていた。『過去帳』によれば孝好は同心組に属し、一〇俵二人扶持を給せられた、と記されている。またこれには「強波流棒捕方指南役漸々料理人格に至る」とも書かれているが、真偽のほどは明らかではない。

『黒田家過去帳』によると、その妻の名は富喜（ふき）といい、住山九右衛門娘とある。法名妙智、文化元年（一八〇四）に卒し、法因寺に葬られた、と記されている。住山氏については詳らかでない。

この法因寺の過去帳に、黒田家の一員で最初にあらわれる者は、孝好と富喜との間にもうけられた妙薫という釈名をもつ女子であり、明和五年（一七六八）十一月二十九日に没している。[20]さらに同七年（一七七〇）八月四日には次女妙超が没した。『黒田家過去帳』に「加世」という俗名をとどめる。『法因寺過去帳』では孝好のことを庄蔵と称しており、住居を「東台」（妙薫の項）と書き記している。

すなわち、孝好は、明和の頃、一般に庄蔵と呼ばれ、東台に住んでいたと考えられる。この庄蔵なる称は、次代の孝明も、そして孝明の孫である孝富にも承け継がれている。

孝好の三女緒（きぬ）は幸いにも成長をとげて片山林左右衛門に嫁し、文政三年（一八二〇）に没した。しかし孝好は、その後も男子にめぐまれなかったために、安永六年（一七七七）豊田村（現川越町豊田）の川村三右衛門家より養子をもらいうけた。それが孝明である。かれに関しては川村家にも若干の記録があり、その系譜を補うことができる。詳しくは次項に譲る。

孝好はまさに五〇歳になんなんとする時に養嗣子を迎え、天明八年九月十四日、六一歳で世を去った。石川家に仕えて三四年の歳月がたっていた。法名を覚道という。『法因寺過去帳』（第参巻）によれば、卒した時の住所は「渋倉」となっている。

㈢　祖父孝明・父孝豊と川村家

孝明は、明和八年（一七七一）に桑名領豊田村の郷士川村三右衛門孝之[21]とその妻そよ[22]との間に三男として生まれた。幼名を末吉[23]といった。六、七歳の時に孝好の子となり、長じて富右衛門、さらには庄蔵と名乗った。俳号を蛙潜と称した[24]。養母富喜が卒した文化元年（一八〇四）十一月晦日の『法因寺過去帳』（第参巻）の記録に「黒田富右衛門母」と見える。また同項にはその住居を「江ケ室」と記している。天明五年（一七八五）九月十九日に若干一四歳で同心組に属し、「漸々給米六石五斗二人口」を給せられたと『黒田家過去帳』は伝えている。

ところで、孝明の生家川村家には、今日まで「黒田の血を絶やしてはならない」という言い伝えが残っている[25]ほどで、長らく私はその理由を納得できずにいた。黒田家の系流には、堀尾吉晴の息女を通じて名将堀尾の血統が脈々と継承されてきた。しかしその血流を絶やさないとする強い意識が何故にかくも長き世代にわたり川村家の中に伝承されつづけて来たのか、まったく謎としか言いようがなかったのである。

ところが、注意深く『黒田家過去帳』に目を通してみると、松田吉久の第四子は「川村家養子トナル母方家相続」とあり、川村三右衛門孝政と書かれている。家系図や過去帳の類はどうしても男系中心に記されているため母方の系統はおろそかにされがちであることは否めない。ここに記された川村三右衛門家は、まさに豊田村の川村家そのものである。松田吉久の正室は川村家から来ており、四人の男子を生んだ。氏政、久深、吉政、そして孝政である。氏政は堀尾吉晴の息女を正室にもらいうけ、堀尾の嫡系絶えた後は自ら堀尾を名乗り、その子にも、孫にも、ひ孫にもその称を名乗らせ、堀尾の名跡を後世に残すことにつとめた。しかし四代のちの孝久にいたり、黒田と称することとなったが、血流において、堀尾のそれとは少しも変らない。一方、氏政に始まる堀尾の血脈はまた、川村の血脈でもあったのである。氏政の舎弟孝政が養嗣子となった母方の川村家は、孝政によって命脈を保ちつづけることとなった。今日目にすることのできる川村家の系図（『川村家先祖人名表』）は、大正年間にまとめられたものであるが、元来どのような系図が同家に伝存したかは知りえない。現在の系図は、同家の菩提寺である長明寺の過去帳や墓碑銘ともかなり合致するところがあるので、あるいはこれらを素材にまとめられたかもしれない。同系図は、享保十九年（一七三四）十二月二十日に没した佐兵衛を初代とし、以下九代の系譜を載せている。したがって、この系図では、それ以前の同家の系譜はまったく知ることができない。しかし、三右衛門なる称は系図では四代、六代、八代の長がそれぞれ名乗っているが、四代以前においてもこの称は川村家の通号として使われていたに違いない。

川村孝政はまた、『黒田家過去帳』によれば「松平越中守臣」と記されている。その時期が判然としないので、孝政が仕えた松平氏が誰であったのか明確ではないが、私はこれを松平定勝（一五六〇―一六二四）あるいは定綱（一五九二―一六五一）のいずれかであると推測したい。定綱は慶長十三年（一六〇八）に越中守に補され、元和九年（一六二三）に淀藩、同十三年に桑名藩主に就任している。定勝はそれより以前元和三年（一六一七）に桑名藩主となっている。孝政の生年は不詳だが、長兄の氏政が天正十一年（一五八三）の生まれであるから、およそ一五九〇年頃の生年と見られる。

おそらく、孝政は元和以降に母方の桑名領豊田村川村家の当主となり、松平越中守に仕えたものと思われる。さて孝明は、天保十五年（一八四四）八月二十三日、七四年の生涯を閉じた。法名は聞甚深法信士、法因寺に葬られた。[26]墓はまた川村家の墓（川越町豊田大字豊田小字杉ノ木六八二）にも現存する。なお、『法因寺過去帳』（第四巻）によれば、この時「黒田庄蔵」と記されており、これがかれの通称とされていたのかもしれない。また、住居は「谷」となっているので、再三の引っ越しの末にここに移り住んでいたものと思われる。

孝明には実子の存在が確認できない。

孝富の父孝豊も川村家から黒田家へ養嗣子として入った人である。かれは『法因寺過去帳』（第五巻）によると、明治九年（一八七六）一月二十七日に「六十六年一ケ月」で卒したとある故、文化七年（一八一〇）か八年辺りの生まれである。父親の名は川村左五右衛門吉之ということが『黒田家過去帳』で確かめられるが、母親は『川村家先祖人名表』に佐五衛門の妻きぬの名が見えるので、この人であったと思われる。と思われる、というのはこの川村家の人名表の佐五衛門の項目に孝豊と覚しき人の名前が見えないからである。それに反して、その一世代下った三右衛門の項目に「次男　富右衛門　亀山御家中庄蔵へ養子ニ参ル」とあり、一世代の差異が見られる。もしもこの人名表の記録が正しいとすれば、川村から黒田へ養子に入ったのは孝豊ではなく次の孝富であったということになる。そして、そのためかどうかは分からないが、川村家には早くより「孝富は川村から出た人」という言い伝えがある。しかし他方で、前記の『黒田家過去帳』に依拠したと思われる稲垣氏や大西氏の著作では、前述したようにこれとは異なる事実を書き記している。すなわち両氏の説を総合すれば、孝富は孝豊の実の子であり、そして孝豊こそが川村家から養子として来たのである、と。結論的にいって、私は、大正十五年に調製されたという先記の『川村家先祖人名表』のこの部分に関してだけいえば、これには錯誤があるのではないかと思う。川村家に残る「孝富は川村家から出た人」という口伝の存在に、この人名表の表記者が左右されたかどうかは分からないが、この表の孝明を示す項目にあらためて目をやると、そこには「川村庄蔵　亀山御家中へ養子　二代目も富右衛門養子参ル」（傍点は筆者）と記されており、この記載自体、次の世代の者が養子に行ったことを示唆しているのである。やはり、孝明、孝豊の二代にわたり、黒田の血を絶やさないがために、川村家から黒田家へ嗣子が送られたと見るべきであろう。もうひとつ積極的な証左を示すならば、孝富の長子甲子郎自身が、その著『黒田寛一郎伝』(前掲、写本)のなかで、

先考の父は黒田富嘉治孝豊と称し同国朝明郡豊田村川村三右エ門の次男富右エ門が入婿となって妻いく女を迎へ長女うと長男庄蔵次女とや次男閏次等九人の男女を生みました。その長男庄蔵は先考寛一郎孝富の幼名であります。富嘉治の養父は俳名を蛙潜と号し是れ亦豊田村川村家からの入婿であります。

と述べていることから判明する。

また、先に述べたように『黒田家過去帳』には、

孝豊実父
　川村佐五右衛門吉之
孝豊実母
　川村佐五右衛門吉之妻

とあり、孝豊の両親が川村の人であることを明らかに示しており、また同過去帳に孝豊が「黒田寛一郎ノ父ニシテ……」とあり、『法因寺過去帳』(第五巻)に「黒田孝富母　いく」と見え、孝豊とその妻いくが孝富の実の父母たることを示している。これにより、『川村家先祖人名表』に見える疑義は解消されたと見てよい。

なお孝豊が文化七(一八一〇)、八年の生まれであったとすれば、かれは父吉之が明和元年(一七六四)頃の生まれ、母きぬが明和五年頃(一七六八)の生まれであるので、かなりおそい時の子供である。先の川村家の人名表中、この両親のもとに文化九年に七歳で死んだ佐太郎という五番目の子供がいるが、孝豊はそれよりも下の弟であったということができる。人名表には、佐太郎の下にさらに妹ぬよ、弟利右衛門の二人が記されているが、生年が未記

入のため孝豊がかれらの兄か弟かのどこに位置したか明言できない。

孝豊は子宝に恵まれた人であった。しかし一〇人の子供のうち、成長したのはその半数の五人で、残りは早世した。『黒田家過去帳』その他によれば、これらは、うと（天保二年生、橋本市助妻）、孝富（天保五年生）、とや（生年未詳、青木周助妻）、閏次（生年未詳、鳥羽藩木本たけに婿養子となる）、五男（天保十二年正月生、同月卒、法名暫夢）、六女喜女（きめ、天保十四年生、弘化四年卒、五歳、法名妙縁）、七女亀子（きし、弘化三年生、安政六年卒、一四歳、法名妙証）、八男愛弥（嘉永三年生、安政六年卒、一〇歳、法名智専）、九女喜登（きと、嘉永五年生、安政六年卒、八歳、法名妙受）、十男孝登（生年未詳、大正二年卒）である。孝富は郡代奉行という破格の出世を果したために、孝豊の家を離れることとなった。黒田家の後を継いだのは末子の孝登であった。

また稲垣・大西両氏はその著書でふれておられないが、閏次は維新期に鳥羽藩士として活躍している。その系流については未詳である。

孝豊は長男孝富が家を急襲され殺害された時（明治元年十月二十九日）は同居していなかったために難をのがれた。孝豊は思想的には佐幕の立場をとる派に属し、孝富の勤王的な行動に組しなかったといわれる。そしてその八年後の明治九年一月二十七日に江ケ室五十三番屋敷にて没した。法名は勝友孝豊信士。(27)

三　む す び

幕末・維新期に亀山藩郡代奉行にまで昇った黒田孝富の祖先をさかのぼれば、戦国時代の松田吉久という武将にまで辿りつくことができる。かれは豊臣秀吉輩下の名将堀尾氏に随従して堀尾氏支配下の出雲国赤石城主となった（『黒田家過去帳』）。かれの室は伊勢国豊田村の川村氏の出である。この家の家督を吉久の四男孝政が相続して川村三右衛門を名乗り、桑名藩松平越中守に仕えた。吉久の長男氏政は堀尾吉晴の息女をめとり、一子忠弘をもうけた。堀尾氏三代にして滅ぶに及び、堀尾の家名存続のためその称にあらため、子孫代々これに従った。しかし再興はついにならなかった。忠弘の子久次は縁戚の関係にある石川氏に仕えた。その次男孝久は浪人となり伊勢に流れ、飯高郡大黒田村（現松阪市大黒田町）に居住して黒田と名をあらためた。

さらにその次男孝好は先の由緒あるによって亀山藩石川家に仕えることとなった。かれは男子に恵まれなかった故に桑名領豊田村（現川越町）の川村家より嗣子として孝明を迎えた。さらに孝明は子に恵まれず、またもや嗣子を川村家から迎えることとなった。黒田家の家名存続に対するかくも執拗な川村家の援護は、今日も「黒田の血を絶やしてはならない」という口伝が同家に残るように、両家の間に強いきずなで結ばれた特別な姻戚関係、および祖先意識に出でるものである。すなわち、名将堀尾の血脈は、氏政の室堀尾吉晴息女を通して黒田の系統にまでえんえんと継承されるが、堀尾の血はまた氏政の母方川村家の血流でもあった。堀尾―黒田の命脈が絶えないようにするため、幕末の黒田家二代（孝明、孝豊）にわたり、川村家から養嗣子が黒田家に迎え入れられた。勤王家としての孝富の活動に対して、川村家から資金援助などが行われていた(28)ということは、単に、川村から出た孝豊の子を助けたというだけの観点から見るのではなく、数代にわたり脈々とつづく両家間の強い血族の意識を視野に入れて、論究すべきであろう。

論じ残した点はまだまだ多岐にわたる。序において述べた孝富自身の活動とその評価、かれの弟閏次（木本孫右衛門）が孝富を通じて鳥羽藩を朝敵とすることから救った事績(29)、そして孝富殺害事件の真相とその裁判の推移(30)、等々についてである。これらについては後考を期し、ひとまず筆を擱くこととする。

注

（1）黒田孝富は幼名を庄蔵といい、一二歳の時に名を三斉とあらため、さらには寛一郎、頑一郎、そして孝富と名を変えている。本論ではとくに断わらない限り、孝富で統一した。
（2）『復古記』第九冊・一三五頁。
（3）黒田孝富先生武徳顕彰会編『勤王家黒田孝富小伝』（大西源一執筆・昭和十二年）・六九頁以下。
（4）『復古記』第九冊・一七二〜一七五頁。なお、戊辰戦争時期における陸上輸送の問題については、山本弘文「宿駅制度の改廃」（同『維新期の街道と輸送（増補版）』所収・昭和五十八年・一頁以下）に詳しい。
（5）これらのほかにも、服部英雄『三重県史』下編（大正七年）・二七一頁以下、早川赳夫『鈴鹿小史』（昭和三十四年）・一一〇頁以下、浅野松洞『三重先賢伝』（昭和五十六年）・九〇頁以下、亀山市教育委員会編『幕末の亀山藩士の遺墨遺品展』（昭和五十七年）・四頁以下、『亀山のあゆみ　亀山市制四〇周年記念誌』（平成七年）・五〇頁以下、等々で孝富についての論及がある。
（6）私はかつて佐々木三男氏のお宅（亀山市江ケ室）で黒田関係の書簡を見せて頂き、その写しを頂戴したことがある。
（7）稲垣・前掲「孝富君伝」・四頁
（8）堀尾氏の祖は、天武天皇の皇子高市親王に出るとされている（『国史大辞典』吉川弘文館）。戦国時代、同氏は吉晴（一五四三〜一六一一）―忠氏（一五七七〜一六〇四）―忠晴（一五九九〜一六三三）と三代つづいた。忠氏・忠晴はともに徳川家に仕えて将軍秀忠の忠の一字を与えられた。関ヶ原の戦功で吉晴は出雲・隠岐二四万石の領主となり、慶長五年（一六〇〇）十一月、月山富田城に入った。忠氏は慶長年間に若くして没し、忠晴は吉晴が死んだ慶長十六年に一三歳で家督をついだが嗣子なく江戸において没した。享年三五歳。臨終に際し家名存続を哀願したが、聞き入れられず断絶した。
（9）大西・前掲「孝富小伝」・三頁。
（10）『黒田家過去帳』（亀山市江ケ室、黒田嘉治家蔵）。この過去帳を私が黒田家で初めて見せて頂いたのは平成九年二月のことで、さらに平成十年二月になり、あらためて訪問し、全体を再確認した。

(11) 以上は『黒田家過去帳』による。
(12)(13) 同右。
(14) この関係を系図にして示せば次のようになる。

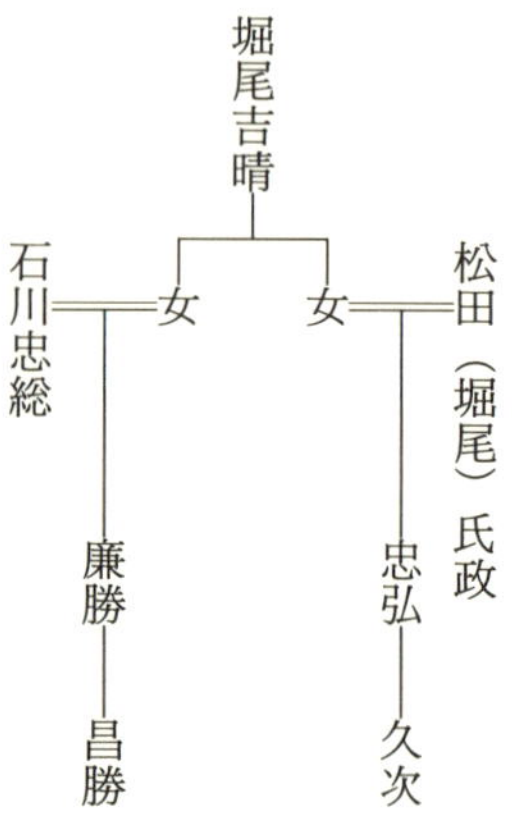

(15) 石川昌勝は慶安四年（一六五一）四月に近江国膳所より亀山に入封、寛文九年（一六六九）二月まで在府したのち淀城に転封し、そこでさらに二十八年の長きにわたり城主をつとめた。
(16) この「大本家」忠久の系統は、おそらくはその後も淀藩に居残り、石川家に仕えたものと考えられるが、その後の消息については、まったく知られていない。石川家が、やがて亀山藩主となりこの地に戻った後も、忠久の系統がつづいていたならば孝久の系統と亀山でともに石川家に仕えることになったはずであるが、そのような事実はなかった。
(17)(18) 『黒田家過去帳』。
(19) 『法因寺過去帳』（亀山市東町、法因寺蔵）第参巻による。『黒田家過去帳』には庄蔵の称は記されていない。なお宝亀山法因寺はもと真言宗で開基は不詳。晩年に蓮如上人がこの草庵に逗留した明応年間（一五世紀）に本願寺派に改宗したという（『近世亀山藩大庄屋記録　九々五集』昭和六十一年・二九頁）。
(20) 『法因寺過去帳』第二巻によれば、妙薫は「黒田庄蔵妻」とあって、庄蔵すなわち孝好の妻となっているが、これは誤りであろう。私の拝見した過去帳は、近年になって市内の篤志家が古い過去帳を清書し直したものであるから、筆写の誤りが存することは十分ありうることである。なお旧過去帳のこの部分は未見である。

（21）『黒田家過去帳』。
（22）『川村家先祖人名表』（川越町豊田、川村家蔵）。大正十五年二月七日調製の旨、記されている。
（23）（24）『黒田家過去帳』、および『川村家先祖人名表』による。幼名末吉および俳号のことは後者には見えない。なお、『法因寺過去帳』第参巻には、孝好の項に「冨嘉治父」との書入れがある。これが正しいならば、孝明はまた冨嘉治とも称したことがあるということになる。
（25）葛山久人氏談。氏の母（孝明から数えて六代目、季氏）方の里が川村家。先掲の『川村家先祖人名表』や川村家菩提寺の『長明寺過去帳』等々の貴重な資料は葛山氏の提供による。なお私が最初に黒田孝富の名を知ったのは、私のゼミナールの学生であった葛山氏の卒業論文（昭和六十一年）においてであったことを付記しておきたい。
（26）『法因寺過去帳』第四巻。『黒田家過去帳』では「聞甚深法」とだけあり「信士」の字は見られない。
（27）『法因寺過去帳』第五巻。『黒田家過去帳』によると法名は勝友院釈孝豊居士となっている。
（28）孝富の活動に対する川村家の助力については、それに関する孝富からの礼状等が川村家に残っているという。筆者未見である。
（29）孝富の実弟閏次の存在そのものについて、稲垣・大西両氏の著書にはまったくふれられていないが、黒田甲子郎の書いた伝記に二、三度登場する。また最近は、芝　豪「朝敵をまぬがれた鳥羽藩　幕末諸藩お家事情６」『伊勢志摩』一七―六（平成十年二月）・三四―三七頁、でも取り上げられている。なお『鳥羽市史』上巻（平成三年）・六五九頁以下を参照のこと。
（30）この点に関して、私は、かつて旧司法省保管文書等を用い、「亀山藩黒田頑一郎暗殺事件について」と題して口頭発表したことがある（三重歴史学会、平成元年八月）。

第五部　司法機関の整備

第九章　明治初期・石川県における裁判機構の変遷
――石川県聴訟課、石川県裁判所、金沢裁判所――

一　はじめに

最近、石川県の図書館で「石川県官員録」[1]（刊年不明、ただし明治八年六月発刊と推考される）[2]、および「石川県職員録」[3]（明治九年七月発刊）を閲覧することができた。

本章は、論法のたて方としては若干の異論はあるかもしれないが、この二点の官員記録からうかがわれる明治初年の石川県における裁判機構のあり方について、若干の考察を行うものである。

前者、すなわち明治八年六月（推定）の官員録発刊時点での同県における裁判事務は、聴訟課という部署で行われているが、その約一年後に刊行された後者の職員録では、裁判事務は裁判所というところが担当しており、また地方官である七等出仕の者が七等判事を兼務していることが判明する。両者とも、それぞれ発刊当時裁判事務担当官の氏名、地位、出身県などが明記されている。

右記の聴訟課、裁判所は、いずれも県庁機構内に設けられていたが、本来司法権の所轄下にあるべき裁判機構は、行政からは分離・独立していなければならない。いわゆる三権分立制のもとでの近代的な司法制度のあり方が、理想の姿として求められていた筈である。石川県において、司法のもとでの府県裁判所の設置は、明治八、九年頃につよく求められていた。[4]しかし、やがて司法制度の改革により、府県裁判所にかわり地方裁判所としての金沢裁判

所が明治九年の後半にいたり新設を見、そして富山・福井にその支庁が設けられたことが諸書により判明する。(5)

そこでまず、明治初年に中央政府が地方の裁判機構のあり方をどのように考え、実行しようとしたのかを概略述べ、しかる後に、石川県行政のもとに存在した裁判事務が、いつ、どのようにして司法省管下の裁判所に引き移されていったのか、という点について見ていきたいと思う。

史料調査はきわめて不十分であり、叙上の官員録の類が主たる素材となるのは残念であるが止むを得ない。この問題についてはなお今後の精査に俟ちたいと思う。大方のご批判ご教示が得られれば幸いである。

二　全国の裁判所設置構想とその実情

維新後の早い時期に、近代的な裁判制度の整備・確立を企図した明治政府は、明治五年八月三日に太政官達をもって「司法職務定制」を制定し、(6)府県裁判所の創設を明確にした。この法制度化はいうまでもなく司法卿江藤新平の尽力によるものであったが、これより以前の段階において、江藤は、大久保利通とともに「府藩県の裁判所を三等裁判所とす」という内容の「国政改革案」（明治三年閏十月二十六日）を三条実美に提出し、各地に裁判所を新設する構想を示していた。(7)かくして、全国に設置された裁判所の裁判事務を、立法と行政の両権から分離・独立させた司法台に集中統合させようという江藤のいわゆる司法台構想の影響をうけて、(8)明治四年七月九日、司法省が設置され、府県の裁判権の接収が急がれた。八月にはいち早く東京府の裁判事務が司法省に接収され、十二月二十七日に至り、東京裁判所の開設を見た。(9)

そして江藤が司法卿となってから約一月後の明治五年五月二十日に、かれは、全国の裁判事務を司法省に統合集中させることを目的とする府県裁判所設置の毅然たる方針を表明し、太政官に対して次のような伺を提出した。(10)

聴訟断獄ノ事務ハ、一切府県ニ至ル迄当省ノ管轄トナシ、全国律法一軌ニ出候様有之度段、先般伺置候得共、一時ニハ行届兼候処ヨリ、先以東京府丈ケ引分ケ裁判致し来リ、随テ各区裁判所ノ方法モ略章程ヲ定候ニ付、各府県ノ裁判所即今ヨリ断然引分ケ、司法ノ管轄ト相定メ、東京府同様区別相立候様致シ度、猶施設ノ方法ハ追々可伺出候間、此段至急御評決相伺候也　指令欠　（読点は筆者、以下同じ）

すなわち、この当時、東京府をのぞく全国の各府県においては、聴訟（民事）・断獄（刑事）の事務を取り扱っていたのは府庁・県庁内の一課たる聴訟課であり、したがってこうした裁判権を有していたのは行政官であったが（ただし、死罪については勅裁を仰がなければならなかった）、江藤の意図は、司法の管下にある府県裁判所の設置により、行政官のもつ裁判権を裁判所に接収することであった。右記の伺の示すところは、まさにこれである。前記の明治五年八月三日の「司法職務定制」は、右の江藤の理念をいっそう具体化したものであった。[11]

こうして、府県裁判所は、この八月中には関東の一一県すべてに設置され、さらに九月には兵庫、山梨、十月には京都、大阪の二府にも設けられた。[12]

しかしその後は、明治六年末の時点に至っても裁判所の新設を見ることはなく、全国三府六九県中、三府一三県の設置に止まったままであった。

府県裁判所は、近代司法制度、裁判制度上、重要な意義を有するものではあった[13]が、財政的にも人的にも難しい問題を抱えており、かたや府県を監督する大蔵省にはばまれて[14]、司法省は思うようには司法権を行政権から分離させることができずにいたのである。

三　石川県聴訟課

1 設置・事務開始の時期

明治四年十一月二十七日に下達された県治条例の中の県治職制[15]に、聴訟課は「県内ノ訴訟ヲ審聴シ、其情ヲ尽シテ長官ニ具陳シ、及県内ヲ監視シ罪人ヲ処置シ、捕亡ノ事ヲ掌ル」と規定され、同課は県庁内の裁判事務を分掌するひとつの課として設置されたのである。右記文中の「及」字を境として、前段は聴訟事務を、後段は断獄事務を指すと考えられ、今日いうところの民事・刑事両訴訟の事務をつかさどることになったのである。なお、断獄事務には、審理のみならず、捜査（警察・警備）や監獄のこと等が含まれていた。

さて、石川県の聴訟課は、他の三課（庶務・戸籍・租税）とともにいつ設置され事務を開始したのであろうか。また、この課にはどのような人々が配属されたのであろうか。

聴訟課の設置（事務開始）については、全国的な調査をしてみないと詳しいことは分からないが、各府県により区々であったと思われる。しかし、だいたいは明治五年の四月前後には設置されていたのではないか、と私はいまのところ推測している。[16]

石川県の場合においても、この推測はある程度役に立つかもしれない。

元金沢藩士で石川県士族の石黒重雄という人物は、明治五年四月十四日に「聴訟課附属」を申し付けられている。[17]彼につづいて、林精三[18]や小木直良[19]ら（ともに元金沢藩士、石川県士族）、明治五年六月二十二日に聴訟課への付属が命じられている。彼らのうち林は金沢藩時代により聴訟事務の職にあり、この職務に長じていたであろう。三人はのち、いずれも警察あるいは監獄の任に就いていて、裁判所へは配属されていない。したがって聴訟課時代においても、彼らは専ら捕亡や徒刑の任にあったのではないかと推測される。聴訟課の審理の部門に他のいかなる人物が就任していたかは後考を要するが、石川県の聴訟課の事務開始は、現時点では明治五年四月頃とせざるを得ない。

2 聴訟課課員の氏名その他（明治八年六月時点）

前掲した『石川県官員録』（推定明治八年六月四日刊）には先の林と小木は登載されていない。しかし石黒は前記の履歴通り等外四等として見出すことができる（彼は八年十月五日に等外二等となる）。そこでこの官員録に記されたおよそ三〇名の聴訟課課員の氏名と、その専務せしめられた役職、地位、出身県等を以下に掲げておきたい。

専務	地位	氏名	出身	備考
	権典事	山本　守輝	石川県	
	権典事	小幡　造次	石川県	
鞠獄	大属	斯波　帰一	石川県	
訴訟	大属	岡野　政一	石川県	
訴訟	権大属	津田　弘	東京府	明治九年六月八等出仕裁判所兼一級判事補
鞠獄	少属	早川　渉	石川県	明治九年六月権中属裁判所刑事権監獄
鞠獄	少属	久代　陳善	埼玉県	
訴訟	少属	原田　尉長	広島県	
鞠獄	権少属	細野　直重	石川県	
訴訟	権少属	小野　欽哉	石川県	
訴訟	十三等出仕	藤山　秀治	滋賀県	明治九年六月中属裁判所第三級判事補民事
訴訟	十四等出仕	広岡　有久	石川県	
訴訟	十四等出仕	辰己　啓	石川県	
訴訟	十四等出仕	井口　渉	石川県	明治九年六月少属裁判所民事
訴訟	十四等出仕	島田　順七	石川県	
徒刑	十四等出仕	米森　貫一	石川県	明治九年六月十二等出仕第四課監獄

訴　訟	十四等出仕	織田　幸民	石川県	
鞫　獄	十四等出仕	市村　芾	石川県	明治九年六月十三等出仕裁判所民事
鞫　獄	十四等出仕	磯部　朔平	石川県	
鞫　獄	十四等出仕	岸　六郎	石川県	明治九年六月少属裁判所刑事
徒　刑	十四等出仕	井口　久直	石川県	
囚獄会計	等外一等	伊藤　信一	石川県	
囚獄会計	等外二等	田中　庵	石川県	
徒　刑	等外三等	谷村　房太	石川県	
笞杖囚獄締方等	等外三等	寺垣　吉之	石川県	
同	等外三等	高田　六平	石川県	
同	等外四等	金子　炫男	石川県	明治九年六月等外三等出仕裁判所雑事
同	等外四等	加納　頔夫	石川県	明治九年六月等外二等出仕裁判所雑事
同	等外四等	石黒　重雄	石川県	
同	等外四等	小川文三郎	石川県	

その後、「石川県官員履歴（十）」（内閣文庫所蔵）によると新名通[20]（明夫、元丸岡藩士、石川県士族）は、明治八年十一月二十七日に聴訟課備の職にあったことが判明する。また、前掲「石川県官員履歴（六）」に載す藤井祐之[21]（武太、山口県士族）は、明治八年十一月三十日に石川県十二等出仕となり、同日聴訟課に配属された。しかし、この聴訟課も年が明けて九年二月二十四日の司法省指令[22]により、その名称が石川県裁判所と改められることになる。

四　石川県裁判所

1 設置経緯とその時期

聴訟課の改組問題については、明治八年五月二十四日（大審院諸裁判所職制章程・府県裁判所章程〈第九一号布告〉）の司法制度改革においても依然として府県裁判所未設置の県では地方官が判事を兼任するという例外的措置（同前章程第一条）に地方官自身が大いなる矛盾を感じ取り、そうした経緯をふまえて草された同年五月二十九日の斯波岐阜県権参事らの建白に示されるような聴訟課の改称提案にまで遡ることができるであろう。[23]しかしより直接的には、同年十一月三十日の府県職制並事務章程[24]の制定によって県庁機構の改革が迫られ、その結果として聴訟課を改組することが、あらためて問題化されたのである。この新たな制度では、これまで県治条例で定められた県令等地方官の有した権限から裁判権が取り除かれ、同時に、県庁で行われていた裁判事務も削られ、それ故聴訟課は廃止されることとなったのである。[25]しかし、現実には府県裁判所が設けられていない県は未だ多くを数えるため、やはり聴訟課は存続させざるを得ないという、矛盾がまたもや露呈したのである。

そうした事態に、豊岡県は明治九年一月八日、直ちに上申書を司法省に提出、[26]府県裁判所の設けられていない県で聴訟課の呼称は廃止と決められたのであるから、これを裁判事務所と改称してはいかがか、と提案した。同年二月二十四日、司法省は「某県裁判所」と改称するよう回答（指令）した。[27]これにより、府県裁判所の置かれていない県において、聴訟課は某県裁判所と称されることになり、石川県においても、これを石川県裁判所と呼ぶようになったのである。

しかし、このような改称だけでは済まないより複雑な問題が残された。つまり、従来から府県裁判所のある県では、裁判所の経費は司法省予算でまかなわれたが、府県裁判所未設置県で今度から新たに某県裁判所と呼称されるようになった裁判所の経費は県費が充当され、しかも地方官の判事兼任は存置され、専任刑事は配置されないという財政上、裁判上において不公平な状態が依然として続くことになったのである。

さて、「石川県官員履歴（九）」（前掲）に見える秋山恕卿（誠一、元犬山県、愛知県士族）は、明治九年二月二十四日付で兼任三級判事補に任ぜられ、同年五月二十日に「富山裁判支庁長」を申し付けられた。[28] 二月二十四日は前記した司法省指令のあった日であり、秋山の任官日と合致する。石川県裁判所は正にこの日に設立を見たといえよう。

2 裁判所所員の氏名その他（明治九年七月時点）

手許の前出・明治九年七月十五日発行「石川県職員録」に記されている石川県裁判所の所員を摘記すれば、以下の通り。

七等出仕	兼七等判事	正七位	三橋　久美	愛媛県
八等出仕	兼一級判事補 当分第四課御用掛	内議員	津田　弘	東京府
中属	兼三級判事補 民事	内議員	藤山　秀治	滋賀県
中属	兼三級判事補 民事刑事	内議員	秋山　恕卿	愛知県
権中属	刑事兼監獄		早川　渉	石川県
権中属	民事		二木　義実	石川県
少属	刑事		岸　六郎	石川県
少属	民事		井口　渉	石川県
十二等出仕	民事		藤井　武太	山口県
権少属	刑事		長　連孝	石川県
権少属	刑事		小倉　正路	石川県
権少属	刑事		沢野　一兵	石川県
権少属	民事		安達　正輝	石川県
権少属	民事		森　静一	石川県
十三等出仕	民事		市村　芾	石川県
十三等出仕	民事		榊原　守脩	石川県
十三等出仕	刑事		岩田　孝慈	千葉県
十三等出仕	民事		斎藤　学	千葉県
十四等出仕	雑事		荘　廸	茨城県
十四等出仕	刑事		依田　恭蔵	熊本県
十五等出仕	雑事		平岩　晋	石川県
十五等出仕	雑事		小野　盛意	京都府

十五等出仕	民事	国枝　逸蠖	石川県
十五等出仕	民事	辻　銓明廸	石川県
十五等出仕	刑事	吉川　幸生	山形県
等外一等	雑事	高橋　良栄	石川県
等外二等	雑事	加納　頓夫	石川県
等外二等	雑事	金子　炫男	石川県
等外三等	雑事	鶴来　基之	石川県
等外三等	雑事	佐々木他見弥	石川県
等外三等	雑事	伊藤鎮太郎	石川県
等外三等	雑事	江尻　喜寛	石川県
等外四等	雑事	杉江　重一	石川県
等外四等	雑事	守谷　東平	石川県
等外四等	雑事	飯野　庸	石川県

石川県裁判所は、前に述べた通り、県庁機構から独立したものではなく、聴訟課の称が消えた代わりに裁判所と呼称されたものであって、実態としては、あくまでも県庁内の一課のごとき役割を担っていた。したがってこれが同県の職員録に収められていることは至極当然のことであり、他の課員たちと裁判所所員たちが相互に並記されていることもうなずけるのである。

しかし、この職員録には、裁判所として他の諸課名と並列的には記載されているものの、今後行政から分離していこうとする過渡期の段階を示していることは間違いないのである。

石川県はもともと大藩であった上に、九年中には隣県の新川県が廃され（四月十八日）、ついで敦賀県も廃され（八月二十一日）、したがって越中一国と越前国の嶺北七郡を管下に吸収しており、地方統治上、難治県にかぞえられていた。しかも行政の実権は政府に不平をいだく士族に握られていた。

前記の第三節に表示した聴訟課員の出身地と対比しても分かるように、行政官のみならず石川県裁判所職員の出身地を見ると、随分他府県から吏員が入り込んで来ていることが判明する。殊に、その首脳はほとんど他府県（愛媛県、東京府、滋賀県、愛知県）の判事で占められていることが見て取れよう。

また聴訟課時代からこの裁判所へ転籍した者を見てみると、津田弘、早川渉、藤山秀治、井口渉、市村苻、岸六郎、金子炫男、加納頓夫のわずか八名に過ぎない。旧制度から新しい体制へ衣換えをしようとする段階で、思い切った人事の刷新が計られたものと考えられる。

五　金沢裁判所の成立

1 設置経緯と事務の開始

府県裁判所が未設置県の地方官から出された裁判所設置に関するたゆまざる要求は、正院において、財政的および人的な理由で拒否されたが、明治八年十二月頃より、地方統治を所轄する内務省から、右設置についてそれまでの消極姿勢を転じて、府県裁判所設置を求める方針を打ち出すようになる。十二月二日の内務卿大久保利通の太政大臣三条実美宛上申書(29)によれば、封建の旧習の根強い地方に中央政府の政令・法律を行き届かせるためには、県行政から離れた裁判機構が設けられるべきであると考えられたのであり、まず鹿児島・高知・山口の雄藩から設置されるよう上申されている。この要求は直ちに正院により許可され同年十二月十三日、該県への府県裁判所の設置が決定した。(30)

これと並行して、司法省も明治九年二月以降、愛知を始めとする四県への府県裁判所設置を正院に上申し許可された。(31)

しかしながら、難治県でありながら石川県にあっては、府県裁判所設置のことは実現せず、裁判所が行政から分かれ、独立した司法権の行使機関として成立し、地方裁判所としての金沢裁判所の設置を見るのは、明治九年九月十三日のことであった（太政官第一一四布告）、と私は考える。

そしてその後、「石川県官員履歴（八）」に見える加藤知義（栄太郎、元新治権、茨城県士族）は、明治九年七月二十八日に司法省十四等出仕に補せられた後、同年十月二十八日に「金沢裁判所在勤申付」けられている。[32] 金沢裁判所所員の補任のことがもっとも早い時期に見えるのは、管見のかぎり、これである。

もともと正院が国家財政上の理由を第一として裁判所の設置に消極的であったのに追従して、司法省もあまり強い要求をしてはこなかったきらいがなきにしもあらずであったが、明治九年九月にいたり、これらは積極策に転換していく。それは地方行政上、地方官が裁判事務を兼ね行うことは支障が多く、かつ地方官による裁判そのものが国民の信頼に応えられない、と判断されたからである。司法卿大木喬任の九年五月十八日付上申「裁判所普置之議ニ付伺」[33]は、二、三の県に新たなひとつの裁判所を設けてその下に支庁を置くことで、行政から独立した裁判機構を各県にくまなく確立することができるという、従来にない発想によるものであった。これを受けて正院は、内務・大蔵に右件に対する意見を求め、両省はおおむねにおいてこれを了承。いよいよ明治九年九月十三日に太政官布告第一一四号をもって改革案が公表され、新たに大審院・上等裁判所・地方裁判所（本庁・支庁）の裁判機構が全国的に実現の運びとなるのである。

ところで、加藤知義の十月二十八日の「金沢裁判所在勤」申し付けは、まだ任命にとどまって、かれが現地へ赴任するのはその先のこととも考えられる。かれの任命をもって直ちに裁判所の運営開始とは見なせないであろう。加藤が改めて司法十等属に任じられ、金沢裁判所在勤を申付けられたのは明治十年一月二一日のことであった。したがって、元々茨城県人であったかれが身支度を整えて石川県に着任したのは、それ以後のことであろう。

しからば、この金沢裁判所設置のことが、いよいよ本格的に事務開始にまでこぎつけたのはいつのことであろうか。

ふたたび先記した秋山恕卿の頃に目をやると、明治九年十一月十六日のこととして、

本庁裁判事務引渡御用掛可相勤事

という記述が見られる。[34] かれが、この事務引渡御用掛の用務に任じて裁判所開設の準備に取りかかり、その業をおえたのは十一月二十九日のことであったと考えられる。それは、『司法沿革史』十一月二十九日条に「石川県の民刑両事ヲ金沢裁判所ニ属ス」と見える故である。

かくして、同裁判所が開庁されたのは十一月三十日のことであった。司法省達第八七号には

去十一月三十日金沢裁判所開庁候条為心得此旨相達候事

とある。

ようやくにして県庁内で行われていた裁判事務は、独立した司法権行使の名の下で当裁判所が運営を開始することとなった。

しかして、明治九年十二月二日、それまで県庁機構のひとつとしての裁判所に所属していた早川涉（和義）、二木義実、岸六郎（寿茂）、井口渉（永弼）、小倉正路、市村芾（英通）、斎藤学らはいっせいに金沢裁判所へと転属していった。[35]

また、同年同月十五日にも、引き続いて、藤井祐之、長連孝、岩田孝慈、榊原守脩、荘廸らが同裁判所へと移った。[36] 前日（十四日）に司法省より等外一等出仕に任じた平岩晋も同裁判所在勤を仰せつかり、同日金沢裁判所福井支庁詰となった。[37]

2 裁判所所員の氏名（明治十年二月二十日時点）

国立国会図書館に所蔵されている『石川県職員録・金沢裁判所官員録』（吉本次郎兵衛編・明治十年二月二十日調製、三月十二日刊）によれば、明治十年二月二十日時点での金沢裁判所の官員は以下のようになっている（同書・金沢裁判所官員之部）。

所長　六等判事　従六位	桜井　直養	ヤマグチ	（山口）
七等判事　正七位	後藤　広貞	ワカヤマ	（和歌山）
一級判事補	佐久間秀修	ヒヨウゴ	（兵庫）
	長安　道一	ヤマグチ	（山口）
二級判事補	関口　久照	シヅヲカ	（静岡）
	伊内　利安	々	（静岡）
三級判事補	世長　重徳	々	（静岡）
	師岡　太郎	ヲフサカ	（大阪）
四級判事補	大竹　正直	トウケイ	（東京）
	黒部　陳平	カウチ	（高知）
	長谷川俊章	々	（高知）
	竹中　知敬	トウケイ	（東京）
十三等出仕	藤山　秀治	シカ	（滋賀）
七等属	塚田　毅	イバラキ	（茨城）
十四等出仕	神谷　宗礼	シカ	（滋賀）
	佐藤　為法	ニヒガタ	（新潟）
	早川　渉	イシカワ	（石川）
	二木　義実	々	（石川）
	川井　忠雄	アキタ	（秋田）
	内田　有親	シヅオカ	（静岡）
八等属	近藤　新平	イシカワ	（石川）
十五等属	岸　六郎	々	（石川）
	井口　渉	々	（石川）
	藤井　武太	ヤマグチ	（山口）
	永岡　堯英	イシカワ	（石川）
	飯島　宗明	ナガサキ	（長崎）
九等属	山口　省三	ナガノ	（長野）
	加藤　知義	イバラキ	（茨城）
十六等出仕	宮崎　吉亨	ヲカヤマ	（岡山）
	今泉　千枝	ナガサキ	（長崎）
	五十嵐匡里	グンマ	（群馬）
	加藤　潔香	エヒメ	（愛媛）
	長　連孝	イシカワ	（石川）
	小倉　正路	々	（石川）

市村　芾　々（石川）
榊原　守脩　々（石川）
岩田　孝慈　サイタマ（埼玉）
斉藤　学　チバ（千葉）
島田　静處　イシカワ（石川）
黒柳　塊蔵　々（石川）

十等属

山中　閑輔　ヤマグチ（山口）
国島　久蔵　トウケイ（東京）
本間　直之　々（東京）

十七等出仕

日高祥之介　ヤマグチ（山口）
室　虎太郎　ヲカヤマ（岡山）
阿川　深蔵　ヤマグチ（山口）
今村　驚　カウチ（高知）
松岡　半太　クマモト（熊本）
島崎　寛　イシカワ（石川）
荘　廸　イバラキ（茨城）
小倉戸十郎　イシカワ（石川）
石川　雪　イシカワ（石川）
平岩　晋　々（石川）

等外一等

伊藤　甫彦　フクヲカ（福岡）
嵩地　友三　□イタ
岩見　一男　サイタマ（埼玉）

宮本　浩　ヲカヤマ（岡山）
山田　平涛　イシカワ（石川）
今北　保　ヲヲサカ（大阪）
須川寛二郎　ヲカヤマ（岡山）

等外二等

弘　貞一　ヤマグチ（山口）
菊本　佐吉　トウケイ（東京）
直山鉢次郎　イシカワ（石川）
松村　幹二　ナガサキ（長崎）
安藤　重任　ワカヤマ（和歌山）
磯部　朔平　イシカワ（石川）
加納　頔夫　々（石川）
山口　周一　々（石川）

等外三等

伊藤慎太郎　々（石川）
大森　三朔　々（石川）
鶴来　基之　々（石川）
佐々木他見弥　々（石川）
江尻　喜寛　々（石川）

等外四等

中原作太郎　サイタマ（埼玉）
中尾敬太郎　クマモト（熊本）
石川　立三　イシカワ（石川）

以上

右は、開庁から約三ケ月が経過した後の官員録で、七六名もの在籍者が確認できる。前掲した「石川県官員履歴」では一四名の動向しか判明しなかったが、三ケ月の間にその五倍もの人員が次々と任命されていったのである。なお、裁判事務引渡御用掛に任じた秋山恕卿は、この裁判所官員録には名前はなく、石川県職員録の方にその名が見えており、かれはそこでは「二等属　第一課副長兼二等警部　但戸籍」の地位・と役職にあったことが記されている。

六　むすびにかえて

以上、一地方政庁における裁判機構が行政からいかにして独立を遂げていったのかという視点から、誠に材料は乏しいのであるが、現地に残された石川県の官員録を手がかりとして、裁判機構の変遷を追ってみた。裁判事務関係者の人数だけを追ってみても、石川県聴訟課時代は三〇名（明治八年六月時点）、石川県裁判所時代は三五名（明治九年七月時点）、金沢裁判所時代は七六名（明治十年二月時点）と、わずかな期間に急増しており、裁判管轄区域の推移は考慮しなければならないものの、この地域の裁判機構の整備が急速に計られていったことが分かるであろう。国立国会図書館所蔵の「金沢裁判所官員録」以降の各年度の「石川県官員録」の精査を含めて、今後はさらに豊富な史料調査のもとに、本論題についての論証を深めるとともに、他府県における同様の事例をも視野にいれて研究を進めていきたいと思う。

成稿に当たり、藤田弘道教授（大阪学院大学法学部）には懇切丁寧なるご助言を受けた。その学恩に深い謝意を表する次第である。

注

（1）　石川県図書館所蔵。標題に「日誌付石川県官員録　全」とある。刊記に「発兌書肆　金沢上提町中村喜平　同南町池善平」と記され、刊年は記されていない。十一丁からなる。内題に「石川県職員録　六月四日改」と見える。

（2）　本官員録は刊年不記載であるが、『石川県郷土資料総合目録』（昭和五十一年）によれば、明治六年の官員録が県立図書館に所蔵されていることになっている（同書一五六頁）。そうだとすれば、それが現在見出しうるもっとも古い同県の官員録の一本ということになるが、実際にはこれは同館には存在せず、代わりに、前記総合目録に記載のないこの官員録が現存する。あるいは総合目録がこの官員録を明治六年のものと考定し、そのように記載したのかもしれないが、本官員録が六年の刊行になるものとする確証は得られなかった（注(1)に記したように、その内題に六月とあるのを六年と見誤った可能性は、なきにしもあらずであるが）。

　ところで、あらためて本官員録の刊年を推測してみたい。その唯一ともいえる手がかりは、この官員録中に見られる庶務課配属、社寺係教導事務兼務の役職にあった十四等出仕森田平次（石川県人）という人物が、その年譜（『森田文庫目録』所収の森田平次年譜・一四三頁）によると、右記の役職には明治八年七月に就いたと書かれている。また、その当時十四等出仕であったが、同年十月三日には十二等出仕となっている。年譜作成の原史料に当たってさらにこの点を確認すべきではあるが、以上の諸点から総合的に判断して、本官員録は明治八年のものと考えるのが穏当であると思われる。

（3）　金沢市立図書館（近世史料館）所蔵。本職員録は、A2サイズほどの大きさの一枚もので（表に「職員録官員之部」、裏に「職員録区吏之部」とある）、これが折りたたまれて紙製の袋（タテ十五センチメートル、ヨコ九センチメートル）に入れられている。刊記に、「明治九年六月二十三日出版御届、同九年七月十五日発兌　加賀国第十二区長町川岸　出版編輯人吉本次郎兵衛　同国同区南町　出版人池善平　同国同区上提町　出版人中村喜平」とある。出版人の池善平と中村喜平は、ともに前記の官員録の出版人と同一人物であることが知られる。

（4）　国立公文書館所蔵『公文録』諸県之部（明治八年八月九日・（二））には、石川県権令桐山純孝をふくむ一四名の各県県（権）令の署名で、「福島県令安場保和外二十名地方官ニテ判事兼任被免度等ノ儀伺六通」なる上申書が太政大臣三条実美宛で提出されている。提案の中味は、概述すれば、府県裁判所の設置されている所とされていない所との間で裁判の不公平が生じるため、全府県に裁判事務の専門機関である府県裁判所を設置してもらいたい。またそうでないと、本来行政官である地方官が司法事務たる判事を兼任することは三権分立制の立憲体制と矛盾する、等というものである。しかしこれら地方官のつよい要望にもかかわらず、正院はこれを拒否した。以上については、三阪佳弘「明治九、一〇年の裁判所機構改革」『法制史研究』三八・平成元年・六一頁以下、菊山正明「明治八年の司法改革」同著『明治国家の形成と司法制度』所収・平成五年・一九二頁以下、等に詳しい考察がある。

(5)　『石川県史料』第四巻、『同』第五巻。

(6)　『法規分類大全第一編』官職門、官制、刑部省、弾正台、司法省一、一〇六頁以下。

(7)　江藤新作「南白江藤新平遺稿　後集」二十八葉。

(8)　これについては菊山「江藤新平の司法改革構想と司法省の創設」前掲『明治国家の形成と司法制度』・八九頁以下に詳しい。

(9)　『法規分類大全第一編』官職門十三、官制、司法省二、一七九頁。

(10)　前掲『法規分類大全』(注(6))・一〇五頁。

(11)　「司法職務定制」によれば、裁判所は、府県裁判所以外にも、司法省臨時裁判所、司法省裁判所、出張裁判所、各区裁判所の五種が定められ、組織、権限などが規定された。

(12)　以上については『司法沿革誌』参照。

(13)　府県裁判所の設置に関する個別研究としては、藤田弘道「府県裁判所設置の一齣―足柄裁判所の場合―」『法学研究〈慶大〉』第四六巻第五号・昭和四十八年・四〇頁以下、が出色のものである。

(14)　この点に関しては、拙著『明治初期騒擾裁判の研究Ⅰ』平成八年・一八一頁以下、同『近代日本騒擾裁判史の研究』平成十年・五頁以下、等を参照して頂きたい。

(15)　『法令全書』明治四年・四二〇頁以下。

(16)　近時私は、各地の暴動事件裁判の事案をいくつか調査した折に、聴訟課職員の活動を追求する機会があり、またその時々に任命されていた同課員の氏名をも逐一確認することにつとめた（前掲拙著・注(14)参照）。その際各県の聴訟課の設置にも留意したが、たとえば、新潟県の場合、それは明治五年四月二日と推定した（「大河津分水騒動の処理過程再論」拙著・前掲『明治初期騒擾裁判の研究』・一〇三頁）。

(17) 内閣文庫「石川県官員履歴」(六)『石川県史料』第五巻所収・一二頁・九五頁。この記録によると、石黒は嘉永二年七月生まれ。明治五年八月十三日に等外四等を申し付けられ、同八年十月五日に等外二等となる。同九年四月二十四日に前年皆勤につき賞金五円を下賜されている。同年七月七日第四課（警察）に配属。同十一年六月、十等警部に任じ、金沢囚獄署長に補され、同十二年十月十五日依願免職となっている。また明治十七年二月十三日には石川県書記兼看守長に任命され、同年四月十日監獄本署業務部長を申し付けられた。

(18) 同右・五頁。林精三またの名は栄之進。弘化元年九月生まれ。明治二年六月二十六日、下新川郡治局等外書記に補せられ、同年十二月に新川郡百姓騒動の節鎮撫に尽力し賞金十円を下賜される。同年三《ママ》月七日新川郡治局一等留書定役並びに捕亡兼務を申し付けられる。同三年十二月聴訟課一等留書。金沢県となり、同五年六月二十二日聴訟課附属、同八月三十日徒刑係取締に転じた。同七年七月二十五日等外四等聴訟課附属、八年三月四日等外三等、同年十月五日等外二等となる。同十年五月二十六日警察御用掛に任じ、同十二年十月六日「御用都合有之」により小松懲役署を免じられ七尾懲役署詰となる。同十三年一月七尾懲役署を免ぜられ帰庁し、同年四月二十四日石川県一等巡査となる。同年五月十八日出納兼警察御用掛に補せられ、十三年五月二十六日小松懲役署詰に任ず。同十四年五月二十八日石川県書記に任命。同十五年四月二十一日石川県九等属、会計課兼務、同十六年一月八日兼任石川県八等属、同年二月二十八日監獄本署主計部長となり、同十七年十二月二十六日職務格別勉励に付き慰労として月俸四分一を下賜された。

(19) 同前「石川県官員履歴」(七)前掲『石川県史料』第五巻所収・九二頁。小木直良はまた小木宅次とも称した。生年月不詳。明治二年三月（日不詳）第四大隊輜重付属、同四年五月十日軍事係弾薬出納方出仕となり、金沢県となってからは同年七月二十九日陸軍給養軍曹、同年十二月十五日会計書記軍曹心得召集隊附、同五年二月（日不詳）大阪鎮台第一分営彦根表発足等を申し付けられた。同年六月二十二日に聴訟課付属を申し付けられたが同年八月三十日同職を免ぜられ、徒刑場取締に任じた。同七年七月二十五日等外四等聴訟課附属、同八年三月四日等外三等、同年十月五日等外二等に昇り、聴訟課附属は前と同じ。同九年七月六日に第四課附属となった。同十年二月七日警察御用掛准判任を申し付けられ、同日警部心得を以って福井懲役場在勤を仰せ付けられる。同十一年九月九日石川県十等警部となり、福井懲役署長兼福井囚獄署長に補す。同十二年十月十五日依頼免職。

(20)　前掲「石川県官員履歴」前掲『石川県史料』第五巻所収・二六五頁以下。新名は嘉永二年七月生まれ。明治五年二月十日丸岡県にて口達をもって丸岡小学一等助教となる。同六年三月十二日坂井郡丸岡官立第一番小学教授方手伝、同年九月十三日第二十九中学区従第八十三番至第八十七番連区平章小学訓導を経て、同八年十一月二十七日聴訟課傭となる。同九年六月二十四日敦賀県十五等出仕となり敦賀県裁判所詰、民刑事課を兼務した。同九年八月二十一日敦賀県が廃止され越前国の嶺北七郡が石川県に包括されると、同年九月十二日石川県七等警部となる。翌十年一月二十九日十等警部、同年十二月二十八日九等警部に昇り、同十一年二月二十五日武生警察署詰。同十五年九月二日石川県十三等出仕に補せられ、十月九日調査課に勤務。同十六年二月二十日大蔵六等属に転じた。

(21)　前掲「石川県官員履歴」前掲『石川県史料』第五巻所収・三六頁。藤井はその後、明治九年十二月十五日に金沢裁判所に転じている。しかしそれまでの間におそらくかれは、石川県裁判所に就任した筈であり、それは九年二月末か三月頃のことであったであろう（明治九年七月の前記「石川県職員録」にかれは、十二等出仕、裁判所民事として記載されている）。

(22)　日本史籍協会編『司法省日誌』一八・昭和五十九年・三三三頁。司法省宛豊岡県上申書（明治九年一月八日付）に対する司法省の回答（同年二月二十四日付）。

(23)　「岐阜県権参事斯波勇造建白各地方ニ裁判所設置ノ儀」『公文録』元老院附録・明治八年自四月至八月・（十一）。この点に関しては、三阪・前掲「明治九、一〇年の裁判所機構改革」・六四頁以下、菊山・前掲「明治八年の司法改革」前掲書・二五〇頁以下、等に詳しい。

(24)　内閣官報局編『法令全書』明治八年・昭和四十九年（覆刻版）・七六九頁以下。

(25)　この結果、県庁の機構としては、庶務、勧業、租税、警保、学務、出納の六課構成となった。

(26)　司法省宛の豊岡県上申書（前掲『司法省日記』一八・三三三頁）には、「府県職制並事務章程御発行相成候処、右

職制中令或ハ参事ヲ兼任シタル諸県ニ於テハ、裁判事務取扱従前ノ定規ニ可拠ト有之、然レハ聴訟課ノ呼称ハ御廃止ト相心得、右事務取扱所ノ唱、裁判事務所ト改称致可然哉」（傍点は筆者）とある。

(27) 同右・『司法省日記』。

(28) 前掲「石川県官員履歴（九）」前掲『石川県史料』・一八〇頁以下。なお「富山裁判支庁」というのは、明治九年四月十八日に新川県が廃止となり越中一国が石川県の管轄下に吸収させれたのにともない、石川県裁判所の支部としての旧新川県の裁判所をこのように称したものと解したい。

なぜならば、この称は、地方裁判所の本庁・支庁の裁判機構が全国に配置されることとなる同年九月十三日以降の金沢裁判所富山支庁（成立は十二月八日、『司法沿革史』）の称と混合されやすいが、「富山裁判支庁」はあくまで九月十三日以前の金沢裁判所が成立する以前のものであるからである。なお、石川県裁判所の富山側の支部を本当にこのように呼称したのかどうかについては、他史料を渉猟・精査した上で論じたいと思う。

(29) 「鹿児島県外二県ヘ裁判所設置ノ儀上申」『公文録』内務省之部・明治八年十二月・(二)。

(30) 『法令全書』明治八年・四四六頁以下。

(31) 「愛知裁判所開設経費ノ儀上申」『公文録』司法省之部・明治九年三月・(四)、「宮城裁判所設置伺」同上（十七）、「鶴ケ岡裁判所設置伺」同上（十九）。ただし、上申書提出日は各々異なる。菊山・前掲書を参照のこと。

(32) 「石川県官員履歴（八）」『石川県史料』第五巻・一二五頁。

(33) 『公文録』司法省之部・明治九年八月・(十一)。

(34) 前掲「石川県官員履歴（八）」前掲『石川県史料』・一二五頁。

(35) 前掲「石川県官員履歴（六）」前掲『石川県史料』・三四頁以下。なお、早川の「石川県官員履歴」の九年十二月二日の項の記載には、「転金沢裁判所」の文字が脱落しているが、後の二木らの例からみて、この語句が本来は存したものと考えてよかろう。

(36) 同右・三六頁以下。

(37) 前掲「石川県官員履歴（十）」前掲『石川県史料』・三一〇頁。

第六部　小　論

一　明和の廃仏毀釈

古くから日本人にとって神・仏という観念は日常の生活の中に深く入り込み、神仏習合が当たり前と思われていた。ところが王政復古を実現した明治政府は、神道の国教化を図ろうとして、慶応四年（一八六八）三月に祭政一致を布告し、神仏分離令を出して神仏習合を否定したのである。そして明治天皇を現人神とし、天皇の祖先である天照大神を祀る伊勢神宮を全国の神社の総本山に位置づけたのである。神宮領の多い明和町域の村々の宗教行事や寺院の行く末にも大きな影響を与えることになった。

神仏分離の政策が実施されると、全国各地で寺院・仏像などを破壊する極端な廃仏毀釈運動が激しく吹き荒れる。特に三重県は伊勢神宮のお膝元であったから、それは徹底していた。宇治・山田地方では早くから、近いうちに神宮領内の寺院が取りつぶされるといううわさがたち、それは現実のものとなる。明治三年（一八七〇）三月に明治天皇の神宮参拝が決まり、ここぞとばかりに度会府（知事は橋本実梁《さねやな》）は神宮領内の参道筋にある寺院の取り払いを命じたのである。あわただしい状況の中で次々に寺が廃寺となっていった。抗議を受けた明治政府は、神仏分離が廃仏廃寺を意図するものではないと回答するが、事実はそれと異なり、宇治・山田や度会・多気両郡地方で三月までのわずかな期間に総寺院二八六か寺のうち一九六か寺（全体の約七割）が処分されるという激しさであった。僧侶は還俗（俗人にかえること）し、生計の道を他に見付けなければならなかった。

明和町内の寺々も、明治二年三月には九か寺が廃寺になっている（『郡市寺院調子帳』）。寺のほとんどの建物が壊

図１　現在の安養寺

され、わずかに残ったものもそれまでとは全く違った用途に使われることになる。斎宮村の観音寺と称名寺はともに斎宮学校仮教場（それぞれ明治五〜八年、同八〜十五年）となったし、竹川村の還愚院《げんぐいん》は神宮の教会所になり、本堂は養蚕室となるあり様であった（以上は浄土宗）。また、同地の梅香院（真言宗）と地蔵院（浄土宗）ではともに大切な什物・仏具などが売却された。さらに斎宮の蓮光寺（浄土宗）は廃寺後まもなく不運なことに全焼してしまうという不幸に見舞われた。同じく斎宮にあった弘正寺（真言宗）のその後は杳として知られていない。一方、有爾中村の興隆寺（浄土宗）のように廃寺の後に幸いにして寺勢を回復した寺もあった。上野村の安養寺（臨済宗）では、住職が還俗した際、貴重な寺宝を同村が買い取ったため、それが後に復興した同寺に伝わることになったという例もある。

この出来事は、人々にとっての神仏に対する信仰が決して国家や政治の手で統制できるものではないことを教えてくれているのである。

二　明和の地租改正反対一揆

明治九年（一八七六）十二月に、櫛田川右岸の村々（現松阪市域）から始まった農民一揆の火の手は、政府の地租改正のやり方に反対する農民たちによって、またたく間に県下のほぼ全域から愛知・岐阜・奈良の県域にまで拡大する。明治期最大のこの騒動は伊勢暴動と呼ばれている。この発火点から東の祓川一つを隔てたいまの明和町域の村々も否応なくこの嵐の中に巻き込まれることになる。この事件が起った背景には、中央集権的な財政政策をあまりにも急ぎ過ぎ、これを強行しようとした政府の見通しの甘さがあったと考えられる。

明治六年七月に地租改正条例などが出され、それまで地租を米で納めていたのをお金に換算して納めることになった。米納では米価の変動がある上に課税率が地方でまちまちとなってしまい、国家財政が安定しない。条例は、土地からの収益価格を主な基準として地価を算定し、その年々の豊凶にかかわらず、税率を地価の三パーセントと決めている。納税者には地券が交付され、土地所有権が保証された。

改正事業の完了が予定された同九年には、米価が暴落し、さらに八月には、大雨で櫛田川が氾濫して田畑に砂が流れ込み、米の品質が悪化したために、米価は一石二円以下に落ち込んでしまった。しかし、政府は米価を過去五か年の平均相場により五円一九銭と指定する。これでは村民たちの窮状は目に見えていた。十一月に櫛田川沿岸の魚見ほか飯野郡五か村は、区長を通じて県に嘆願書を提出する。が、その書面が県に届かなかったことを知り、怒った村民たちは十二月十八日の夕刻から十九日の早朝にかけて続々と早馬瀬川原（現松阪市）に集結し出す。一方、

図２　農民と鎮圧隊の衝突を描いた泥絵
（松阪市立図書館郷土資料室所蔵）

竹川・斎宮・平尾・行部・内座・坂本などの村々（現明和町域）には、十九日の夜になって、多数の人々が一緒に行動しないと村を焼くぞ、と脅しながら押し寄せて来た。翌二十日は午前二時の上村をかわきりに午後二時の新茶屋に至る間にほとんどの村も誘いを断れず一揆に巻き込まれていったのである。そして多くの村々は坂本野と蓑村地内の巡礼野に集結し、早馬瀬を経て他の郡村と合流しながら松阪を目指すことになる。しかし、当町域の村々で松阪まで行ったのは少数で、ほとんどがその手前の垣鼻村海会寺野まで行って帰村してしまった。また地租減額の願書を官側に提出することに戸長たちは率先して行動した。旧度会県の戸長は旧三重県のように官撰ではなく民撰であったから村を代表するという意識は強かったのであろう。そのため十数か村の戸長が処罰の対象となった。明和町域全体の処罰者は一〇〇〇人余りで、多くは呵責で済んだ。西南戦争が迫っていたので裁判が簡略化されたからである（詳しくは拙著『近代日本騒擾裁判史の研究』平成十年、多賀出版、を参照されたい）。翌年一月初め、この暴動や茨城県暴動などのすさまじさに政府は地租率を二・五パーセントに引き下げざるをえなかったのである。

三　金剛坂の報徳社

明治十九年（一八八六）に櫛谷定治郎（一八五九〜一九二五）によって創設された金剛坂（現明和町金剛坂）報徳社は、疲弊した近隣農村の立て直しに大きな役割を果たした。報徳社の活動を支える報徳主義は、元来は幕末期に小田原の二宮尊徳（一七八七〜一八五六）によって興されたが、それがやがてかれの後継者によりこの地方にまで伝えられたのである。尊徳の報徳主義の特色は、窮乏衰退する家や村、藩などに対して仕法という独特の財政復興の策を施してその衰亡を防ぐように指導することにあった。仕法で大切なのは、分度といって財政的に許される支出の限度を定めることであったが、この分度を越えないように極度の勤倹節約を人々に守らせ、勤労の尊さを説いて正業に精励させ、分度外の収入をすべて積み立てさせるように指導したのである。そしてこの仕法の根底に、神儒仏の三教より成るいわゆる報徳教を据えた。報徳主義はこのように道徳と経済を合わせたものと言える。

その報徳教が具体的な実践活動となって表れるのが報徳運動であるが、この運動は尊徳の教えを信奉する安居院《あんごいん》義道（一七八九〜一八六三）により、駿河・遠江地方で活発に行われた。そして義道の弟浅田有信が報徳伝道の途次に、伊勢の塚本村（現 松阪市塚本町）で客死し、近くの郷津村（現 松阪市郷津町）西方寺に埋葬される。明治十六年（一八八三）になり遠江国報徳社が有信の三三回忌に西方寺境内に墓碑を建立し、その後明治十八年に遠江の松島吉平が墓参した時に人々に尊徳の教えを講話したのがきっかけで松阪地方に報徳社ができ、次第に県内各地に報徳社の結成を見ることになるのである。また松島は持参した『報徳記』八巻（尊徳の弟子富田高慶の著）を西方寺

図３　櫛谷定治郎表徳之碑

に納付している。金剛坂の櫛谷定治郎はこの書を読んで尊徳の教えを信奉するようになったと言われている。かれは報徳社を創設した時弱冠二七歳であったが、既に二四歳で金剛坂村の戸長となっており、疲弊衰退に陥っていた村の再建に取り掛かっていた。村の更生のためには報徳の教えと仕法の実践しかないと決心し、村民を説得したのである。現在伝わる「金剛坂村報徳社規則」（明治十九年二月二十八日制定）第一条の結成目的には「銘々身分相応の徳業を立て善を積み不善を改め」とか「職業の分限とに従い家業を勤め倹約を行い」「道義を研究し事物を明かにし邪を開き奸を塞き真理を申張する」といった言葉が見られる。以下社員の具体的な務めを二五か条に及んで掲げており、三〇名の社員が署名している。櫛谷は明治二十二年金剛坂ほか六か村の合併による斎宮村の第二代村長となるが、大正十四年（一九二五）村長在職中に亡くなる。櫛谷没後、森島貞助が報徳社を継ぐ。今も金剛坂の旧参宮街道沿いを報徳と呼ぶのはこのためである。

四　明和の神社合祀

人々の生活に最も身近な存在であった信仰の対象が、廃仏毀釈に次いで政府の政策によって突如、統制を受けることになった。明治末（本格的には三十九年以降）に吹き荒れる神社合祀といわれるものがそれである。一つの祭神をほかの神社に合祀し、その神社の建物や社地を処分してしまうというものである。政府は祭祀も行われず形の整わないような神社をできるだけ減らそうとし、体裁の保たれた神社に人々の敬神の念を集めさせようとしたのである。また当時、日露戦争後の荒廃した地方の復興のためにも、神社を合併することにより人々の精神的な統合を図ろうとしたのである。疲弊した人々の心のよりどころとして、村落ごとの氏神鎮守の枠を取り払い、一つの行政町村に神々を集約しようとするものであった。そして三重県がこの政策のモデルケースとされ、明治三十七年（一九〇四）に内務省から新進気鋭の有松英義知事（明治四十一年七月転出）が赴任してきたのである。

明治初年に全国の神社は、伊勢神宮を頂点に国幣社、府県社、郷社、村社、境外無格社といった社格に基づく神社体系に編成された。神宮のある三重県はその規範とならなければならなかったのである。神社の過密な本県では府県神社以下の神社全般にわたり整理が行われ、ピーク時の同四十・四十一年には七三四八社が整理され、残存度の低さでは全国でトップクラスとなったのである。いかに合祀が強行されたかが分かる。

このころの明和町域の状況を、おおまかに見てみると、同四十年中に、斎宮地区ではまず金剛坂・上村・岩内・池村・竹川にあった一六社が竹神社へ、斎宮・平尾・勝見・笛川・中西にあった九社が野々宮（斎宮神社と改称）

図４　斎宮地区の16社が合祀された竹神社

へそれぞれ合わされ、同四十四年には竹神社に合祀される。大淀地区でも、大淀の一八社と大堀川新田の六社とが竹大與杼《たけおおよど》神社に、山大淀の三社が竹《たけ》佐々夫江《ささふえ》神社に合祀される。四十一年中は、下御糸地区では二八の神社が北藤原の畠田神社（のち中村に移転）に合祀され、明星地区でも、下有爾・蓑村の四社が明星神社に、有爾中・上野・新茶屋の六社が桜神社（四十四年に宇爾桜神社と改称）に合祀される。上御糸地区ではやや遅れて、同四十五年に一三社が中海の中麻績《なかおおみ》神社に合祀される。一〇〇以上もあった神社が、たったの七社に減った勘定である。その後、復祀や分祀などで数が多少増えるが、村々での生活に根ざした宗教行事とか信仰のあり方を大きく変え、貴重な建物や資料を散逸させてしまったのである。なお、明治末の『合祀済神社明細帳』（三重県神社庁所蔵）によれば、路傍や神社の境内などに見られる山の神と刻まれた石の表象物も山神《やまがみ》社として祭神名や信者数が載せられている。しかし、多気・度会両郡などではこれを神社として扱わなかったようで、いまもこの石体は数多く祀られている。

五　維新期の陸上交通

王政復古の大号令によって発足した明治政府は、直後に勃発した戊辰戦争での陸上輸送の問題に直面するが、これにより、京都・江戸間の幹線ルート上に位置する本県下の主要な宿駅や助郷村も否応なくこれと深くかかわることになる。『復古記　第九冊』には、東海道方面の征討軍が桑名城接収に際し、一三藩に対して現地での取り計らいを命じたことが見えている。そのうち亀山等二藩には部隊の輸送需要を、長島・神戸・菰野等一一藩には現地での宿駅警備と宿郷に対して必要な休泊及び継立労務を賦課しているが、こうした諸藩所轄の宿駅、県下ではとりわけ坂下から桑名にいたる七宿を中心に強制的な負担が割り当てられたことが推察される。このように維新期の陸運政策は既存の宿・助郷制度を軍事輸送に利用することから始まるのであるが、宿・助郷の疲弊は著しく、公的な輸送需要の増大とあいまって継立人馬の不足をきたすという制度的な矛盾を露呈する。

慶応四年（一八六八）閏四月の太政官職制の改定により、旧来の道中奉行の権限を受け継いだ駅逓司が設けられ、道路運輸・駅制・助郷関係を所管するが、諸改革の後、封建的な陸運制度を基調とする政策はやがて混迷と試行錯誤のうちに崩壊していく。明治二年（一八六九）には通行の障害となっていた関所や番所が廃止され、河川には徐々に架橋され、通行の不便が解消されていく。明治五年（一八七二）には東海道をはじめ各街道の伝馬所・助郷が廃止され、当時全国的に設置されつつあった陸運会社があらたに地域の輸送権を特許されるという布達も発せられ、庶民の利用が容易になった。また交通運輸の手段も一変した。江戸時代には歩くことが主で、駕籠や馬は限られた人々が利用するものであったが、明治初期には乗合馬車や人力車、鉄道が登場し、東海道をはじめ徐々に全国に広がり、これら諸車による交通手段の普及・発達が社会を大きく変えていった。限られた紙幅の中で、本節ではそうした変化の様子を垣間見ることのできる史料を紹介する。

一　人力車は明治三年（一八七〇）に東京で製造と営業が始まった。三重県における人力車の利用がいつから始まったかは定かではないが、下記の史料は現時点で三重県における使用の実態が確かめられる最も古い例である。天野家の「庚午日記」では三年五月二十八日に四日市・石薬師間を「車雇」と記しているが、これは人力車の使用と推測される。四年十月二十三日の西家の「道中日記」では、津の万町から松坂の手前まで人力車を使用したことが明記されている。交通運送手段が旧来のものに取って代わられる中で、当時の人々も進んで新しい乗り物を利用し出していることが知られる。

【東海道での人力車利用の記録】（明治三年庚午日記　天野文書　亀山市歴史博物館所蔵）

（明治三年）五月廿八日　晴暑気

一、四ツ前頃四日市岡崎出立、石薬師迄車雇善兵衛岡崎出入之者賃三朱酒手三匁遣ス釆女村魚屋久左衛門ニ而小休昼支度致、石薬師井筒屋ニ而小休、此所迄家来助治迎ニ来岡崎へ両掛棒泥先矢□ニ付、井筒屋ニ而棒壱本借用、荷物少々張候ニ付半切紙砂糖桶弐ツ同所栄三郎方ニ預ケ置、庄野西富田和田ニ而小休、茶屋町米川兵右衛門方迄亀彦お豊乳母迎ニ来ル、七ツ過帰着

（中　略）

八月五日　陰昼前小雨夕陰晴

一、朝六ツ半過桑名旅宿出立、矢田町ゟ四日市迄車雇某四郎七両人乗ちん壱朱ト四百文、四ツ過四日市岡崎へ立寄獺祭宮境内両人共在宿酒飯出ル、八ツ頃同所出立、赤堀ゟ車雇某石薬師迄一人乗ちん壱朱ト三百文、七ツ半過帰着、四郎常松ニ酒飯振舞、六ツ過両人共帰ル

【参宮街道での人力車利用の記録】（明治四年道中日記　西文書　和歌山県西三直氏所蔵）

一、（明治四年十月）廿三日同所（関）出立、夫ゟ通万町さうしやニ而昼喰、壱人前壱朱ツヽ、夫ゟ足少々ゐたみ候ニ付、人力車ト言者ニ乗り松坂迄者《の》町はつれ迄金壱歩也、向□むさしや庄次郎内へ泊ル、宿ちん壱人前くもすニ而三十六匁ツヽ、

御手廻し方ゟ

二　名張は初瀬街道沿いの宿場町として早くから発展を遂げた。鍛冶町の辻家には、享保以降に藩指定の休憩所宿泊所としての御茶屋が建てられ、藩から給米が与えられていた。だが、廃藩置県によって藩が消滅し交通運輸体系が大きく様変わりすると、これまでの御茶屋預かり給米が廃止されてしまった。そのため困窮した御茶屋は、やり繰りができなくなり、安濃津県に対して給禄の復活を願い出たのである。

【御茶屋存続願】（慶応四年順後記旧録　辻文書　名張市辻敬治氏所蔵）

乍恐口上

一、昨辛未八月十七日

御茶屋預り御廃止ニ付右役御免之事

但当七月迄給録被下事

右之通蒙仰奉畏候、就而者是迄一ケ年ニ付御給米として御切手米十五俵ツヽ毎暮

相渡呉候ニ付、昨年分月割ニ相立

此御切手米八俵三斗

例年之通

御手廻し方
奥知源十郎方へ

毎々請取ニ罷出候得共、何方之
御役所様ゟも名張方御茶屋預り給米者御振出し無御座由申之、今ニ相渡呉不申甚難渋仕居申候間、何卒書載
之通月割御給録　御下行被　成下度奉願上候
御聞届被為　下候ハ、難有仕合奉存候、何分宜奉願上候、
已上
（明治五年）
壬申
二月十九日
名張宿
辻吉次郎　印
御県庁御詰
御役人中様

三　左の史料は東海道のいわゆる乗物別賃金表で、品川から守口まで載せられている中の三重県関係だけを抜き出したもの。作表年月は不明だが、所蔵館では明治五年（一八七二）一月十日の東海道筋各駅伝馬所・助郷廃止及び陸運会社輸送特権付与に関する大蔵省達の後に収めてあるので、この頃の各駅陸運会社との関係が考えられる。一律料金の設定は客と車夫人足等との間の値段交渉を不必要にしたであろうし、業者からの収税を簡便化するにも役立ったであろう。

【人馬駄賃銭概略表】（東海道筋人足駕籠人力車等賃銭概略表　天理大学附属天理参考館所蔵文書　奈良県）

賃銭概略表

地名	東方	里程	人足一人賃銭	馬一疋同	宿駕籠一挺賃銭	垂駕籠挺同	引戸駕籠一挺賃銭	長棒駕一挺同	人力車一挺賃銭	車力二十貫目同
	西方	里程	同上	同上	同上	同上	同上	同上	同上	同上
桑名	四日市	三り八丁	九百四十八文		一貫二百文	三貫二百文	三貫八百文	四貫七百四十八文		一貫五百文
四日市	桑名	三り八丁	九百四十八文		二貫二百文	三貫二百文	三貫八百文	四貫七百四十八文		一貫五百文
	石薬師	二り半九丁	八百十六文		二貫文	二貫八百文	三貫二百文	四貫文		一貫三百文
石薬師	四日市	二り半九丁	八百十六文	二貫文	二貫三十二文	二貫八百四十八文	三貫二百四十八文	四貫六十四文		一貫六百文
	庄野	二十五丁	二百十八文	五百七十二文	五百四十二文	七百六十文	八百六十四文	一貫八十二文		五百文
庄野	石薬師	二十五丁	二百十八文	五百七十二文	五百四十二文	七百六十文	八百六十四文	一貫八十二文		五百文

	亀山	二り	五百八十文	一貫四百四十八文	二貫三百二十四文	
			一貫四百文	二貫三十二文	二貫九百文	一貫二百文
亀山	庄野	二り	五百八十四文	一貫四百十六文	二貫三百六十四文	
			一貫四百文	二貫百文	二貫九百四十八文	一貫文
	関	一り半	四百四十文	一貫四十八文	一貫七百六十四文	
			一貫二百文	一貫五百文	二貫二百文	八百文
関駅	亀山	一り半	四百三十二文	一貫四十八文	一貫七百六十四文	
			一貫二百文	一貫五百文	二貫二百文	八百文
	坂下	一り半六丁	五百二十四文	一貫二百四十八文	二貫文	
			一貫四百四十八文	一貫七百文	二貫六百文	
坂下	関	一り半六丁	五百二十文	一貫三百文	二貫七十二文	
			一貫四百四十八文	一貫五百四十八文	二貫六百文	
	土山	二り半	八百四十二文	二貫百文	三貫三百七十二文	
			二貫九百七十文	二貫五百文	四貫二百文	

四　次の史料は明治九年（一八七六）の『三重県治概表』の一項「地理」の中の諸街道里程のみを抜き出したもの。県内の主要な諸街道間の距離を寸分の狂いもない位に正確に測定していた形跡を窺うことができる。凡例では、版行は十年九月とあるが、統計はすべて九年中のものと述べている。この年は四月に旧三重県と度会県が合併して

現今の三重県域が確定した記念すべき年に当たる。また「太政官記録」の押印があるので、本表は政府へ提出された分であろうか。なおこの表は、『三重県史』別編統計の巻末資料（三〇頁）にも掲載してある。

【県治概表諸街道里程表】（三重県治概表　国立公文書館内閣文庫所蔵）

東海道	愛知県界		○、○四四五三	長島押付村	桑	一、一三四一一	桑名	桑	二、一四三八
	富田	桑《ママ》	一、○八二一五	四日市	三	一、○九○七一	追分	三	一、二一二一三
	石薬師	鈴	一、○一二八三	庄野	鈴	二、○三○○二	亀山	鈴	一、二三二一五
	関	鈴	一、二一二八五	阪ノ下	鈴	○、一九二九一	滋賀県界		
伊勢街道	追分	三	一、二○一六三	神戸	河	一、二二四四五	白子	奄	一、三一○九三
	上野	奄	二、一六四三三	津	安	三、一八五○一	三渡	一	○、三○四二一
	松阪	飯	二、一九四一五	斎宮	多	二、二七一二四	山田	度	
同	関	鈴	○、二九五八一	楠原	奄	○、三三○五二	椋本	安	二、○六一一
	久保田	安	一、三一五○四	津	安				
伊賀街道	津	安	二、一二一九一	片田	安	二、一四○六四	長野	安	二、一八二七六
	平松	山	二、一六○七三	平田	山	二、○八五九三	上野	阿	
和歌山街道	松阪	飯	二、二四二五二	大河内	飯	一、三五五四	大石	飯	三、○五五二三
	宮前	飯	三、二六一一五	七日市	飯	二、二○五八五	波瀬	飯	堺県界
大和街道	関	鈴	一、二二三六四	加太	鈴	一、四七一○二	上柘植	阿	二、一一五七三
	佐那具	阿	一、一九三八二	上野	阿	二、○六二九二	島ケ原	阿	○、二四三八四
									京都府管轄界

初瀬街道	三渡	一	二、二七一三	田尻	一	一、二九五三五	大村	一	二、
	垣内	一	二、三九四九五	伊勢地	伊	〇、三五一七二	阿保	伊	三、〇三四〇四
	名張	名	一、二〇四三一	安部田	名		堺県界		
熊野街道	山田	度	一、二八五七五	田丸	度	二、一七〇七	相鹿瀬	多	三、一〇二八五
	粟生	度	二、一七五八二	野尻	度	三、三三一六四	間弓	度	三、〇八一八
	長島	牟	五、一五一六四	引本	牟	二、一二四五	尾鷲中井	牟	九、二四五三
	木ノ本	牟	三、〇五四二四	阿田和	牟	二、一〇五二	和歌山県界		
鳥羽街道	山田	度	四、〇一五	鳥羽	答				
名張街道	上野	阿	二、〇四三一四	古山	伊	二、二五四五一	名張	名	

初出一覧

本書に収録した旧稿は、これを整理して本書に採録するに際しては、最新の成果をなるだけ取入れて増補訂正を加えることに努めた。本書の構成と旧稿との対応を示すと次の通りである。

第一部　都市の形成

第一章　松坂町の成立

松阪大学地域社会研究所報第一一号、第一三号　一九九九年、二〇〇一年

原題「松阪に残る戦国城下町形成期の軍事的遺構について（一）（二）」

第二章　紀勢町崎の原型

松阪大学地域社会研究所報第一四号　二〇〇二年

原題「三重県に残る戦国期城館について（一）」

第三節第四節は新稿

第二部　港湾・陸上交通―交易拠点の形成―

第三章　明治初年の星合港

松阪大学地域社会研究所報第一二号　二〇〇〇年

原題「明治期の星合港（旧三雲村内）について―近代伊勢湾海運史研究の一齣」

第四章　大正三年創業北勢鉄道（現近鉄北勢線）とその存続

新稿。

第三部　国政選挙の開始

第五章　伊賀地方（第六選挙区）における第一回衆議院議員選挙
松阪大学地域社会研究所報第一一号　一九九九年
原題「明治期の伊賀地方における衆議院議員選挙―第一回総選挙とその前後期を中心に―」

第六章　鈴亀地方（第二選挙区）における第一回衆議院議員選挙と当選者伊東祐賢
松阪大学地域社会研究所報第一四号　二〇〇二年
原題「明治二十三年第一回衆議院議員選挙における三重県第二区当選者伊東祐賢」

附章一　明和町の自由民権運動と衆議院議員選挙
『ふるさとの年輪』明和町制四〇周年記念誌　所収　一九九八年
第一節は原題「自由民権運動のうねり―乾　覚郎の活躍」
第二節は原題「初めのころの衆議院議員選挙」

附章二　松島博著『三重県議会史』第三巻・第四巻（書評）
松阪大学紀要第七号　一九八九年

第四部　人物の登場―社会を陰で支えた偉人たち―

第七章　天保年間における山田地図の作者高山孝重
新稿。

第八章　幕末・維新期亀山藩黒田孝富小伝―その出自を中心に―
松阪大学地域社会研究所報第一〇号　一九九八年

第五部　司法機関の整備
　第九章　明治初期・石川県における裁判機構の変遷―石川県聴訟課、石川県裁判所、金沢裁判所―
　　松阪大学紀要第一九巻第一号　二〇〇一年
第六部　小　論
　一　明和の廃仏毀釈
　　原題「吹き荒れる廃仏毀釈」
　二　明和の地租改正反対一揆
　　原題「地租改正一揆―伊勢暴動の嵐の中へ―」
　三　金剛坂の報徳社
　四　明和の神社合祀
　　原題「うしなわれた神々―突然の神社合祀」
　　以上は前掲『ふるさとの年輪』所収
　五　維新期の陸上交通
　　『三重県史　資料編　近世４（上）』所収　一九九八年

本書の刊行に当たり、和泉書院社長廣橋研三氏には大変お世話になった。厚くお礼申し上げる次第である。

■著者紹介

上野利三（うえの　としぞう）

昭和25年　奈良県天理市生まれ
昭和48年　慶応義塾大学法学部政治学科卒業
昭和51年　同大学院学研究科修士課程（政治学専攻）修了
昭和53年　洗足学園大学講師（法学）
昭和57年　松阪大学政治経済学部講師、助教授（昭和61年）
平成４年　同教授
平成７年　法学博士（慶応義塾大学）
著　　書『律令制の諸問題』（共著）汲古書院、1984。
『法史学の諸問題』（共著）慶応通信、1987。
『三重――その歴史と交流』（共著）雄山閣出版、1989。
『地域文化史の諸問題』上野研究室、1993。
『台湾総督府文書目録』第一巻～第三巻（共著）ゆまに書房、1993・1995・1996。
『日本書史学の研究』上野研究室、1996。
『明治初期騒擾裁判の研究Ⅰ』北樹出版、1996。
『日本農書全集４　特産３』（共著）農山漁村文化協会、1997。
『近代日本騒擾裁判史の研究』多賀出版、1998。
『伊勢商人竹口家の研究』（共著）和泉書院、1999。
『幕末維新期伊勢商人の文化史的研究』多賀出版、2001。
『国書・逸文の研究』（共著）臨川書店、2001。
『前近代日本の法と政治―邪馬台国及び律令制の研究―』北樹出版、2002。

松阪大学地域社会研究所叢書 4

地域政治社会形成史の諸問題

二〇〇二年三月二〇日初版第一刷発行©

著　者　上　野　利　三
発行者　廣　橋　研　三
発行所　和　泉　書　院

〒543-0002　大阪市天王寺区上汐五-三-八
電話　〇六-六七七一-一四六七
振替　〇〇九七〇-八-一五〇四三

印刷・製本　亜細亜印刷
装訂　濱崎実幸

ISBN 4-7576-0209-X C3331

◆松阪大学地域社会研究所叢書◆

（価格は税別）

1 伊勢商人 竹口家の研究 竹口作兵衛・中井良宏 監修 上野利三・高倉一紀 編 品切

2 尾崎行雄の選挙 世界に誇れる咢堂選挙を支えた人々 阪上順夫 著 四五〇〇円

3 地域に生きる大学 中井良宏・宇田光 片山尊文・山元有一 共著 三五〇〇円

4 地域政治社会形成史の諸問題 上野利三 著 三〇〇〇円

5 21世紀地方都市の活性化 松阪市と小田原市の比較研究 阪上順夫 著 続刊